西安外国语大学学术著作出版专项资助

国家社会科学基金青年项目：基于演化仿真的社会化媒体舆论信息与审计师行为研究（18CJY003）

基于公司治理优化的公司外部审计和内部审计协同治理研究

贾 茜 著

西安交通大学出版社
XI'AN JIAOTONG UNIVERSITY PRESS
国家一级出版社
全国百佳图书出版单位

图书在版编目(CIP)数据

基于公司治理优化的公司外部审计和内部审计协同治理研究 / 贾茜著. — 西安 : 西安交通大学出版社, 2022.12
ISBN 978-7-5693-2908-7

Ⅰ. ①基… Ⅱ. ①贾… Ⅲ. ①公司-外部审计-研究 ②公司-内部审计-研究 Ⅳ. ①F239.6

中国版本图书馆 CIP 数据核字(2022)第 217578 号

书　　名 基于公司治理优化的公司外部审计和内部审计协同治理研究
JIYU GONGSI ZHILI YOUHUA DE GONGSI WAIBU SHENJI HE NEIBU SHENJI XIETONG ZHILI YANJIU
著　　者 贾　茜
责任编辑 王建洪
责任校对 柳　晨
装帧设计 伍　胜

出版发行 西安交通大学出版社
（西安市兴庆南路 1 号　邮政编码 710048）
网　　址 http://www.xjtupress.com
电　　话 (029)82668357　82667874(市场营销中心)
(029)82668315(总编办)
传　　真 (029)82668280
印　　刷 西安五星印刷有限公司

开　　本 700mm×1000mm　1/16　**印张** 12.25　**字数** 241 千字
版次印次 2022 年 12 月第 1 版　2023 年 2 月第 1 次印刷
书　　号 ISBN 978-7-5693-2908-7
定　　价 85.00 元

发现印装质量问题，请与本社市场营销中心联系。
订购热线：(029)82665248　(029)82667874
投稿热线：(029)82665379　QQ：793619240
读者信箱：xj_rwjg@126.com

前言

2018年中国共产党组建中央审计委员会，翻开了具有中国特色的“党管审计”的新篇章。随后，国家对《中华人民共和国审计法》进行了修正，将内外部审计的协同治理工作提到了国家战略的高度来抓。国际内部审计师协会认为董事会、经理层、内部审计和外部审计是公司治理的“四大基石”，内外部审计占据了重要的位置。从理论上来说，两者的协同工作能够更好地提升企业的治理水平。然而，目前我国内外部审计协同治理的现状堪忧，大部分的审计主体在展开审计工作的时候，只进行了少量的协同工作，甚至根本没有展开协同。基于这样的背景，本书围绕内外部审计协同治理的溢出效应的产生，从理论和实证上对于内外部审计协同治理系统的作用机制和演化过程展开研究。

本书主要采用文献分析法、问卷调查法、统计分析法等研究方法，首先调查了我国内外部审计的协同治理现状，在此基础上将多阶段博弈分析引入研究，论证了协同效应的存在条件，然后将复杂系统论中的“B-Z”反应模型引入研究，构建了内外部审计协同治理系统的三维仿真模型，对如何提高内外部审计协同治理能力这一议题做了较为深入的研究。具体地，本书的研究主要围绕三大议题：①我国内外部审计的协同治理现状如何，应在怎样的理论框架下进行协同资源的整合？②内外部审计的协同治理系统在协同治理过程中的关键维度和影响因素是什么，这些因素对于协同治理的溢出效应的产生具有什么作用？③内外部审计的协同治理系统的演化过程机理如何?

通过理论和实证研究，本书主要得出如下重要结论：

(1)本书依据系统论的基本观点，提出了内外部审计协同治理的理论框架，包含审计协同目标、审计协同主体和对象、协同治理职责划分、协同治理流程等四个方面，并对内外部审计协同治理具体工作流程中的协同前、协同中和协同后三个阶段提出具体工作指引，以提高审计客体的公司治理水平。

(2)本书通过博弈论的方法对企业内外部审计协同治理过程进行了研究，证明了内外部审计协同治理效应的存在并确定了内外部审计协同治理效应存在的条件，得出了“首次展开审计的审计主体的审计质量对审计协同溢出效应的产生具有决定性作用”的结论。

(3)本书通过问卷对206位企业内外部审计师关于内外部审计的协同情况做了调查，得出了相关结论。首先，审计元素层面的协同、审计结构层面的协同和审计环境的感知能力对于审计协同溢出效应的产生具有正向作用；其次，审计元素层面的协同和审计结构层面的协同之间的交互作用在一定程度上对协同溢出效应的产生具有负向的影响作用，而审计元素层面的协同和审计环境的感知能力的交互作用，以及审计结构层面的协同和审计环境的感知能力的交互作用都对最终审计协同溢出效应的产生具有正向的推动作用；最后，审计元素层面的协同是协同溢出效应产生的主要影响因素。

(4)本书通过复杂系统理论中的“B-Z”反应模型和内外部审计的协同治理系统的相似性，对206个样本的问卷调查结果建立了协同演化三维模型，根据系统内部形成有序结构的条件和演变趋势，进行了仿真模拟实验，得出以下结论：在较强的外部审计环境感知的作用下，企业内外部审计协同治理系统内部能力之间的协同能力显著地影响协同溢出效应的产生。

本书的主要理论贡献和创新点表现为如下四个方面：

(1)本书创新性地提出了基于审计协同理论的我国企业内外部审计协同治理的理论框架，丰富了审计学关于“审计关系人”的理论，并为实际审计工作提出了相关工作指引，以期达到提升公司内部治理水平的目的。

(2)本书尝试性地应用博弈论分析了“审计关系人”理论中“审计人”与“审计人”之间的协同关系，证明了内外部审计协同治理的有效性，为内外部审计协同治理对公司治理的优化找到关键性因素。

(3)本书探索性地构建了基于我国企业内外部审计协同治理溢出效应影响因素分析的企业内外部审计协同治理理论模型，阐释审计协同治理的关键性因素与协同溢出效应的关系，并根据内外部审计协同治理的关键性因素对公司治理的优化作用，为内外部审计协同治理系统的管理层提出相关政策建议。

(4)本书探索性地引入“B-Z”反应模型来研究内外部审计的协同演化过程，建立序参量方程模拟了内外部审计协同治理系统从最初的无序状态演化为有序状态的动态过程，并依照系统演化的规律对提升公司治理水平的影响，为管理层提出相关政策建议。

由于著者水平有限，书中难免存在不足之处，敬请各位读者批评指正。

著　者

2022年9月

目 录

第1章 绪 论

1.1 研究背景与问题提出

2018年，中国共产党中央审计委员会成立，随后《中华人民共和国审计法》(以下简称为《审计法》)的修订也拉开了帷幕。2018年5月23日，中共中央总书记、国家主席、中央军委主席、中央审计委员会主任习近平主持召开中央审计委员会第一次会议并指出，要落实党中央对审计工作的部署要求，加强全国审计工作统筹，优化审计资源配置，做到应审尽审、凡审必严、严肃问责，努力构建集中统一、全面覆盖、权威高效的审计监督体系，更好发挥审计在党和国家监督体系中的重要作用。然而在实践工作中，我国内外部审计的协同工作能力较差，法律法规建设和内外部审计的协同治理理论研究都还处于初级阶段，因此，在此背景下研究公司内外部审计的协同治理有较为深远的意义。

1.1.1 研究背景

企业内部审计和外部审计的协同治理在当前的政治经济背景下，是具有时代意义的，同时我国的审计工作有着新的政治背景，审计的制度建设亟待完善。本书将从制度背景和现实背景两个方面来描述研究背景。

1.研究的制度背景

从2018年起，我国的审计体制和审计工作环境有了较大的变化。国家对审计的重视程度和需求程度都达到了一个前所未有的高度。首先，审计体制进行了较大的改革，设置了新的审计监督机构——中国共产党中央审计委员会。2018年3月，中共中央印发了《深化党和国家机构改革方案》，方案指出，为加强党中央对审计工作的领导，构建集中统一、全面覆盖、权威高效的审计监督体系，更好发挥审计监督作用，组建中央审计委员会，作为党中央决策议事协调机构。自此，我国的审计工作翻开了由党领导的新篇章。经过此次机构改革，我国原有的审计机构设置有了新的变化。中共中央通过设置中央审计委员会，加强了对审计工作的统一领导。我国现行政府审计组织管理体系如图1-1所示。

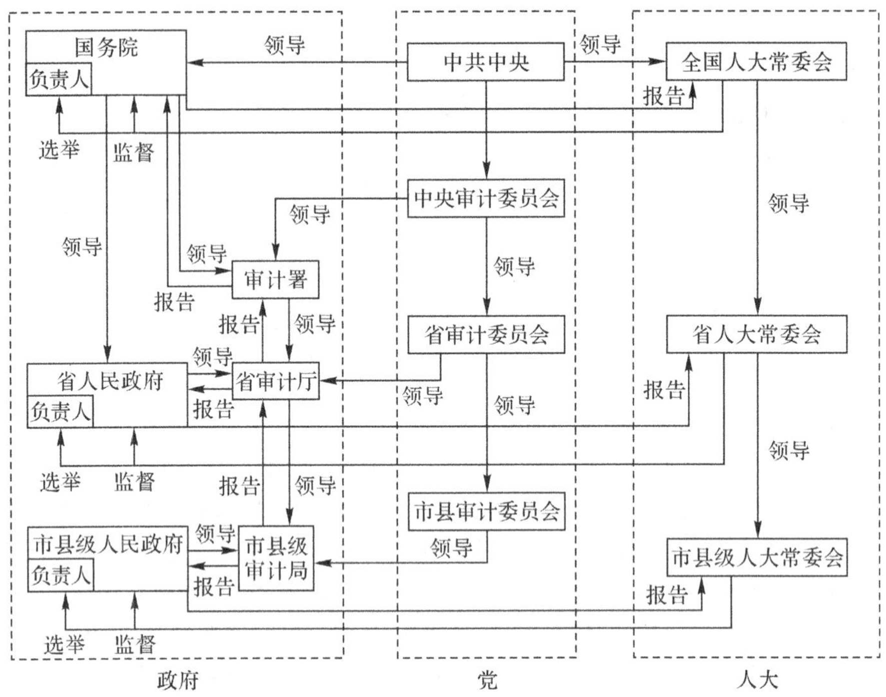

图 1-1 我国现行政府审计组织管理体系图

我国的政体决定了审计体系的结构，决定了审计委托人和审计人的关系。审计体系中，中央审计委员会及地方党委的审计委员会代表我党对政府及其部门的行为进行监督，保证党执政方针的贯彻执行；人大常委会代表人民对政府部门的行为进行监督，保证全体人民的利益，保证了共产党的领导和全体人民的意志实现。国务院下属的审计署及地方政府的审计机关，具体实施审计监督，通过这种监督制度，确保党的领导和全体人民意志的实现。所以，审计署及其下属机构同时接受各级审计委员会和人大常委会监督，它们的审计结果同时向上级和同级政府进行汇报。审计的体制改革表明了国家对审计工作的重视和加强审计监督的决心。2018 年 5 月 23 日，习近平同志主持召开了中央审计委员会第一次会议并指出："要加强对内部审计工作的指导和监督，调动内部审计和社会审计的力量，增强审计监督合力。"可见，国家从大政方针上提出了要求。审计工作效果要增强，必须要调动内部审计和社会审计的全部力量，从而减少审计成本，增强审计监督效果，增强审计监督合力。

同时，在机构改革之后，为了落实中央审计委员会第一次会议的精神，2019 年，审计署着手对《审计法》进行修订，从法律上保障党中央、国务院关于审计工作决策部署的落实。我国现行的《审计法》是 1994 年 8 月 31 日第八届全国人民代表大会常务委员会第九次会议通过，1995 年 1 月 1 日开始实施的，其间于 2006 年 2 月 28 日第十届全国人民代表大会常务委员会第二十次会议第一次修正，直至 2019 年，十余年未再进行修正。这十几年间，我国的政治经济环境都发生了翻天覆地的变化，修订《审计法》也成了迫在眉睫的事情。2019 年 3 月 15 日，审计署正式就《中华人民共和国审计法(修订草案征求意见稿)》(以下简称《征求意见稿》)对全社会征集意见。《征求意见稿》专门增设了“内部审计和社会审计”一章，其中第五十三条规定：“审计机关应当对依法属于审计机关审计对象的单位的内部审计工作，进行业务指导和监督。”第五十六条规定：“审计机关应当注重发挥社会审计的积极作用。”它从法律的高度规定了政府审计对内部审计和社会审计的指导作用，也明确了社会审计和内部审计的审计地位，贯彻了中央审计委员会第一次会议中提到的“增强审计监督合力”的要求。2021 年 10 月 23 日第十三届全国人民代表大会常务委员会第三十一次会议通过了《关于修改〈中华人民共和国审计法〉的决定》，对《审计法》进行了第二次修正。

在我国审计环境和审计制度发生如此重大变革的时代契机下，研究政府审计、民间审计、内部审计三者是如何协同工作的，具有划时代的历史意义。

2. 研究的现实背景

在政治体制和法律体系中，内外部审计的协同工作均已经被明确地放在了重要的位置，其重要性已经上升到了政治和法律的高度，然而，我们的社会现实是不容乐观的，对企业内外部审计协同的研究甚少，但需求甚多。

由于政府审计、民间审计、内部审计三者协同工作的共同对象只有国有企业，其他的非国有企业均不在政府审计的监督范围内，因此，对国有企业的监督现状和效果是三种审计协同治理研究的交叉点。针对政府审计对国有企业的监督成果，本书查阅了审计署和各省市审计厅、审计局发布的数据，结果表明：2015—2019 年，各级审计机关对国有企业的审计情况进行公告的仅有 139 家国有企业，其中近半数都由审计署展开审计，地方审计机关对国有企业的监管较少，且被监管的企业也呈现了很明显的地域聚集性，近半数位于北京。也就是说，在政府审计的系统内部，审计资源并没有得到充分的利用，对于国有企业的监管，有近一半依赖审计署的监督。政府审计与民间审计的协同现状似乎是三种协同中做得较好的一种，但其协同的现状也不容乐观：139 家国有企业中只有 69 家公告了民间审计的状况，公告的比率不到 50%，同时这 69 家国有企业选择国际四大会计师事务所①展开审计的只有 7 家，约 10%，有 50 家选择了国内八大会计师事务所②，其余的国有企业

① 国际四大会计师事务所：普华永道、德勤、毕马威、安永。

② 国内八大会计师事务所：天职国际会计师事务所、天健会计师事务所、立信会计师事务所、瑞华会计师事务所、信永中和会计师事务所、大信会计师事务所、致同会计师事务所、大华会计师事务所。

选择的是其他本土事务所。在内部审计与政府审计的协同中，披露信息的139家国有企业仅有15家对内部审计的状况进行了评述和说明，这15家国有企业内部审计的质量明显好于上市公司内部审计质量的平均水平，说明政府审计与内部审计的协同是有效的，但协同的现状是不容乐观的，绝大多数企业并未在政府审计与内部审计层面展开协同工作。内部审计与民间审计的协同工作则不拘泥于国有企业，深圳证券交易所要求上市公司披露内部审计的状况，因此，上市公司大多进行了“规定动作”的披露，而上海证券交易所未对上市公司披露内部审计状况做出要求。笔者在研究过程中随机抽取了50家企业对其审计报告进行调查，发现只有24%的企业审计报告中提及了内部审计，其余的企业在民间审计的报告中均未提及内部审计。由此可见，从披露的状况来看，目前我国企业内外部审计的协同现状较为堪忧，因此，对内外部审计协同的研究显得极为重要，如何弥补现实中内外部审计协同工作的不足，对现实工作做出必要的指引，是十分重要的研究话题。

1.1.2 问题提出

1. 理论角度的问题

按照行为主体来划分，企业的内外部审计可分为三种形式，即政府审计、民间审计和内部审计，其起源相同，但其理论和发展是完全不同的。政府审计注重的是评价政府治理的绩效，民间审计主要是评价财务报表，内部审计则主要提供鉴证和咨询服务，它们的发展规律各不相同。三者各有各的规律，各有各的理论，在学界尚没有统一的审计学理论。

从理论上说，审计的起源较为广泛接受的理论是“受托经济责任论”。在两权分离之前，企业的契约关系十分简单，维护这种契约的交易费用也很低，在这个阶段，是不需要审计工作的。随着社会分工的深化，两权分离日益明显，委托代理问题出现，这使得维护企业契约关系的交易费用日渐增高①。审计作为委托方的监督人，负责监督代理人的工作是否按照委托人的意志来完成，于是形成了最早的“审计”。审计从经济学的角度来看，是为了降低代理人自利行为带来的交易成本而产生的。审计人受委托方的委托来执行监督的职能，因此，审计起源于受托经济责任。随着社会的发展，最先产生需求的是政府审计，然后才有内部审计和民间审计。

三种审计从产生的根源来讲是一样的，都产生于受托经济责任，但市场对审计的不同需求造成三种审计从诞生到演进的过程都各不相同，其审计方法、程序等都

① 体现在企业两权分离后，企业的契约关系中出现了委托方和代理方信息不对称的状态，二者各为自身利益，出现了委托代理矛盾。由于委托代理矛盾的出现，使得简单契约下的交易成本上升，代理方的自利行为增加了企业的交易成本。

各有特点，没有形成统一的审计理论(Bame,2013)。由企业内部受托责任和外部受托责任产生的内部审计和外部审计作为审计监督的子系统，一方面，其职能和分工越来越明确，职业分立越来越明显；另一方面，内部审计师和外部审计师在工作中形成的相互依赖与合作需求增加，导致内部审计与外部审计的协同需求和协同可能性增加。它们从理论上应该如何统一？它们的工作应该如何协作？这个协同工作系统是如何演化的？这些都是值得思考的问题。

2. 实践角度的问题

如前所述，内部审计和外部审计的协同已在国家治理的层面上得到了重视，但其研究现状却不容乐观。以“审计”一词为篇名检索中国期刊网，搜索出312159篇论文，以“内部审计”为篇名检索出63325篇论文，再以“外部审计”“民间审计”“注册会计师审计”进行二次检索，仅有30篇文献符合要求。关于审计、内部审计或者外部审计的文献十分丰富，但是进行内外部审计协同研究的文献却十分少，只占到审计文献的万分之一。内部审计和外部审计有时似乎在互不相干地做同样的事情，它们应该如何展开协同工作？它们如果能够及时地展开协同工作，及时交换信息，那又是怎样的一种结果？这些问题激发我们去探究以下话题：作为审计监督的子系统，内部审计与外部审计是否以及如何能够达到最佳的协同状态，使得审计主体的监督效率最大化？作为现代公司治理的要素，内部审计与外部审计如何联手制造一种协同治理效应，以优化公司治理？这种协同的根源是什么？它们能达到多大程度的协同？推动这种协同的机制和决定因素又是什么？这种协同的整个体系是如何建立并推演的？这种协同最终会趋于什么样的稳态？协同工作是否会引起政府对审计资源的重新配置，使得总体审计效率最大化，实现整体的帕累托最优？在这样的协同效用下如何提升企业的治理水平？这些都是值得深究的问题。作为审计监督机制中的两个部分，内部审计与外部审计的互动关系及其对总体审计监督效力的影响、对公司治理的协同效应等问题，无疑成了公众关注焦点中缺失的问题。

1.2 研究目的和意义

1.2.1 研究目的

本书研究的是企业内外部审计在开展审计工作中的协同治理问题，试图寻找内外部审计开展审计协同治理工作中的主要影响因素，在此基础上模拟整个开放系统从无序的协作走向有序，从有序又得到升华最终达到一个平衡状态的全过程。本书的研究目的是，通过研究内部审计和外部审计的协同工作原理、协同治理系统的演变过程等，为企业内外部审计的协同治理顶层制度设计提供理论依据和政策建议，为内外部审计协同治理的具体操作层面提供工作指引。

1.2.2 研究意义

内部审计和外部审计是公司治理四大基石(董事会、执行管理层、内部审计、外部审计)的重要组成部分,在其产生和发展过程中,它们由职能分工、职业分立发展到多个层面的局部协同工作,走过了很长的发展道路。未来应该如何加强内外部审计的协同治理,这是一个值得深思的话题。

1. 理论意义

本研究的理论意义在于:

(1)本研究充实了内外部审计协同治理的理论研究。现有的内外部审计协同治理理论研究基本还停留在审计工作的协同或者审计人员的协同这个层面,没有从审计需求、审计的本质、审计的基本问题出发来研究协同的必要性和协同的理论框架。本研究从审计协同的基本元素、审计协同的基本结构、审计协同的环境等方面,结合协同学系统论的相关研究,构建了内外部审计协同治理的理论框架,充实了内外部审计协同治理的理论研究。

(2)本研究发展了审计协同治理的研究方法。现有的审计协同治理方法的研究极少使用科学的研究方法,对该问题展开实证研究的文献几乎没有,导致对于该问题的研究一直没有形成较为统一的科学论证方法。本研究使用博弈论的方法分析了内外部审计协同治理的协同效应存在的可能性和存在的前提条件;使用因子分析和回归分析对科学调研的结果进行了分析,论证了审计元素协同、审计结构协同和审计环境感知三个因素对审计协同溢出效应产生的影响;使用动态演化方程对内外部审计协同系统的动态演化过程展开了分析,找到了系统从无序走向有序的整个演化过程中的阈值,并模拟了强环境感知和弱环境感知状态下整个系统的演化规律。本研究在研究方法上丰富了内外部审计协同理论的研究手段,为审计协同的研究打开了新思路。

(3)本研究充实了内外部审计协同治理研究的相关文献。目前国内相关文献的研究从理论深度到研究方法都还停留在较不成熟的层面,这就造成了顶层制度设计者的理念难以推行到基层去。已有研究首先对于内外部审计的协同治理效应是否存在没有统一的结论,影响协同溢出效应的因素及其影响机制和作用路径尚不明确,且整个系统作为一个不断演变的整体,其从无序走向有序的演化过程也缺乏深入的思考。本研究证实了协同治理效应存在的条件,分析了影响协同溢出效应的因素,并模拟了整个系统的演化过程,丰富了内外部审计协同治理研究的相关文献。

2. 实践意义

本研究的实践意义在于：

(1)本研究为国家审计体系的顶层设计践行提供了理论依据。中央审计委员会成立后，国家从顶层制度设计的层面提出了内外部审计协同治理的要求，《审计法》的修订迈出了对顶层制度设计践行的第一步，但是从理论方面和实践方面应该如何进一步推行这样的设计，是目前研究缺失的部分。本研究从理论方面分析了国家审计体系的顶层设计践行的理论框架，从实证方面证实了理论框架是可行的，并给出了相关的具体工作指导建议，充分将国家审计体系的顶层制度设计从理论和实践的角度落到了实处。

(2)本研究为国家审计顶层制度设计者提供内外部审计协同治理制度建设的参考建议。本研究在理论研究的基础上，从审计协同目标、审计协同主体、审计协同对象、审计协同治理组织结构等方面搭建了内外部审计协同治理的理论框架，从实证的角度证实了框架的可行性，并针对框架体系中的三个基本协同层面为国家审计顶层制度设计者提供了有理论指引的相关政策建议。

(3)本研究为企业内外部审计师提供协同工作的具体指引。在协同工作中应该如何开展审计协同是对内外部审计师的具体要求，最终的协同治理工作都要由审计师们共同努力去完成，因此对审计师们的工作进行具体指引的相关制度建设应该完善。本研究从协同前、协同中和协同后三个阶段对审计师们的协同工作提出了具体的工作指引，以期能够将理论研究落到实处，使研究对具体工作有一定的指导意义。

1.3 研究思路与研究方法

1.3.1 研究思路

本书首先从理论角度和实践角度提出问题，指出研究内外部审计协同治理的意义和重要性，然后从已有文献入手梳理内外部审计协同治理的研究现状和不足，接着从研究管理学、经济学等基础理论的角度来分析三者的协同理论依据。然后从基本的协同理论、审计理论和知识论入手，搭建了内外部审计协同治理的框架，并通过查阅政府网站、证券交易所网站等方式调查了我国政府审计、民间审计和内部审计的现状，接着运用多阶段博弈的方法对内外部审计协同治理的可能性和效益性展开了证明，证实内外部审计协同治理是有效的。接着通过问卷调查的方式对206位企业内外部审计师关于内外部审计的协同情况做了调查，运用因子分析法和回归分析法对影响协同的变量进行了提取和建模，对内外部审计在审计元素层面的协同、审计结构层面的协同和审计环境感知能力几个方面的水平对于审计协同溢出效应产生的作用机制进行了研究，提炼出内外部审计协同治理的关键性因素和本质特征。然后通过复杂系统理论中具有自组织现象的"B-Z"反应模型和内外部审计的协同治理系统的相似性，以协同学和审计学理论为基础建立了在审计环境感知基础上的审计元素层面协同、审计结构层面协同对于最终审计协同溢出效应产生影响的协同演化三维模型，通过稳定性分析找到该系统的平衡点，然后运用数学仿真手段模拟外界不同环境感知影响下，系统内部形成有序结构的条件和演变趋势，最后根据绝热消去原理得出系统演化的序参量，并构建了模型，对206个样本进行了仿真模拟实验，得出相关结论。

1.3.2 研究方法

本书采用理论研究和实证研究相结合的研究方法。理论研究主要运用审计学、经济学、管理学的基本理论，对内部审计与外部审计协同治理的理论进行研究，用比较研究的方法对内部审计和外部审计的三个审计主体理论进行分析，并据此提出协同的框架，在调查我国内外部审计协同治理的实际情况基础上，通过博弈论的方法对内外部审计协同治理中的协同效应的存在性和存在条件进行了探究。通过问卷调查展开实证研究，采用因子分析、回归分析方法，对内外部审计协同体系的协同水平的主要影响因素进行了分析，并对主要因素影响协同效应的内在逻辑进行分析和证实。在此基础上，类比"B-Z"反应模型，从复杂系统基本模型出发构建内外部审计协同系统的三维模型，使用仿真模拟的方法找到控制变量的阈值，模拟整个系统产生和演化的过程，最终找到整个系统的运行机制，以期为我国内外部审计协同治理系统如何通过调整内部结构来促进协同溢出效应的发生提供科学的政策讨论依据。

1.4 研究内容与研究框架

1.4.1 研究框架

本书的研究框架如图1-2所示。

制度背景
·2018年中央审计委员会成立
·2019年《中华人民共和国审计法(修订草案征求意见稿)》
现实背景
·协同工作现状差
·协同工作范围小
·缺乏指引
文献综述
·内外部审计协同治理
·知识论
·系统论
·博弈论
经济学理论
·公司治理理论
·委托代理理论
·利益相关者理论
·博弈论
子研究一：内外部审计的协同治理框架研究
·审计协同治理元素
·审计协同治理结构
·审计协同治理环境
·构建协同治理理论框架
子研究二：内外部审计协同治理现状
·政府审计与民间审计
·民间审计与内部审计
·政府审计与内部审计
公开渠道数据
子研究三：内外部审计协同的动态多阶博弈研究
·政府审计与民间审计
·民间审计与内部审计
·政府审计与内部审计
子研究四：内外部审计协同治理过程机理研究
·元素层面协同对协同溢出效应的作用
·结构层面协同对协同溢出效应的作用
·环境感知对协同溢出效应的作用
·交互作用
子研究五：内外部审计协同治理三维演化过程研究
·强环境感知能力
·弱环境感知能力
博弈树分析
·问卷调查
·回归分析
·因子分析
仿真模拟
结论

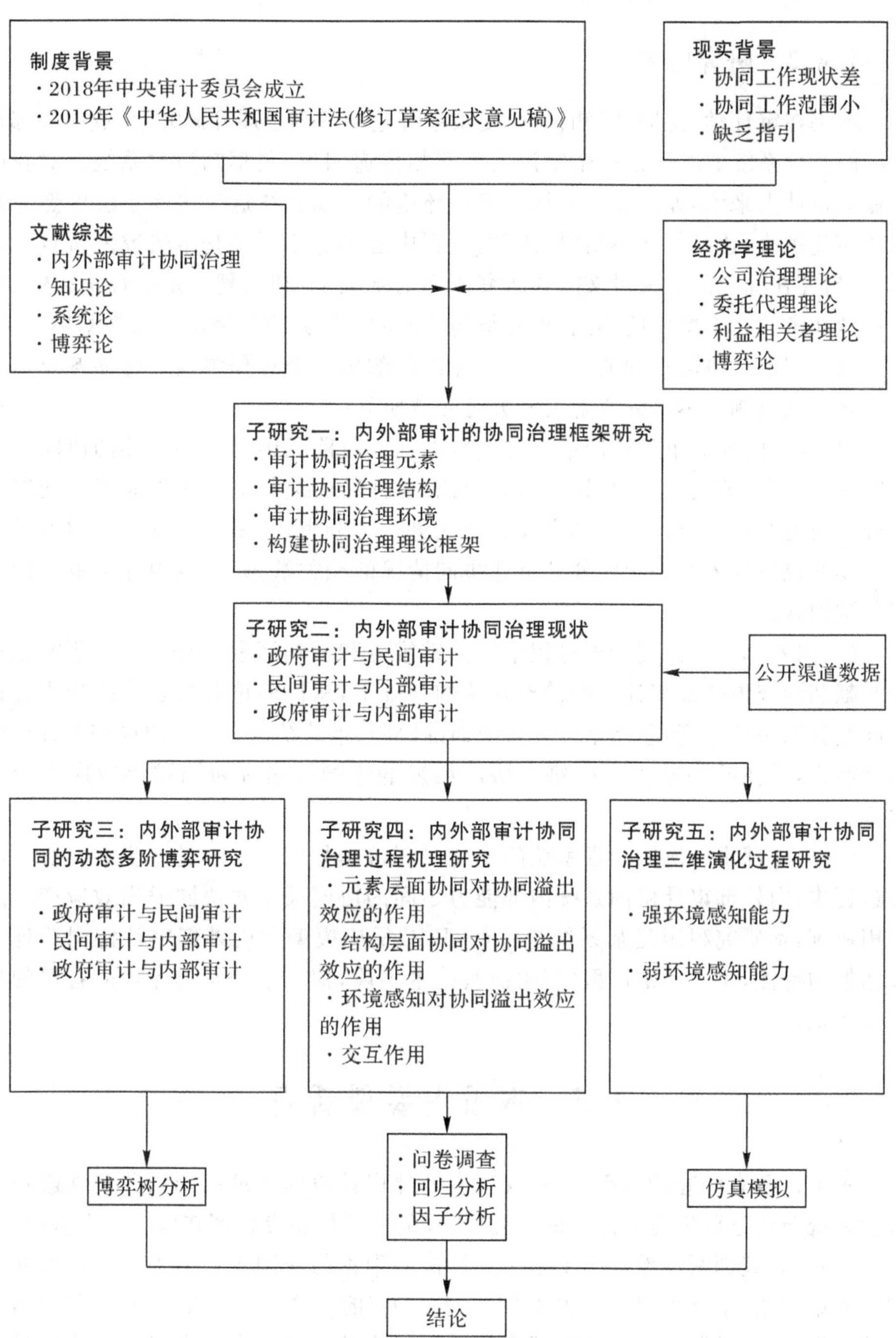

图1-2 本书研究框架图

1.4.2 研究内容

本书在审计学、协同学、知识论、复杂系统论的基础上展开研究，企业内外部审计协同治理系统的本质是一个审计人员互相传递知识、共享知识的系统。对我国企业的审计人来说，如何在充分认知审计环境的基础上在这个协同系统中熟悉系统的演化规律，让系统在不断“振荡”的过程中逐渐趋于平稳是本研究的重点。因此，本研究在综合前期大量文献和研究成果的基础上，利用复杂系统理论，从内外部审计在审计元素层面的协同、审计结构层面的协同到审计环境的认知基础上，构建了内外部审计协同治理的过程模型，并以此剖析整个过程中系统内部各要素的特征和互动机制。本研究要解决的关键问题如下：

(1)我国内外部审计协同治理的现状如何？目前我国内外部审计的协同治理研究文献较少，缺乏协同效果的数据，因此，本研究从国家政府网站、证券公司网站等公开渠道对内部审计和外部审计的现状进行了调查，又采用调查问卷的方式搜集了 206 位审计人员关于内外部审计协同情况的相关数据，了解内外部审计的协同关键因素。

(2)内外部审计协同治理过程中的关键维度和影响因素是什么？本研究在梳理文献和调查内外部审计协同治理现状的基础上，从协同论和复杂系统论中探索协同过程的关键维度，包括审计元素层面的协同、审计结构层面的协同和审计环境感知能力，并在此基础上研究每个协同维度的影响因素和协同溢出效应之间的关系。

(3)内外部审计协同治理系统的演化过程机理如何？为了进一步明确协同治理过程中，内外部审计协同系统内部能力之间的协同关系对协同溢出效应产生的作用机理，本研究利用复杂系统论中的“B-Z”反应模型和内外部审计协同治理系统相似的特性，建立三维模型，利用仿真技术手段，探究系统从无序走向有序的振荡过程机理。

1.5 本书主要创新点

本书在已有研究的基础上，对我国内外部审计协同治理系统的关键性影响因素和系统演化过程进行了深入的研究，研究的主要创新点体现在以下几个方面。

(1)本研究创新性地提出了基于审计协同理论的我国企业内外部审计协同治理的理论框架，丰富了审计学关于“审计关系人”的理论，并为实际审计工作提出了相关工作指引，以期达到提升公司内部治理水平的目的。本书在研究了协同学基本理论和审计学基本理论的基础上，对内外部审计的协同治理过程进行了分析，应用协同学系统论中关于系统元素、系统结构、系统环境三者对系统功能溢出的影响这一基本理论,结合审计理论中关于审计元素、审计结构、审计环境的相关研究,分析内外部审计协同系统的系统元素、系统结构、系统环境对系统功能溢出的影响。在此基础上,对"审计关系人"理论中"审计人"与"审计人"之间的协同治理关系展开了理论分析,探究了我国企业内外部审计协同治理的理论框架。同时,根据内外部审计协同治理理论框架的内容,为实际审计工作提出了具体的相关工作指引,以期达到提升公司治理水平的目的。

(2)本研究尝试性地应用博弈论分析了"审计关系人"理论中"审计人"与"审计人"之间的协同关系,证明了内外部审计协同治理的有效性,为内外部审计协同治理对公司治理的优化找到了关键性因素。在前人的研究中,关于"审计关系人"的研究主要通过博弈论的方法展开,但对于复杂博弈中"审计人"与"审计人"之间的协同关系对"审计人"与"被审计人"之间博弈关系的影响的问题研究甚少。本书构建了多阶段博弈模型,分析和论证了"审计人"与"审计人"之间的协同关系存在的可能性,并找到了两者之间协同治理的关键性因素,为内外部审计协同治理对公司治理的优化找到了依据。

(3)本研究探索性地构建了基于我国企业内外部审计协同治理溢出效应影响因素分析的企业内外部审计协同治理理论模型,阐释了审计协同治理的关键性因素与协同溢出效应的关系,并根据内外部审计协同治理的关键性因素对公司治理的优化作用,为内外部审计协同治理系统的管理层提出相关政策建议。本书从内外部审计协同治理理论框架入手,在充分调研的基础上分析内外部审计协同治理系统中影响协同溢出效应的主要因素,并尝试建立模型来阐释关键性因素与协同溢出效应产生之间的关系。本书在搜集了公开数据和充分调研的基础上对相关问题的34个题项答案进行了因子分析,提取了系统元素、系统结构、系统环境三个主要影响因子,并对其交互作用以及对于协同溢出效应的影响进行了假设,通过多元回归分析证明了它们之间的关系。根据上述研究的结果,针对影响协同溢出效应的几个因素在提升公司治理水平中的作用,为内外部审计协同治理系统的管理层提出相关政策建议。

(4)本研究探索性地引入"B-Z"反应模型来研究内外部审计的协同演化过程,建立序参量方程模拟了内外部审计协同治理系统从最初的无序状态演化为有序状态的动态过程,并依照系统演化的规律对提升公司治理水平的影响,为管理层提出相关政策建议。本书通过建模和仿真模拟的手段,模拟内外部审计协同体系的运行和演化过程,且分别模拟了系统在强环境感知和弱环境感知状态下的系统演化过程,在掌握其演化规律后为整个体系的优化路径提出了建设性的建议。

第2章 内外部审计文献综述和治理现状

内外部审计的协同治理涉及协同论、系统论等学科，因此在进行文献梳理时，本研究的文献综述将从三个方面展开：外部审计与内部审计协同治理的文献、博弈论的文献、系统论的文献。此外，本章还对内外部审计的治理现状做了调查。

2.1 外部审计与内部审计协同治理文献综述

2.1.1 内外部审计协同治理的基础

关于外部审计与内部审计的协同治理，国内的文献主要集中于两种内容，一种内容主要是探寻外部审计与内部审计能否进行协同治理以及协同治理的效果如何，另一种内容主要是为外部审计和内部审计的协同治理提供治理思路。

外部审计与内部审计能否进行协同治理，两者协同治理的效果到底如何，研究者们对此做了大量广泛的研究，但结论却是截然不同的。一部分研究者认为，内部审计和外部审计的工作有共同之处，两者之间的协同治理必然能节约审计资源、降低审计成本、提高审计效率。在研究中，国内外学者的研究主要从审计时间和审计成本数据的搜集方面证实了内外部审计的协同治理是有效的。Schneider(1985)、Wallace(1991)、Stein(1994)、Felix(1998)均从实践方面对两者的协同关系进行了阐述，证明了内部审计工作可以降低外部审计工作的时长。在他们的研究基础上，研究者们进一步对协同关系进行了分析和归纳，用审计费用代替了外部审计的工作时长，从而建立模型，以此来判断内部审计与外部审计协同治理的效果。杨守海等(2009)、Felix(2001)、陶玉侠(2016)、戴耀华等(2007)的研究支持了内外部审计之间是存在协作关系的观点。在此基础上，学者们对内外部审计的协同关系进行了归纳和总结，认为它们之间的协作关系是一种替代关系，这是因为内部审计在实际工作中代替了外部审计的部分功能，因而产生了协同效应。Prawitt(2011)、Abbott(2012)、Carey(2000)的研究证实了内外部审计的工作具有相互替代的作用，替代作用在内部审计和外部审计的关系中占据了主导地位。这类研究认为其协同效应主要是由于两者之间关系的互补性，互补的源头在于互相之间工作的相似性和知识的相似性，且审计师之间的交流和沟通是更顺畅的，互相之间协作的效果也会比较好(Abbott,2012;戴耀华 等,2007)。这种交流和沟通是建立在互信的基础上的(姚清云 等,2007)。有了信任关系和相似的协同基础,其协同才能产生作用。

另一部分研究者认为,内部审计和外部审计的协同是没有效果的。他们首先做的研究是针对内外部审计的访谈和问卷,调查的结果是两者之间的协同效应甚微(傅黎瑛,2008)。究其原因,首先,内部审计和外部审计的协同信息基础不同。内部审计注重的是对过程的监督,而外部审计注重的是对成果的监督,两者的工作是具有互补性的(Francis,2013)。内部审计的工作做得越好、对过程监督得越细,其工作量就越大,外部审计在与内部审计协同工作时,需要从海量的过程监督信息中花费更多的精力去获取更有效的信息,两者的协同反而要浪费更多的时间和精力去对信息进行筛选,两者的协同是难以实现的(刘国常 等,2010)。其次,内外部审计进行沟通时,其信息的流动是不畅的(傅黎瑛,2008)。内部审计和外部审计在审计理念和审计方式上的沟通存在一定差异,也没有建立起完备的沟通和交流制度(杨新会,2019),外部审计对内部审计工作的利用程度也较低(罗莉 等,2005)。对这些原因进行了总结归纳后,有学者提出两者之间的协同是互补效应起了决定性作用(Georges,2003),如果内部审计的质量很高、有效性非常好,那么外部审计相应的工作也会做得比较多,有效性会更好(Jayanthi,2003)。总的来说,不论哪方面的理论,学者们都致力于证明内部审计的质量和外部审计之间的协同效应很小,或者不存在协同效应。这类研究大多数都提到了互补效应产生的根源是审计师之间的知识背景不同(周艳玲,2016)、审计的目的不同(陈凌云 等,2012),以及内外部审计沟通的基础较差,因而造成审计师之间的沟通不顺畅(戴耀华 等,2007)。

综上所述,学者们在内外部审计的协同是否有效这项研究中得出的结论不统一,这样的结论不统一应该是由于整个协同工作中有一些关键性的协同条件没有被找到,只有找到这些关键性的协同条件,协同是否有效的问题才能得到统一的结论和答案。因此,本研究首先就是要证明这样的协同是有效的,并找到关键性的协同条件。但是,不论是互补效应还是替代效应发挥作用,内外部审计协同工作的基本动因是一致的,两者需要有相似的审计知识和审计目标,还要有相似的审计方法,才能达到审计协同的基本条件,另外系统内部还需要有有力的系统结构支撑,这样才能够使得系统信息和协同工作双方的审计知识在系统中更高效地流动。因此,本书其次要研究的是系统中的各个基本元素是如何通过系统的结构来达到优化企业协同治理目的的。

2.1.2 内外部审计协同治理的方法

在内外部审计协同治理的文献中,学者们为内外部审计协同治理提供了思路和方法。学者们的观点大概分为两种:首先,有一部分学者认为要加强内外部审计人员的审计协同治理效应,需要考虑企业内外部的制度建设,从制度方面提供约束和指导；其次，还有一部分学者认为要加强内外部审计人员的审计协同治理效应，应该考虑提高审计人员的认识和能力水平，从加强内外部审计协作意识层面去提升其协同治理效应。

在第一种观点的研究中，关于制度建设的研究，内外部审计的协作机制被提及的最多。首先，“双审制”作为常见的审计协作机制，由内部审计和外部审计共同负责和展开审计工作，是较为常见的协作机制（田媛，2017）。外部审计与内部审计对同一审计对象进行二次审计是“双审制”最为常见的协同形式（杨新会，2019），双方利用自身优势，实现多方审计力量的互补和充分结合，提升审计的有效性（孙新婷 等，2011）。“双审制”的开展，其中最为重要的是内外部审计人员在工作中的沟通（曹建新，2007），内外部审计人员的有效沟通频率、有效沟通方式都能决定审计协同效应的最终效果（张俊 等，2014）。其次，对于内外部审计协同制度改进的呼声也很高。审计主体内部有协同制度的引导，能够指引审计人员的协同治理工作（乔智华，2019），使得审计主体在展开协同工作时有统一的信息传递方式，审计主体在协同工作时信息的传递更为有效，协同效应发挥得更好（姚清云 等，2007）。再次，在审计主体所处的审计环境中，对于审计协同的规章制度建设，学者们也提出了很多建议。大多数学者对于协同制度建设的构想基本趋于一致，首先应该有国家顶层制度设计，国家的大政方针需要有协同的基础法律和基础规章（陈凌云 等，2012）。目前《审计法》中已经有了制度的顶层建设，明确地指出内外部审计的协同治理是提高审计效率的有效手段，并给出了协同治理的基本要求。各地方审计部门应该根据顶层制度建设结果，由地方性的具体协同法规指引，建立协作机制（肖洁，2013；蔡春 等，2012）。同时，对审计外包制度同样急需指引性的法律法规文件，在制度方面，我国的建设还处于一个初级阶段，现在并没有很细化的指引（杨宏霞，2009）。最后，对于制度的建立，各审计单位也应该根据组织自身的内部控制状况和信息传递方式来建立相应的组织内部的协同工作制度，将制度内容予以具体化，以指导具体的协同工作（周艳玲，2016；鲍圣婴，2016）。具体的制度应该能够指导具体战略合作协议的起草，编制具体的工作计划，对审计技术方法采用统一标准等（招燕，2017），并且具体的协同制度指导应能使审计知识在内外部审计人员之间进行较好的获取和流动，加强两者之间的沟通与培训，使内外部审计人员利用自身优势相互配合，提高工作效率（朱永永，2013）。在制度建设方面，学者们的研究主要集中于制度的重要性和制度应该如何建设方面，但是对于制度建设如何影响协同治理效果的过程和机制的研究甚少，外部制度建设的研究还停留在较为浅层的层次，没有深入研究协同制度和协同机制的建立从哪些方面影响了协同的效果，影响的机理是什么，以及在变化的审计协同系统中是如何适应整个系统的。因此，本书再次应该研究的是系统外部环境对整个系统的影响。

在第二种观点的研究中，关于协同的人员方面，学者们从如下几个方面展开了研究:首先是参与协同工作人员对于协同治理的认识。参与协同的人员要转变观念,从思想上和价值观上进行改变,为内外部审计协作提供全方位的保障(李顺利,2020),同时对内外部审计人员的合作意识进行培养,可以使得双方的合作基础较为牢靠(马玉珍,2008)。协同前意识层面的培养能够让审计人员从思想的高度认识到协同治理的重要性,是审计人员开始协同的准备工作之一(刘向红,2008)。其次是参与审计人员的合作过程。参与协同工作的审计人员,工作态度是首先应该考虑的素质,内外部审计人员要互相信任、明确责任,才能做好最初的协同准备工作(Andy,2002)。在协同工作中,审计人员的信息传递速度和信息传递渠道是否畅通取决于审计人员所使用的审计技术、审计方法等的一致性。肖钢(2012)认为,在信息共享和传递的过程中,审计人员协作过程管理的优劣也能影响到审计协同结果的好坏,因此,很多学者从审计协作过程的管理方面展开了研究。内外部审计协作主要依靠审计人员来完成,双方在协作前应明确责任(招燕,2017),开通信息沟通渠道(曹建新 等,2007),培训审计人员(陈凌云 等,2012),在协作过程中加强过程管控(杨宏霞,2009),在协作完成后建立长效协作机制等。在协作过程中,审计人员之间的信息沟通占据了协同治理的绝大多数工作。

综上,第二类研究是多于第一类研究的,学者们已经认识到,协同工作系统是一个多人、多主体的协作过程,最重要的是人与人之间的协作,人与人之间的协同工作需要从思想上认识到重要性,从行动上加强沟通。但是,研究还没有深入协同系统的动态运行机制,仅仅在一个静态的状态下对协同治理问题展开讨论,对于协同的理解和认识还仅仅限于用制度去约束和管理这个协同过程,并没有文献谈及协同产生的协同溢出效应是如何影响审计的制度环境,又如何再次作用于整个协同系统的。因此,本书的研究还应该涉及审计环境和审计协同系统是如何相互影响,整个系统是如何不断演化为一个成熟的、独立运转的系统的。

2.1.3 内外部审计协同治理的经济后果

关于内外部审计协同治理的经济后果,学者们一致认为内外部审计协同治理的过程能够促进其协同溢出效应的产生,协同溢出效应主要体现在两个方面,一方面是审计主体的审计有效性能进一步提升,另一方面是审计客体的公司治理水平有所提升。

在审计主体的审计有效性提升方面,审计协同的主要作用是通过协同工作中知识和信息交换使得审计人获取更多的审计知识,得到更多有价值的信息(Becker,1998)。通过内外部审计人员的协同工作,内部审计向外部审计传递更多关于企业内部管理、控制的信息,如果沟通顺畅,两者之间的交流互动更多,能降低外部审计和内部审计之间的信息不对称,提高外部审计的审计有效性(Chen,2010)。因此,两者之间的协同溢出效应最显而易见的特点是提高审计的质量(李曼,2014)。另外,两者之间的沟通如果较为顺畅、知识交换较多,能提升审计人员的专业素养水平(刘国常 等,2008),在审计过程中减少审计资源浪费,降低审计成本(刘向红,2008;刘英来,2003),因此协同的溢出效应之二就是降低审计成本。如果两者之间沟通不顺畅,内部审计不愿意和外部审计进行信息传递,根据信号传递理论,内部审计传递了内部控制较差的信号,外部审计即使没有得到有用的信息,起码也可以感知到企业内部审计是不合作的态度,在进行风险评估时风险也能降低一些(马玉珍,2007;彭桃英,2007)。因此,两者之间协同的溢出效应之三是降低审计风险。

在审计客体的公司治理水平提升方面,学者们普遍认为,审计协同治理的结果最终体现在审计客体治理能力改进方面,其作用有两条路径。一条是通过给管理层更好的建议来提升治理能力。审计协同治理能够通过内外部审计的信息沟通帮助企业找出治理层面的问题(阮哈建 等,2012;孙昕,2009),针对问题降低企业的代理成本,将企业治理中低效的部分去除掉(孙新婷 等,2011),从企业的管理层治理入手,提升管理层的治理能力,提升企业业绩,增加企业的整体价值(宋永红,2008;屈波,2018)。另一条是通过内部审计后期的日常监督管理来保证公司的治理水平(汪静,2019)。内外部审计的协同治理最直接的效用还是通过内部审计的治理作用来实现,内部审计人员通过协同治理,与外部审计进行了知识的交换和流动,自身素质得到了提升,治理能力和水平有了提升(张文慧,2010;李顺利,2020),因此在治理过程中能更好地发挥日常监督的作用,使得企业的治理水平有较大的提升,使企业内部控制水平、企业获利能力、企业管理成本等都有较大的改善(张铭,2019;高强,2019)。

因此,关于内外部审计的协同治理溢出效应的研究基本就体现在两个方面,一是提升审计的有效性,二是提升审计客体的治理水平。这是前人研究得出的较为一致的结论,但是对于审计协同治理系统是如何通过系统的运行来得到这样的溢出效应分析的较少。

不论是协同治理的基础、协同治理的过程还是协同治理的经济后果,学者们的研究虽然没有建立协同的体系,但都在研究中阐明了一个观点,那就是协同系统的建立应该是构建在协同系统中内外部审计在不同层面的知识共享、信息流动基础上的,因此,在本书的研究中,应该参考知识论的研究方法来研究系统内部的协同演化过程。

综上所述,通过对内外部审计协同治理的已有文献进行梳理,本书的研究应该首先论证内外部审计协同治理的有效性,并找到内外部审计协同治理的关键性因素;其次研究内外部审计协同治理系统中的各个基本元素是如何通过系统结构来达到优化企业协同治理目的的;再次要研究在不同的审计环境下,内外部审计协同治理系统的基本元素是如何通过系统结构来达到优化企业协同治理目的的;最后要研究内外部审计协同治理系统如何在环境影响下不断演化，成为一个独立运行体系的过程。

内外部审计协同治理的有效性研究的是“审计人”和“审计人”之间的协同。“审计人”和“被审计人”之间的关系常用博弈论的方法来展开研究，“审计人”与“审计人”之间的协同关系，同样要针对其与“被审计人”之间的博弈关系来展开研究，因此，要论证内外部审计协同治理的有效性，并找到内外部审计协同治理的关键性因素，应该研究“审计人”与“被审计人”之间博弈关系的文献，从而找到突破口。

内外部审计协同治理系统毫无疑问也是一种系统，其组成要素和系统功能的产生应当遵循所有系统的组成和发展的一般规律（于玉林，2004）。系统论研究了系统存在和发展的一般规律，因此，要分析内外部审计协同治理系统中的各个基本元素如何在不同的环境中通过系统结构来达到优化企业协同治理的目的，就要从系统论的文献入手展开分析。

所以，本章接下来从博弈论和系统论的文献梳理入手，分析上述问题的研究思路。

2.2　博弈论的研究综述

博弈论作为科学的研究方法，是从信息不对称理论中分离出来的独立研究方法。在信息不对称的环境中，博弈论从微观角度分析博弈参与主体各自的利益关系和行动方式。这种研究方法从 2000 年之后逐渐被广泛地应用于审计研究中。博弈论研究的发展大概分为两个阶段。第一个阶段的文献集中于审计关系中博弈主体的基本博弈研究，主要研究审计人、被审计人、审计委托人之间的博弈关系。被审计人和审计人之间的矛盾比较集中，是监督者与被监督者的关系（Newman，2005；李正龙，2001；袁洋，2013）。被审计人在经营企业时可能有利己的行为，这主要取决于利己行为和合规行为给被审计人带来的收益和风险的大小（Clarkson，1994；李嘉明 等，2005）。审计人和被审计人之间还常常会有合谋和串谋的问题，合谋和串谋之后，双方的收益和利润等都有较大的变化，如何找到串谋的主要原因、降低串谋的可能性，对审计制度设计有着重要的意义（郝玉贵 等，2006；刘颖斐 等，2006；赵息 等，2015）。审计人和审计委托人之间的关系则是受托代理的关系（Newman，2005；姜青舫，2005；许辉，2006；任夏仪 等，2006），他们的行为也是受高质量监督和低质量监督带来的风险和收益的关系影响的。研究中多使用博弈矩阵对收益和风险做对比，分析各方的行动可能和利润获得状况（庄立 等，2007；封铁英 等，2003，张文斌，2005），从而分析均衡点的位置，找到审计监管的关键性因素，以期提高审计监管的效率和效果（薄澜 等，2012，赵保卿 等，2009；陈念东 等，2006）。这个阶段的研究基本上停留在静态的博弈研究，没有展开多次博弈的研究,对博弈过程也只研究了审计关系的三方。在这个阶段的后期,有学者将博弈展开到包含其他利益相关者的博弈(Woodhead,1995;栾甫贵 等,2016),对公司员工中的“吹哨人”的博弈收入和成本进行分析,研究表明奖金制度的设立、“吹哨人”的保护机制进入时间等都可以对“吹哨人”进行有效的保护。也有学者将研究拓展到本书的研究内容,关注注册会计师之间的博弈。Chong 等(1996)提出注册会计师在市场行为的驱动下,相互之间的关系是竞争关系,在价格竞争中,不诚信和诚信是他们可能采取的行动策略;建立注册会计师和事务所的声誉可以降低不诚信行为,增加惩处力度和不诚信成本,有利于提高审计质量。Ferdinand(2003)对投资者和审计人——会计师事务所之间的关系展开了博弈分析,指出保证投资者对事务所选择的建议权和质询权、支付更高的报酬给高质量的审计以及加大处罚力度等可以更好地保证投资人的权益。王祯昌等(2012)将政府审计的所有利益相关者分为传统利益相关者和新兴利益相关者两大类,将这两类利益相关者加入审计人和被审计人的博弈中去,对利益相关者的监督体系构建提出了较为切实可行的建议。

在对其他利益相关者的博弈分析也逐步完善之后,学者们的研究进入了第二个阶段。在利益相关者研究中,由于利益相关者众多,参与博弈的局中人也变得越来越多,有很多研究者已经开始使用多阶段博弈分析,让更多的博弈人参与博弈过程。薄澜等(2013)对上市公司舞弊行为和外部审计的博弈行为进行了多阶段的博弈研究,将被审计者的诚实行为和不诚实行为下造假行为的概率作为研究起点,将审计人和被审计人的行为扩大为三阶段的博弈行为来研究。研究结果表明:监管力度越大,审计造假行为越少;审计工作量越大,审计造假行为越少;审计造假收益越高,审计工作量就越大。在审计博弈关系研究中,研究者们意识到,博弈不是一次性的结果,要通过多阶段的博弈。研究者们考虑到了多次博弈的情况,将演化博弈理论用于研究不同群体之间随着时间的变化选择不同的行为策略的动态过程。王霞等(2005)将投资人和注册会计师之间的博弈用重复博弈模型寻求均衡点,获得投资人与注册会计师由非合作均衡路径转到合作均衡路径所需要的最短时间,打开了审计关系博弈研究的新思路,使得审计博弈研究从简单的博弈研究转向动态的、多次合作的研究。邵炜艺等(2018)对审计人和被审计人之间的博弈行为展开了动态博弈仿真模拟,针对动态演化的结果得出两个稳定均衡点,发现降低会计师事务所拒绝合谋的代价和增加处罚力度等方式可以使鞍点位置尽可能地靠近稳定均衡点,提高演化结果收敛于良好模式的可能性。对于政府审计和被审计者的博弈关系,学者们也展开了多阶段和动态的演化博弈研究。吕志明(2012)对政府审计的委托人、审计人、被审计人的三方关系展开了多阶段博弈分析,发现制度安排、监督机制和审计成本是制约政府审计质量的变量,应该在这几方面来提高政府审计质量。李梦琪等(2019)对政府审计抑制国企盈余管理行为展开了演化博弈分析，提出建立诚信与检查备案系统、完善公众参与审计结果公告机制等建议。

基于博弈论的审计研究大都研究的是审计委托关系中产生的博弈，不论是简单的博弈论还是多阶段的审计博弈或者仿真模拟的博弈结果，研究较多的还是关于审计人和被审计人的博弈，其次是利益相关者和被审计人之间的博弈。本书的博弈是属于第一个范畴的，在“审计人”和“被审计人”的博弈关系下研究“审计人”和“审计人”之间的博弈关系。由于是复杂博弈关系，因此应该采用薄澜等(2013)、邵炜艺等(2018)、吕志明(2012)的研究方法，利用多阶段博弈来分析“审计人”和“审计人”之间的协同关系。

2.3　系统论的研究综述

2.3.1　系统学基本理论

现代科学发展的特点之一是日益专门化，每一个专门化的学科中又因为理论结构的复杂性而使得研究复杂性升级，且各个学科都在自己的理论系统中各自独立，然而，各个不相同的领域中独立地出现了相似的问题和概念。例如，在生物学中存在的生存斗争、生物均衡、生物种群等动态学理论，这些理论中运用的个体、种群、竞争系数等生物学概念，后被发现也存在于数量经济学和计量学之中，只是知识相互作用的实体不同而已(Ackoff，1959)。因此，自然界存在一种理论，这种理论可以应用于一般系统的通用理论，可以揭示一般系统的发展规律。由于一般系统特性的存在，不同领域的系统就会出现相似性或者同形性，“系统”就被称为是具有相互作用的元素的综合体(陈劲 等，2008)。在系统论出现之前，人们一般把事物分成若干部分进行分析，然后再以某个部分的性质去说明复杂的事物。这是由笛卡尔奠定理论基础的分析方法，这种分析方法着眼于局部或要素的分析。系统论出现后，人类的思维方式发生了变化，系统论的基本方法就是把所研究和处理的对象当作一个系统，分析系统的结构和功能，研究系统结构、要素和环境三者的相互关系和变动规律(Boulding，1953；Hall，1956)。系统论确定了一个相互联系的系统中最重要的核心研究对象是系统结构、要素和环境，这三者使得整个系统发挥它应有的功能。

在这个元素综合体中，元素和元素之间的关系不是简单地组合，在系统中，元素和元素的关系是按照一定的秩序和内部联系组合在一起的，它们都向着统一的目标前进。根据系统演化的动力来源和形成方式，系统被划分为闭合的系统和开放的系统(Menninger，1957；马国庆 等，2006)。闭合系统指的是在一个系统内，元素和元素之间的运动、系统的演化是不受外界干扰的，自成体系，系统演化的动力来自系统内部，系统从无序走向有序完全取决于自身的变化，并不会受到环境影响。闭合系统在现实社会中极少存在,最初是在物理实验室的物理实验中提出的,基本上只存在于实验室的单纯环境中(Wolfe,1967)。开放系统则是一个常态,广泛地存在于物理学、生物学、社会学、管理学的研究中。在开放的系统中,系统的演化是要受到外部环境影响的,其演化过程是受到了外部的指令、制度或者改革的影响而展开的,系统内部无法自行演化。现实中的绝大多数系统都是要与系统外部进行交换的,整个演化过程会受到外部环境的影响(Arieti,1955)。不论是闭合的系统还是开放的系统,系统内部的演化、发展,我们称为自组织,系统外部的影响我们称之为他组织的影响(Menninger,1957)。很显然,内外部审计协同治理系统也和绝大多数系统一样,属于开放系统,因为内外部审计协同治理系统是在政府领导下的系统,至少会受到国家政策制度的影响。本书的研究重点是:内外部审计协同治理系统如何在国家制度环境下发生自我进化、自我演化,如何形成自组织,自组织是如何受到他组织的影响从无序走向有序,从而形成系统协同溢出效应的。因此,在本书的研究中,参照了系统论中的主要观点,展开了内外部审计协同治理系统的研究。

2.3.2 协同学基本理论

协同的概念是从系统论中发展而来的,故协同的研究对象也遵照系统论的一般逻辑。最开始,主要的研究对象是系统论中三个核心研究对象的“系统要素”这个方面,主要研究在一个互相联系的系统中,各个要素之间应如何协同,后来的研究范围转向了系统结构、系统环境与系统要素之间的协同。因此,在系统论基础之上的协同,范围是有不同界定的。狭义的协同范围仅仅指系统要素之间的协同,广义的协同范围则包含了系统结构、系统要素和系统环境之间的协同(王会金 等,2014)。

德国物理学家赫尔曼·哈肯是协同论的创立者,1977 年他在其著作 *Synergetics-An Introduction* 中首次提出了“协同学”理论。哈肯首先尝试着用协同学解释自然科学中的化学现象、物理现象、生物现象等,后来逐渐发展到利用协同学的理论解释社会学中的现象,因此,协同学不仅是单一学科协同作用的研究,更是一个跨学科的科学领域。最初的研究只局限于自然学科,哈肯认为,开放性的协同系统,是由许多功能各异的子系统和它们之间的相互作用共同构成的,这些子系统可以形成时间、空间和功能自组织的结构,因此协同学能指导各种相关现象在自然科学中的协同,后来,它逐渐从自然科学方法论,发展成为一种具有普遍意义的科学研究方法。哈肯对“协同”的定义是:“系统的各个部分之间的相互合作,形成一种整个系统的微观层面的个体中不存在的结构和性质的新物质,可以解释宏观和微观层面的问题。”

针对普适意义的系统论来说,系统是相互联系、相互作用的诸元素的综合体,构成系统必须具备三个条件:第一,系统是由若干元素,即系统的组成部分构成的;第二,元素和元素、元素和整体之间都存在相互联系、相互作用的关系,从而形成系统的结构和系统的秩序;第三,任何系统都存在于一个特定的环境中,环境提供了系统生存和发展所需要的资源或压力(张力,2011)。协同的研究范围应当包括上述系统要素、系统结构和系统环境三者的相互关系和变动规律以及三者协同之后产生的溢出效应,即系统新功能的产生。从广义的范围来看,协同的研究应该包括四个方面:①系统中各个要素和系统结构的协同,研究系统要素和系统结构之间的协同关系和协同效应;②系统结构和系统环境的协同,研究系统结构和系统环境之间的协同关系和协同效应;③系统要素和系统环境的协同,研究系统要素和系统环境之间的协同关系和协同效应;④如前所述的三个方面的协同后新系统功能的研究,也就是协同溢出效应的研究。系统要素、系统结构和系统环境的协同效果就是系统的新结构、新功能的产生,我们统称为系统功能的增强,它是系统协同的产物,也是协同溢出效应的产物。系统协同方式如图 2-1 所示。

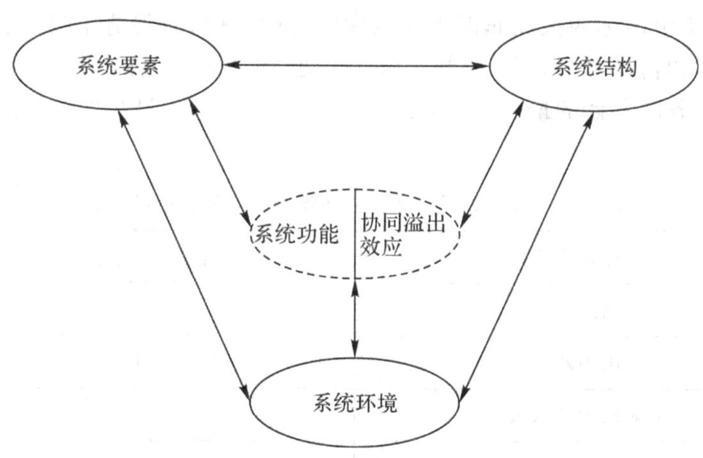

图 2-1　系统协同方式图

本部分对前人的研究文献和研究方法做了文献梳理,从前人研究的不足和待补充之处梳理出了本书的研究脉络,那么,我国目前的协同治理现状如何呢?本研究从政府网站、上市公司报告等公开渠道对我国目前内外部审计协同治理的现状进行了分析,以找出目前我国内外部审计协同治理存在的问题。

2.4　政府审计和民间审计协同治理现状分析

政府审计作为国家治理大系统中具有预防、揭示和抵御功能的“免疫系统”,是国家治理的基石和重要保障。政府审计不仅指导内部审计的发展,而且直接推动了民间审计的发展。那么，政府审计的现状如何？效果如何？作者通过搜集整理2015—2019年在审计署和32个省级审计机构[各省(区、市)审计厅]以及省级审计机构的下属地市审计机构(各地市审计局)官方网站上公开披露的政府审计结果，查找政府审计企业的公告，共计查阅237个网站的信息，查阅10000余份政府审计报告，最终找到公布政府审计状况的139家公司，针对这139家披露了政府审计情况的公司，展开政府审计与民间审计协同治理现状的调查。

2.4.1 公告审计报告的公司聘请会计师事务所概况

作者对139家样本公司所聘请会计师事务所情况进行统计，发现大部分样本公司没有披露聘请事务所审计的情况，剔除数据缺失公司，共得到样本公司68家，进一步对比该68家公司所聘请会计师事务所的规模，得到表2-1和图2-2。根据表2-1中的数据，由国际四大会计师事务所审计的公司仅有7家，约占样本公司的10%；由国内八大会计师事务所审计的公司有49家，比例高达72%，远高于由国际四大和非四大非八大审计的比例；而聘请非四大非八大的公司有12家，约占样本公司的18%。由此可见，本书68家样本公司中，经国内八大会计师事务所审计的最多，其次是非八大非四大审计，最少的是国际四大会计师事务所审计。

表2-1 政府审计公告企业聘请会计师事务所统计表

会计师事务所	公告审计报告企业/家
国际四大	7
国内八大	49
非四大非八大	12
总计	68

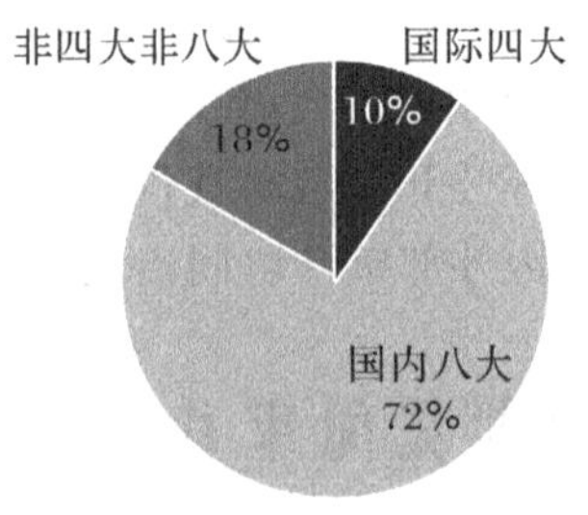

图2-2 政府审计公告企业聘请事务所类别对比图

不论深市还是沪市，我国 60%以上的公司选择的会计师事务所均为国内八大，选择国内非八大会计师事务所的上市公司比例与政府审计客体的比例基本持平，选择国际四大会计师事务所的上市公司比例虽然低，但也比政府审计客体的比例要高。国内外的众多研究发现国际四大会计师事务所的审计质量更高（蔡春等，2005；温毓敏，2016），且国际四大会计师事务所的审计费用也相对更高（温毓敏，2016）。因此就目前的状况来说，政府审计客体首次由民间审计展开审计的质量是略低的，二次再由政府审计展开审计，审计质量有提升的空间。

2.4.2　政府审计结果和民间审计结果比较

由于政府披露审计结果的公司中对外披露民间审计事务所的 68 家公司中有 25 家公司是非上市公司，未对外披露审计报告，为研究审计结果的一致性，本书对 68 家样本公司中上市的 43 家公司披露的审计年报内容进行分析和归纳，从审计报告披露的审计关键事项入手。关键审计事项是会计师根据职业判断认为对本期财务报表审计最为重要的事项，企业对这些事项的应对以对财务报表整体进行审计并形成审计意见为背景。公司性质不同，审计报告中披露的关键审计事项不同。据此，可以得到上市公司民间审计关键审计事项统计明细表（见附录 3）。

根据统计结果，2015—2019 年政府审计公告企业中有 69.06%未上市，并且政府审计报告中披露的关键事项主要有以下五方面：一是财务管理和会计核算方面的问题；二是公司治理和内部管理方面的问题；三是风险管控方面的问题；四是贯彻落实国家重大政策措施方面的问题；五是落实中央八项规定精神及廉洁从业规定方面的问题。作者通过手工搜集整理上市公司审计报告，重点搜集以上五方面信息。由于公开披露相关信息较少，故本书重点关注及分析审计报告中的关键审计事项，研究政府审计和民间审计的一致性。

在 43 家上市公司中，未经政府审计前，仅有 12 家公司披露了关键审计事项，其他 31 家未披露，披露的比例只有 28%。民间审计报告披露的关键审计事项主要包括以下三点：一是公司的内部控制管理方面；二是关于收入、商誉确认和应收账款坏账准备等事项，这与近几年我国会计准则修订趋势一致，体现出审计工作对会计准则变化的敏感性；三是关于当前国家政策的理解。总的来看，民间审计和政府审计有重合的地方，民间审计承担对财务报表真实性的审计，政府审计则承担对企业经济活动的合法性和效益性的审计，但政府审计涉及的内容更为全面。

2.4.3　民间审计在政府审计后的变化

政府审计会如何对会计师事务所审计产生影响？通过查阅 43 家经政府审计的上市公司审计年份和被审计年份的审计报告，得到上市公司民间审计结果统计表(见附表3.2)。在43家样本公司中,仅有12家公司在政府审计年份披露关键审计事项,政府审计后的第二年有32家公司在审计报告中披露了关键审计事项,披露关键审计事项的公司数量有明显的增长。这说明政府审计后民间审计会根据政府审计的结果对自己的工作进行整改,体现了二者协同治理的有效性。

关于关键审计事项披露的内容方面,经政府审计后,首先,民间审计的报告中披露的审计报告内容更全面、更规范,审计师通常对收入确认、商誉确认和坏账准备计提开展实质性程序。其次,上市公司审计报告披露的关键审计事项中对于国家政策的解读内容也有所加强。对于会计政策的新规定、新要求等的披露规范性有所改进,2017年会计准则修订后,很多上市公司的审计报告中都增加了对新会计准则的确认计量方法。最后,很多上市公司在被审计年份审计报告中未披露关键审计事项,在经过政府审计之后会提升关键审计事项的披露比例,这也说明经政府审计后上市公司更关注审计报告质量和审计报告的规范性。

2.5 民间审计与内部审计协同治理现状分析

民间审计和内部审计协同效应体现在民间审计可以在评价内部审计工作后,恰当利用其审计结果,以减少工作量,提高审计效率;内部审计可以根据民间审计过程中发现的问题以及提供的建议来不断完善内部控制的质量并改善自身的审计工作。基于此,本书从深交所上市公司中(上交所未强制披露内部审计状况,披露比例较低,故未做选取),筛选掉2015—2019年新上市的公司、中小板和创业板公司、没有披露内审情况的公司,初步筛取893家样本公司,逐一阅读其2015—2019年年度审计报告和内部控制审计报告等,摘录会计师事务所审计报告中是否提及对企业内部审计的指导性意见等相关信息,研究民间审计与内部审计的协同现状。上市公司内部审计的信息来自巨潮资讯网(www.cninfo.com.cn)公布的公司年度报告或深交所网站中披露的年报、内部审计制度、董事会决议及其他报告等公开信息。

2.5.1 民间审计对内部审计的指导性意见

作者选取893家深圳上市公司2015—2019年年度审计报告和内部控制审计报告等,分析会计师事务所审计报告中关于内部审计的相关内容,以此分析民间审计对内部审计是否具有指导作用,统计可得图2-3。其中,393家公司的审计报告、内部控制审计等报告中提及内部审计相关内容,占总样本的44.01%,其余500家公司并未发现与内部审计相关的内容。

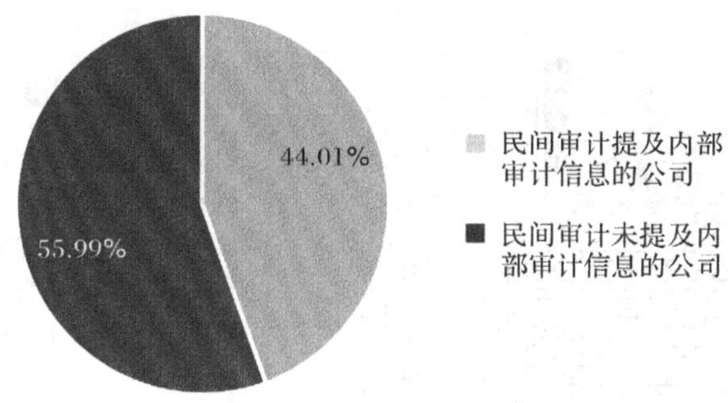

图 2-3　民间审计报告是否提及内部审计比例的统计图

民间审计对内部审计指导性意见有助于清晰了解哪一类报告对企业内部审计的指导效用最大，故作者进一步对样本公司内部审计信息来源进行统计，得到表 2-2和图 2-4。393 家样本公司的内部审计信息主要来自 5 部分：年度内部控制评价报告、年度审计报告、独立董事年度述职报告、内部控制落实自查表、年度董事会工作报告。其中，占比最高的是年度内部控制评价报告（占比 47.58%），其次是占比 32.06%的年度审计报告，占比较低的是内部控制落实自查表和年度董事会工作报告，占比分别为 5.09%和 4.33%。由会计师事务所出具的内部控制审计报告，主要围绕企业的内部控制体系开展风险管理审计、专项审计、责任审计等内容，年度财务审计报告（公司治理）中提及的信息包括内部审计部门及人员情况，但民间审计出具的财务报告多是对内部审计机构及其职责的介绍，客观性较强，一般不涉及主观性的评价。

表 2-2　民间审计对内部审计的指导性意见来源统计表

来源	样本量/家	比例/%
年度内部控制评价报告	187	47.58
年度审计报告	126	32.06
独立董事年度述职报告	43	10.94
内部控制落实自查表	20	5.09
年度董事会工作报告	17	4.33
总计	393	100.00

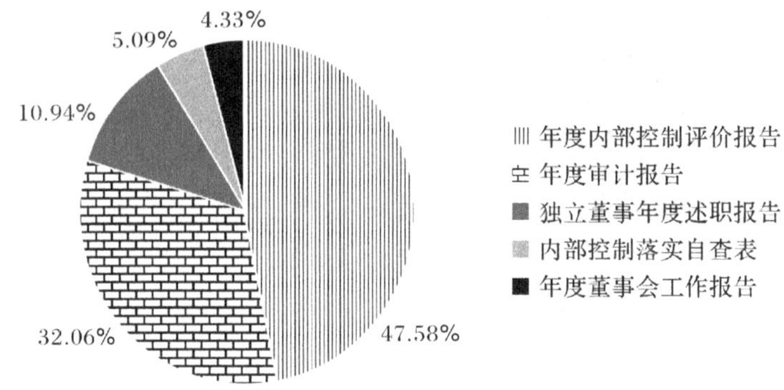

图 2-4 样本公司内部审计信息来源统计图

2.5.2 民间审计报告中涉及内部审计的主要内容概述

依据前文分析，民间审计对内部审计具有指导性作用，不同类型的报告对内部审计影响程度不同，本书接下来将进一步分析指导性内容主要关注的方面。本书对 393 家公司的审计报告、内部控制审计报告、内部控制评价报告等内容进行搜集分析，将提及内部审计相关信息的主要内容进行总结，得到表 2-3 和图 2-5。民间审计报告中提及的内部审计主要内容包括以下 5 个方面：企业审计委员会、内部审计组织机构、内部控制落实情况、内部审计制度、内部审计工作意见。其中，提及企业审计委员会的公司最多，占所有公司的 47.58%；提及内部审计组织机构的有 124 家，占比为 31.56%；10.94%的公司主要介绍内部审计制度；提及最少的是内部审计工作意见，仅有 11 家公司。

表 2-3 民间审计提及内部审计主要内容分类概述表

主要内容	企业数量/家	比例	主要内容
企业审计委员会	187	47.58%	①负责公司内部审计与外部审计之间的沟通、检查和监督工作； ②详细了解公司财务状况和经营情况； ③审议内部审计部门日常工作、专项审计工作
内部审计组织机构	124	31.56%	①内审部按照年度审计计划对公司各业务领域风险模块实施审计工作，提出内控缺陷以及合理化建议，规范和监督公司的经营管理； ②内部审计机构和个人从事内部审计工作，应当严格遵守有关法律法规，忠于职守、独立客观

续表

主要内容	企业数量/家	比例	主要内容
内部审计制度	43	10.94%	①严格监督公司内部审计制度的实施，向董事会报告内部审计工作进度、质量以及发现的重大问题等； ②《中华人民共和国公司法》《中华人民共和国证券法》《企业内部控制基本规范》等相关法律法规制度贯穿于企业经营管理各层面、各环节的内部控制体系
内部控制落实情况	28	7.12%	①严格审查与财务报告和日常经营等相关的内部控制制度执行情况； ②对各职能部门在各项经营活动、资金管理中是否遵照制度执行，募集资金是否按照制度及法律法规的要求使用进行审计
内部审计工作意见	11	2.80%	①内部审计作为公司内部相对独立的部门，应该尽可能多地发现问题并提出具体建议和补救措施； ②对风险持续降低的业务领域可考虑适当地减少关注度和工作量； ③对内部审计发现问题涉及的人员问责、制度完善等情况进行总结并向企业审计委员会汇报

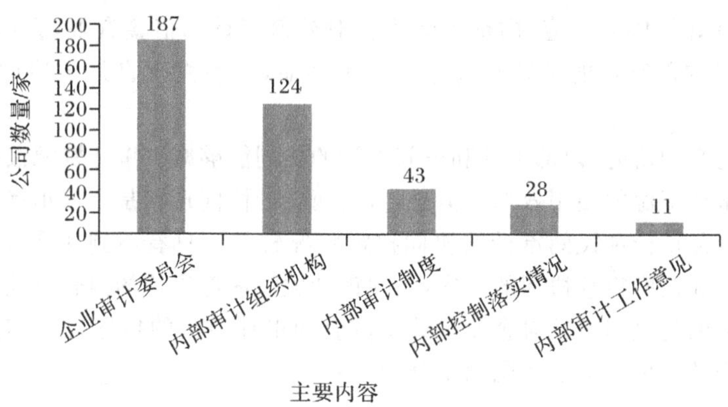

图 2－5　民间审计报告中提及内部审计的主要内容分类图

2.5.3 内部审计在民间审计后的变化情况

民间审计在审计过程中发现的问题以及提供的建议可以帮助内部审计部门不断提升内部控制的质量，内部审计在经过民间审计后质量会发生较明显的变化。为验证这一结论，本书将893家样本公司2019年的年度报告、内部控制审计报告、内部审计落实情况自评表等，与2018年对比，研究内部审计是否有所改进，据此得到图2-6。

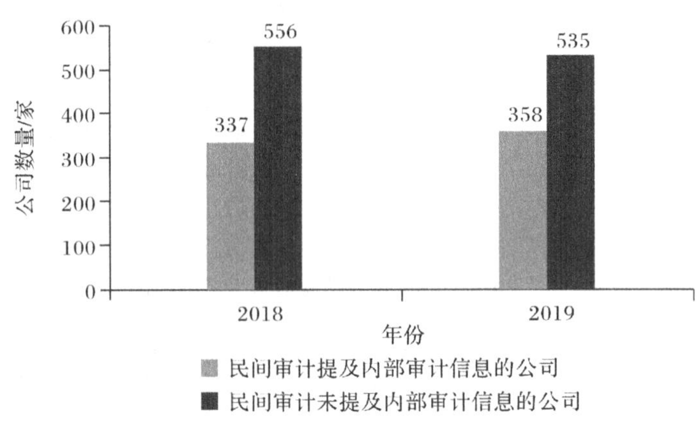

图2-6 2018年与2019年内部审计改进情况对比图

根据图2-6，2018年893家样本公司中民间审计报告提及内部审计信息的仅有337家，占总样本的37.74%，还有62.26%的公司民间审计报告未涉及内部审计信息；2019年有358家公司民间审计报告提及内部审计相关内容，增幅较小，说明2019年内部审计改进效果不明显。由此可见，民间审计和内部审计并未产生良好的协同效应，内部审计报告对外部审计的借鉴有限，会计师出具的审计报告对内部审计的指导改进作用还不明显，二者发挥良好的协同效应还有提升空间。

依据前文的研究，内部审计和民间审计的协同能够减少审计资源浪费，提高审计效果和审计资源的使用效率。但是，目前两者的协同现状是令人担忧的，绝大多数企业的内部审计和民间审计的协同披露状况较差。只有不到45%的企业披露了内部审计和民间审计协同的内容，民间审计关注内部审计的内容也较为单一，对外披露较多的是民间审计对企业审计委员会和审计结构的指导，而针对审计制度和审计工作的具体层面的协同则十分少。

2.6 政府审计与内部审计协同治理现状分析

2018 年 1 月 12 日公布的《审计署关于内部审计工作的规定》明确提出，对内部审计工作进行业务指导和监督是政府审计机关的法定职责，政府审计与内部审计发挥协同治理作用可以有效减少审计资源的浪费。本书从内部审计职责范围、内部审计规模、内部审计专业胜任能力三方面查阅公布了政府审计状况的 139 家样本公司信息，通过上市公司披露的审计报告和上市公司网站中的其他报告来分析我国政府审计与内部审计协同现状。

2.6.1 政府审计公告企业内部审计职责范围比较

内部审计的责任范围决定了内部审计部门在上市公司中能够触及的范围领域，责任范围越大，内部审计在公司中发挥作用的范围越广。比较政府审计公告企业与其他上市公司内部审计职责范围平均情况，可以了解政府审计企业内部审计在公司中发挥作用的范围。作者搜集 139 家公布了政府审计公告的样本公司内部审计职责范围，由于数据披露有限，剔除变量缺失的企业，仅得到 15 家既披露政府审计状况又披露内部审计工作状况的样本公司。由前文可知，2015—2019 年我国上市公司内部审计部门的职责范围均值总体呈上升趋势，均值在 2.789 至 2.887 之间，且我国上市公司主要同时开展财务合规性审计、专项审计（如基建审计、合同审计、预决算审计、价格审计等）、内部控制审计等三项审计业务。对照样本公司（见表 2-4），15 家公司中有 6 家主要开展财务合规性审计、专项审计、内部控制审计三项审计业务，占 40%；7 家公司同时开展合规、专项、内控、风险、反舞弊中的四类审计业务，占样本公司的 46.67%；仅有中国农业银行和中国工商银行 2 家企业开展合规、专项、内控、风险、反舞弊等五类审计业务。

表 2-4　样本公司内部审计的职责范围统计表

行次	被审计企业名称	内部审计职责范围赋值①
1	中国农业银行股份有限公司	5
2	中国工商银行股份有限公司	5
3	中国医药集团有限公司	3
4	中国中车集团有限公司	4
5	中国东方电气集团有限公司	4
6	中国南方航空集团公司	4
7	中国东方航空集团公司	4

① 同时开展五类审计赋值 5，同时开展四类审计赋值 4，同时开展三类审计赋值 3。

续表

行次	被审计企业名称	内部审计职责范围赋值
8	中国铝业公司	3
9	中国石油化工集团公司	4
10	靖远煤业集团有限责任公司	3
11	华侨城集团有限公司	4
12	深圳市盐田港集团有限公司	3
13	广西柳工集团有限公司	3
14	西部证券股份有限公司	4
15	中原环保股份有限公司	3

根据图 2－7，样本公司内部审计职责范围仅有三类：同时开展四类审计业务的公司占 46.67%，同时开展三类审计业务的公司为 40%，同时开展五类审计业务的公司有 13.33%。图 2－8 是样本公司和上市公司企业内部审计职责范围对比，样本公司没有“仅有财务合规性审计”和“同时开展两类审计”，而上市公司同时开展两类审计业务的比例是 27.65%；样本公司“开展三类审计业务”的比例低于上市公司平均情况，而“开展四类审计业务”和“开展五类审计业务”的比例均高于上市公司平均情况，这说明财务合规性审计、专项审计、内部控制审计是各个企业主要的内部审计活动，内部控制审计和风险管理审计及反舞弊审计则与企业内部控制体系完善性和公司规模大小有紧密关系。总体来看，样本公司内部审计职责范围优于上市公司平均情况，内部审计在政府审计过程中有证据收集、整改评价和信息鉴证等方面的作用，优化内部审计机构的制度建设、机构设置和人员配备有助于实现政府审计目标。

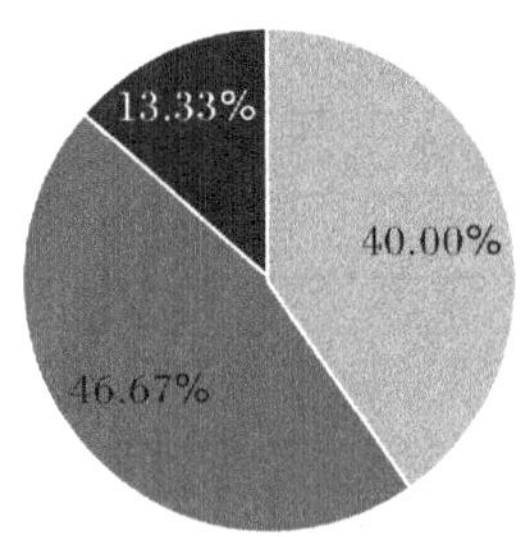

图 2－7　样本公司内部审计职责范围比例图

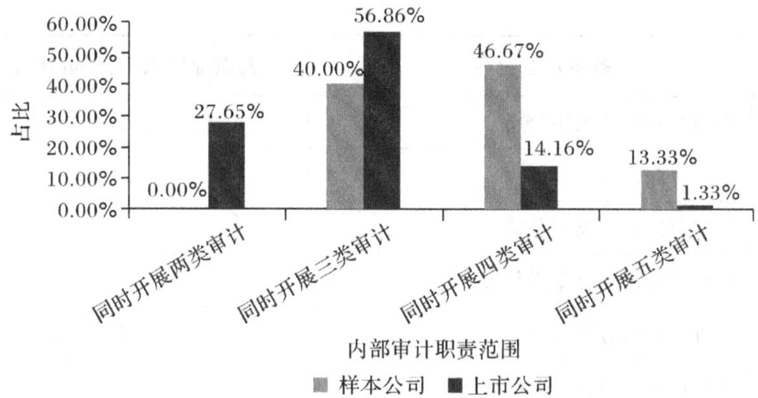

图 2-8　政府审计公司与样本公司内部审计职责范围对比图

2.6.2　政府审计公告企业内部审计规模比较

内部审计部门工作人员越多，内部审计规模越大，就越有助于上市公司各项审计业务的开展，同时越有能力配合政府机关执行审计程序，发挥政府审计和内部审计协同治理效益。因此，研究当前我国政府审计和上市公司内部审计规模至关重要。根据前文信息，2015—2019 年我国上市公司内部审计部门的审计规模差异明显，均值在 1.527 至 3.112 之间，波动范围较大，审计人数相对于总收入较少，说明我国上市公司内部审计人数相对于总收入较少，我国上市公司内部审计规模普遍不大。对照表 2-5 和图 2-9，发现内部审计规模赋值为 1 的样本公司占 46.67%，内部审计规模赋值为 2 的企业比例是 33.33%，赋值为 4 的仅占 6.67%，说明内部审计人数对比企业总营业收入来说较少，该结论与政府审计公告企业内部审计规模一致。

表 2-5　样本公司内部审计规模统计表

行次	被审计企业名称	总营业收入/内部审计人数①
1	中国农业银行股份有限公司	1
2	中国工商银行股份有限公司	1
3	中国医药集团有限公司	1
4	中国中车集团有限公司	2
5	中国东方电气集团有限公司	1
6	中国南方航空集团公司	1

① 人均营业收入 10 亿以上，赋值 1；7 亿～10 亿（含 10 亿），赋值 2；4 亿～7 亿（含 7 亿），赋值 3；1 亿（含 1 亿）～4 亿（含 4 亿），赋值 4；1 亿以下，赋值 5。

续表

行次	被审计企业名称	总营业收入/内部审计人数
7	中国东方航空集团公司	1
8	中国铝业公司	2
9	中国石油化工集团公司	1
10	靖远煤业集团有限责任公司	4
11	华侨城集团有限公司	2
12	深圳市盐田港集团有限公司	2
13	广西柳工集团有限公司	3
14	西部证券股份有限公司	2
15	中原环保股份有限公司	3

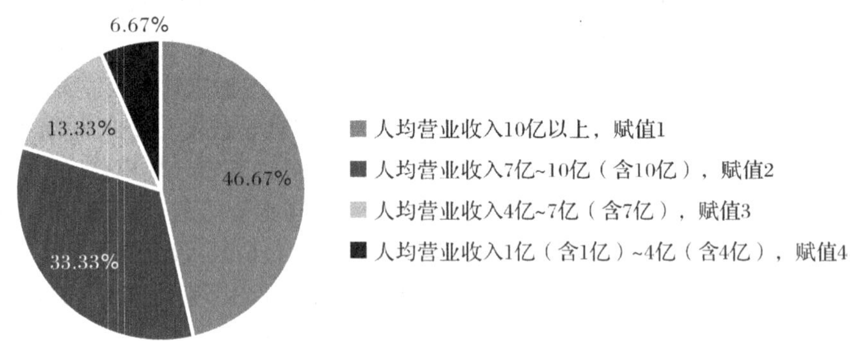

图 2-9　样本公司内部审计规模比例图

图 2-10 是样本公司与上市公司内部审计规模比较，样本公司人均营业收入 10 亿以上和 7 亿～10 亿(含 10 亿)的比例远高于上市公司平均规模，人均营业收入1 亿(含 1 亿)～4 亿(含 4 亿)元的比例仅为 6.67%，低于上市公司平均规模。由此可见，我国上市公司内部审计规模普遍不大，内部审计工作人员较少。在这种情况下，内部审计机构有其自身局限性，审计活动范围和审计报告可信度受到影响，需要外部第三方审计发挥监督作用。除企业聘请会计师事务所审计外，政府审计对企业开展的各项审计活动有助于及时披露内部控制缺陷，提高企业审计活动质量。

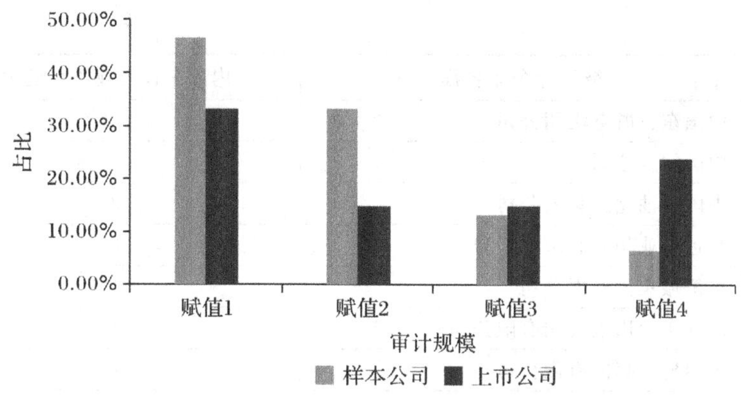

图 2-10　样本公司与上市公司内部审计规模比较

2.6.3　政府审计公告企业内部审计专业胜任能力比较

Stephen(1993)认为，一个高质量的审计团队既要有熟悉公司业务的内部审计主管，也要有专业程度高的审计工作人员。因此，内部审计部门应该聘用胜任能力高的有经验有专业素质的内部审计师，以确保其有能力采用恰当的审计方法完成内部审计工作。2015—2019 年我国上市公司内部审计部门负责人的专业胜任能力均值变动较小，均值在 0.527 至 0.612 之间，内部审计负责人专业水平赋值为 1 和 2 的公司占比超过了 40%，赋值为 3 的公司比例不超过 5%。数据表明我国上市公司内部审计部门负责人的专业水平较低，同时拥有中级、高级职称和注册会计师资格的很少。

对 15 家样本公司内部审计负责人专业胜任能力进行赋值，统计得到表 2-6 和图 2-11。可见，样本公司中内部审计负责人专业能力赋值为 2 的最多，其次是赋值为 1 的公司，总计占所有公司的 73.33%，与上市公司相比，样本公司内部审计负责人具有职称和证书的比例较高(见图 2-12)。这说明我国企业内部审计负责人专业胜任能力分布不均衡，内部审计人员专业胜任能力还需要加强。

表 2-6　样本公司内部审计专业胜任能力统计表

行次	被审计企业名称	内部审计专业胜任能力
1	中国农业银行股份有限公司	2
2	中国工商银行股份有限公司	2
3	中国医药集团有限公司	1
4	中国中车集团有限公司	0
5	中国东方电气集团有限公司	1
6	中国南方航空集团公司	2

续表

行次	被审计企业名称	内部审计专业胜任能力
7	中国东方航空集团公司	2
8	中国铝业公司	1
9	中国石油化工集团公司	3
10	靖远煤业集团有限责任公司	0
11	华侨城集团有限公司	1
12	深圳市盐田港集团有限公司	1
13	广西柳工集团有限公司	2
14	西部证券股份有限公司	3
15	中原环保股份有限公司	2

注：内部审计负责人没有职称和证书的，赋值为 0；内部审计负责人有中级职称的，赋值为 1；内部审计负责人同时拥有中级、高级职称的，赋值为 2；内部审计负责人同时拥有中级、高级职称和注册会计师资格的，赋值为 3。

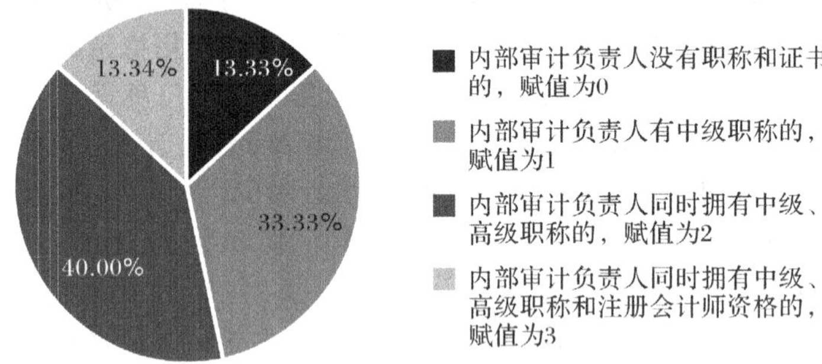

图 2-11　样本公司内部审计负责人专业胜任能力比较图

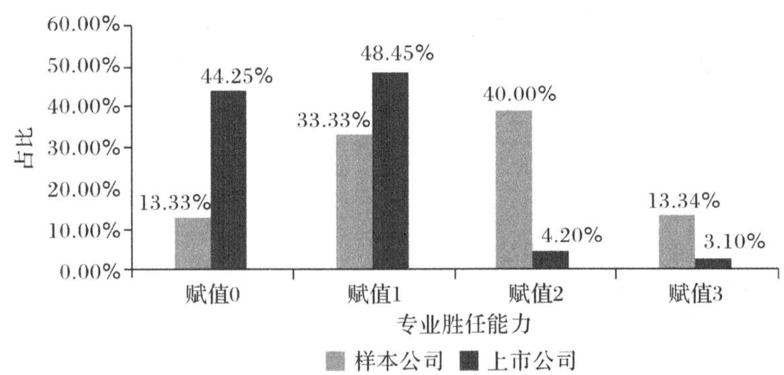

图 2-12　样本公司与上市公司内部审计负责人专业胜任能力比较图

本节从内部审计职责范围、内部审计行业规模和内部审计专业胜任能力三方面比较了上市公司中经政府审计的上市公司(15 家)和未经政府审计的上市公司内部审计现状,分析发现:首先,政府审计和内部审计的协同状况较差,披露了双方情况的上市公司仅有 15 家。绝大多数上市公司均未披露情况,或者绝大多数的上市公司没有内部审计和政府审计的协同工作。其次,经政府审计的上市公司审计职责的覆盖面比未经政府审计的上市公司审计职责的覆盖面要宽,内部审计的职责要广一些。在政府审计的指导下,内部审计的职责范围宽,说明政府审计对内部审计的职责有提升的作用。再次,经政府审计的上市公司内部审计专业人员的数量比未经政府审计的上市公司内部审计专业人员的数量要多,较多的人数决定了内部审计的审计效率和审计效果在经由政府审计的公司中普遍高于未经政府审计的公司。最后,经由政府审计的上市公司内审人员的专业胜任能力也要高一些,他们取得了更多的职业资格证书,内审工作的有效性更高。

2.7　本章小结

本部分首先对前人的研究文献和研究方法做了文献梳理,从前人研究的不足和待补充之处梳理出了本书的研究脉络。本书应该首先证实内外部审计协同治理效应存在的可能性和影响其治理效应的关键性环节,其次分析内外部审计协同治理系统中的关键性因素并证明其对治理系统有效性产生的作用,最后在动态的环境下探讨整个系统如何从无序演化为有序并最终提升整个系统治理水平。同时,本书通过搜集公开数据研究了政府审计、民间审计和内部审计两两协作的现状。

(1)内部审计和民间审计的协同现状是令人担忧的,绝大多数企业对内部审计和民间审计的协同披露状况较差。只有不到 45%的企业披露了内部审计和民间审计协同的内容,对外披露较多的是民间审计对企业审计委员会和审计结构的指导,而针对审计制度和审计工作的具体层面的协同则十分少。

(2)政府审计和民间审计的协同现状中,政府审计客体的国内八大审计比例略高于一般上市公司,国际四大审计比例却略低于一般上市公司,因此,其审计质量还有待进一步提高。在关键事项的披露中,在未经政府审计时只有 12 家公司披露了关键审计事项,而经政府审计过后,有 32 家公司披露了关键事项,且对于关键事项的披露范围和披露详细程度也有较大的提升。

(3)政府审计和内部审计的协同状况是最差的。首先,披露了双方情况的上市公司仅有 15 家,绝大多数上市公司均未披露情况,或者绝大多数的上市公司没有内部审计和政府审计的协同工作。其次,经政府审计的上市公司审计职责的覆盖面比未经政府审计的上市公司审计职责的覆盖面要宽,内部审计的职责要广一些。在政府审计的指导下,内部审计的职责范围宽,说明政府审计对内部审计的职责有提升的作用。再次,经政府审计的上市公司内部审计专业人员的数量比未经政府审计的上市公司内部审计专业人员的数量要多,较多的人数决定了内部审计的审计效率和审计效果在经由政府审计的公司中普遍高于未经政府审计的公司。最后,经由政府审计的上市公司内审人员的专业胜任能力也要高一些,他们取得了更多的职业资格证书,内审工作的有效性更高。

第 3 章 基于经济学理论的我国企业内外部审计协同治理的分析

在经济学理论中，利益相关者理论、公司治理理论和委托代理理论、博弈论都与内外部审计协同治理密切相关，因此，经济学基础理论对本书的支撑也从这四个方面展开。

3.1 基于公司治理视角的分析

公司治理是一套规范公司相关各方的权、责、利的制度安排，是现代企业中最重要的制度架构。公司内部治理主要有两个方面的内容：一是平衡股东与公司管理层的关系，一是平衡控股股东与一般股东之间的关系。公司治理中规定的制度安排就是平衡这两种关系的主要途径。众所周知，公司治理的四大基石是内部审计、外部审计、董事会和管理层（Sarbanes-Oxley，2002），内部审计和外部审计是其中的重要部分，那它们在公司治理中起了什么样的作用呢？

3.1.1 公司治理视角下的外部审计聘任安排

公司治理的内部治理机制和外部治理机制要正常发挥作用，必须以真实可靠的财务会计信息为基础。外部审计制度的价值在于外部审计的独立性，作为审计人的注册会计师独立于作为委托人的所有者和作为被审计人的董事会和经理层，保证了注册会计师的独立性。那么，由谁来提起外部审计师的审计就成了外部审计是否独立的一项关键性的制度安排。

1. 以董事会为中心的外部审计聘用制度

企业的董事会发起外部审计的聘请，其主要动机是“自证清白”。董事会对财务报告和各项信息披露的真实性负有主要责任，可以向股东大会提请聘任外部审计机构来审核财务报告。但是，从制度安排上来说，其独立性是较差的，难免会被人诟病其审计结果的可靠性，没有兼顾其他利益相关者的利益。

2. 以监事会为中心的外部审计聘用制度

产权理论认为，拥有公司全部产权的是公司的所有利益相关者。公司的监事是股东的信托人，接受利益相关者委托，对企业行使控制权和监督权。监事会独立于董事会和经理层，在外部审计的聘用中居于核心位置，掌握外部审计机构的聘用权。以监事会为中心的外部审计聘用制度，能平衡股东和其他利益相关者的关系，但是，不能解决大股东和中小股东之间的矛盾。

3. 以独立董事为中心的外部审计聘用制度

独立董事由公司外部的专业人士担任，由股东大会选举产生，其应用自己的专业知识在公司的重大问题上代表股东进行监督并发表意见，有效地保证了中小股东的权益。因此，由独立董事提请聘任外部审计师能保证外部审计的独立性。独立董事是完全独立于企业的，只要独立董事能认真行使自己的权利，在这种制度安排下，保障中小股东的利益是完全可以实现的。

3.1.2 公司治理视角下的内部审计聘任安排

内部审计机构权力的配置对其作用的发挥有决定性作用。内部审计在不同的制度安排下，效用的发挥效果和方式都是有所不同的。

1. 董事会主导的内部审计机构

在以英美为代表的外部监控性公司治理模式下，较多采用董事会主导的内部审计机构模式。它以董事会为公司治理的核心，通过设立独立董事，建立董事会下的企业审计委员会领导和组织实施内部审计。从制度安排上来看，它独立性较好，可直接对股东负责，较好地保护了股东的利益。为了保障中小股东的权益，企业审计委员会是由独立董事召集的。我国目前大多数上市公司的内部审计制度安排都采用了这一模式。

2. 监事会主导的内部审计机构

这种模式主要应用在德国。监事会由股东大会选举产生，由股东代表、职工代表和有关专家组成，行使监督职能。监事会具有一定的独立性，下设内部审计机构能较好地保证内部审计的独立性，但是监事会并不参与日常经营，内部审计的建议、咨询等职能都无法实施，内部审计的“增值”效用无法体现。另外，监事会人员的专业性较差，人员数量有限，难以满足内部审计的监督需求。因此，监事会发挥的治理作用较为有限。

3. 经理层主导的内部审计机构

经理层下设内部审计机构的模式包括内部审计机构由经理、总会计师、财务总监等领导的形式。这种模式下，内部审计的“确认”“咨询”的工作就会更偏向于“咨询”，对内部审计的“确认”职能发挥影响较大，内部审计的独立性不够。

综上所述，三种制度安排中，目前来看既兼顾了中小股东利益，又保障了内部审计的独立性，还能使内部审计的“确认”和“咨询”的职能得到较为充分发挥的方式是由董事会主导的内部审计机构。

3.1.3　公司治理视角下的内外部审计协作制度

基于以上分析，从公司治理的角度来看，企业内外部审计的协同工作应由指定的部门来开展。在外部审计聘请的管理模式中，由独立董事发起聘请的邀约是独立性较好的一种制度安排，兼顾了委托代理问题的解决和中小股东利益问题的解决，且从制度安排上来说考虑到了公司治理的两大主题。在内部审计召集的管理模式中，由董事会下设企业审计委员会，由有财务背景的独立董事发起召集内部审计机构的邀约是最优的制度安排，也是我国目前最为常见的内部审计设置形式。其兼顾了内部审计"确认"和"咨询"两大职能，也能保证中小股东的利益，解决了委托代理问题。

这样看来，内外部审计的协作，从公司治理的角度来说，最优的制度安排应该由董事会下设的企业审计委员会来发起。我国《上市公司治理准则》明确规定企业审计委员会的职责之一是负责内部审计与外部审计的沟通，企业审计委员会由有财务背景的独立董事来负责召集，外部审计机构的选聘最优的制度安排是由独立董事来负责选聘，内部审计机构的设置最优的模式是设立于董事会下属的企业审计委员会下。因此，企业审计委员会就成了内外部审计沟通的必然交叉点，内外部审计之间的协作应该由企业审计委员会来负责。但是，企业审计委员会是一个机构，负责具体沟通工作的个人应该是谁呢？内外部审计协作的具体工作需要经常召开会议、制订协作计划以及协商协作过程，企业审计委员会的召集人是不适合这个工作的，因为召集人是独立董事，而独立董事不参与企业的日常经营，职责上也只负责监督，而这个负责人要参与企业日常经营，并且有和董事会、经理层直接沟通的机会，还要精通财会业务，了解企业的内部审计业务，因此，内部审计的负责人或者总审计师是符合这个职位设置要求的。

3.2　基于委托代理理论的分析

现代公司的一个主要特征就是存在委托代理问题。委托代理理论的目标是研究和设计一种机制或者契约，能给代理人提供某种刺激或者动力，使他向有利于委托人的目标努力工作。审计的协同就是这个机制或者契约中的一个重要组成部分，其目的就是使代理人在这样的制度安排下向着有利于委托人的目标努力工作。

3.2.1　委托代理问题

委托代理是一个普遍存在的现象，一般来说，信息在委托者和代理者之间的分布是不对称的。委托人与代理人之间的信息不对称，是委托代理问题产生的根本原因，而要解决信息不对称问题则需要花费大量的监督成本。不确定性是导致委托代理问题产生的另一个原因，不确定性之所以产生，主要是由于人的有限理性的存在：人们不可能预知未来将要发生的状态，即人的预知能力是有限的；人们在解决包含大量变量的复杂问题时，其能力也是有限的。因此，如前所述，审计的协同也是从这两个方面来解决问题，一是解决信息不对称的代理问题，二是解决有限理性的代理问题。

3.2.2 信息不对称问题与内外部审计协同

1. 信息不对称理论与审计

信息不对称理论的核心观点是在市场经济活动中，不同主体对各种信息的了解是有差异的。该理论揭示了市场体系中的缺陷，指出了信息在市场经济中的重要影响。信息不对称理论不仅发现了市场中无处不在的信息不对称现象和信息的重要性，而且发现了信息与其他商品一样，可以用于市场交易。在信息不对称的情况下，信息成为一种可进行经济核算的生产要素。信息不对称理论解释了审计协同给经济主体带来的直接效用就是尽可能减少交易各方的信息不对称，它强调了信息的重要性和信息的经济价值，为人们不断提高公司治理水平、提高审计质量提供了动力。因为被审计协同治理后出具“清洁”审计意见的企业向资本市场传递了一个好的信号，表明它们与投资者之间具有更少的信息不对称问题，从而有利于增强公司披露信息的可信程度和投资者对经营者实现受托责任的信心。

2. 审计与交易成本理论

不同的交易往往涉及不同种类的交易成本。交易成本发生的原因，来自人性因素与交易环境因素交互影响下所产生的市场失灵现象。Williamson(1975)指出，人性感知和决策的复杂性、环境变化的不可控制性给交易活动本身带来了不同程度的风险，随着风险程度的加大，交易成本也随之上升。

根据交易成本理论，我们可以初步判定审计协同是一种制度，它既有效用又有费用。效用主要体现在采用这种制度后所带来的效率提高和交易成本下降，费用则包含设计、实施和监督该制度的相关支出。审计协同具有所有相关利益主体投入交易成本总和的节约效用，审计又是为获得公司治理效用而支付的交易成本，故审计协同后能降低审计成本，减少交易成本的发生。

在交易成本的分类中，审计是一种监督成本和议价成本。审计为获得最佳的公司治理效果而存在，是为保障公司按既定目标顺畅运行而支付的监督成本，因此审计成本的支出必须以相关利益主体的整体利益增加或潜在损失减少为前提。当审计效用下降，审计成本高于审计所带来的利益增加或损失减少时，审计将成为下一阶段企业管理者的议价成本，即管理者将依据审计成本和审计结果对日后的公司治理制度进行修正和谈判。交易成本理论为任何制度性变化提供了最基础的原因解释，为审计协同的必要性赋予了实实在在的经济学意义。降低交易成本是审计协同的主要动因，也是我们设计实施任何制度最重要的出发点。

3.2.3　不完全契约理论与内外部审计协同

科斯在《企业的本质》(1937)中提到，“由于预测的困难，关于商品或劳务供给的契约期限越长，那么对买方来说，明确规定对方该干什么就越不可能，也越不合适”。这是科斯在交易成本中首次提到契约的不完全性。不完全契约理论是对交易成本理论的继承和发展。

不完全契约理论强调物质资本所有权的重要性，看重对合约未能提及的剩余权利(剩余所有权和剩余控制权)的分配。不完全契约更重视对事前权利的机制设计和制度安排，即对未来再谈判权利的事前约定，以及对契约执行过程的关注，这有利于发现合约的不完全性。

不完全契约理论打破了传统经济分析中的完全理性假设和市场的一般均衡假设，提供了一种更贴近现实的分析工具来面对我们的世界。在实践中，审计就是一个典型的不完全契约，造成契约不完全的内外因素在审计中非常突出。在公司成立之初，不同背景、不同文化程度、不同性格特点和不同经济实力的所有者和经营者共同订立初始契约，形成企业。首先他们每个人相对其他人都是有限理性的，也不能排除某些人心存机会主义倾向，不可避免的外部性的存在使治理参与方认可了不完全契约的出现，而没有积极性去追求完全契约。从外部来讲，公司未来的发展和面临的环境变化客观上无法准确预测，两权分离的公司治理特点使信息不对称的情况更加严重，在公司与会计师事务所签订审计契约时，双方的有限理性、机会主义倾向和审计信息的外部性都十分严重，且缔约前的短暂接触和巨大的行业、专业差异加剧了双方的信息不对称，为达成交易的签约成本大大提高。同时，双方的风险都增加，审计也成为一份无法完整的契约。由于不完全契约理论以物质资本所有权为权利基础，审计也侧重以保护股东利益为出发点，正是由于公司治理契约的不完全性，才需要审计协同作为补充契约来加强治理效果；正是由于审计契约也是不完全的，才会出现缔约双方的多重博弈行为。因此，审计协同的目的是通过外部审计和内部审计的协同来降低审计契约的不完全性，使得审计契约的完全性增加，审计人的有限理性问题得到缓解，从而降低利益人的“搭便车”行为，使得当前管理者的单边治理模式更为有效，保证各方利益人的利益。

综上所述，审计的内外部协同在委托代理理论中主要通过解决信息不对称和管理者的有限理性问题来增加审计信息的可信性，以提高审计效率，保障利益相关者的利益。

3.3 基于利益相关者理论的分析

3.3.1 审计与利益相关者

利益相关者理论认为，任何一个企业的发展都离不开利益相关者的投入与参与，比如股东、债权人、经理、雇员、消费者、供应商甚至是政府、社区居民等，企业不仅要为股东利益服务，同时也要保护其他利益相关者的利益。审计的受托责任论认为，审计是受审计委托人的委托来展开工作的，要对审计委托人负责。在企业中，这个审计委托人，狭义地被认为是股东，但随着企业治理结构的发展，企业的治理结构已经从"资本雇佣劳动"的单边式治理转向了利益相关者共同治理，因此，审计委托人不再简单地被认为是企业的股东，在利益相关者理论共同治理甚至是社会共同治理的企业治理结构中，审计委托人的范围早就已经扩展到了所有利益相关者。

那么，谁是企业的利益相关者？审计如何保证了利益相关者的利益？利益相关者的界定直接关系着审计的委托人都有谁？企业利益相关者的定义最早由雷恩曼(Rhenman，1964)提出："利益相关者依靠企业来实现个人目标，而企业也依靠他们来维持生存。"从定义中能看出企业的利益相关者主要从两个方面与企业发生关系，一是给予企业某方面的影响，二是从企业中获取利益。Johnson 等(2007)将所有利益相关者分为三大类，即企业内部利益相关者、企业外部利益相关者和有联系的利益相关者。在实际运营中，企业的主要利益相关者主要由物质资本所有者——股东、债权人，以及人力资本所有者——经理人员和雇员等组成，他们对于公司治理是有意义的，也就是说，只有在企业中投入了专用资产的人或团体才是利益相关者。他们的资产投入主要是两大类——物质资本和人力资本，这两类资本所有者共同拥有企业的控制权和分享企业的剩余价值索取权。在这些主要利益相关者中，他们的治理权利主要来自其出资形式。目前主要的利益相关者治理模式还是以物质资本所有者为主，人力资本所有者为辅。审计的协同治理主要是为这些主要利益相关者服务的，保证他们的剩余价值索取权。

3.3.2 企业内外部审计协同治理的利益相关者

1. 股东和经理人的审计协同治理需求

股东在这里指的是普通股股东，他们是物质资本出资人，审计对股东权益的保护是最直接也是最常见的形式。由于股东的信息劣势，需要通过外部审计来保证其剩余价值索取权。外部审计主要还是解决代理人舞弊的问题，代理人的利己行为会导致信息不对称的情况更加明显，会使得委托代理的问题愈发严重。外部审计的主要作用是降低信息不对称，因此，在对股东的权益保障中，外部审计主要的审计工作是信息主题的审计，保持信息通畅是他们保障股东权益的主要途径。内部审计的主要作用则是对企业内部管理的建议，这个作用对股东权益的保障来说较为间接，内部审计师需要对大量的知识进行筛选和确定，降低企业管理层的知识传递数量，给管理层精准而有效的管理建议，从而使得企业的管理更加有效，保障股东的权益。但是在这个过程中，管理层和股东之间的委托代理问题依然是主要矛盾，如果这个矛盾不解决，内部审计的建议很难发挥作用。因此，在保护股东权益问题的协同中，应该由外部审计师主导工作，内部审计师配合工作。

经理人和股东一样，是企业主要利益相关者，但是经理人的出资方式不是物质资本出资人，而是人力资本出资人，以人力资本作为对企业的投资而要求剩余价值。经理人经营管理企业，没有委托代理的问题，但是经理人可能存在信息过剩而管理效率低下的问题，因此，内外部审计对经理人利益的保障主要是从解决有限理性问题的角度来展开的。内部审计的主要工作是为经理人解决有限理性的问题，使得经理人能迅速作出决策，提高管理效率。外部审计的主要工作在于行为审计而不是信息审计，其在确保企业提供的财务信息无误的前提下，对企业的主要管理工作所提的建设性意见也能帮助经理人更高效地展开管理工作。因此，在保护经理人利益的协同工作中，应该以内部审计为主，外部审计协助内部审计保护好经理人的利益。

2. 债权人的审计协同治理需求

债权人是公司借贷资本的所有人，其对企业的出资方式也是物质资本出资人，以投入的债权要求剩余价值。债权人的形式有三类：第一，公司贷款；第二，公司发行债券；第三，商业经济活动的赊欠。债权人的剩余价值要求权主要根据其出资情况而定，这个要求权一般是一个事先约定好的数值，相对来说，债权人的权益保障比起股东来说是要高一些的，风险也比较小。

债权人的权益主要是要求利息和本金的清偿，外部审计通过审计报告降低信息不对称，使债权人能及时地知晓企业内部的情况，从而了解企业债务清偿能力。在债权人投资前，债权人通过外部审计的报告评估投资的风险，外部审计工作主要是信息审计。内部审计工作主要是内部审计中的行为审计工作，但是作用较小，因此，两者的协同工作应该由外部审计来主导，内部审计来辅助外部审计的工作。

3. 雇员的审计协同治理需求

雇员承担了人力资本这一特定投资的风险。雇员对审计协同治理的要求更多地需要内部审计来保证，内部审计能帮助雇员在海量的信息中筛选出对管理有用的信息，解决雇员有限理性的问题。首先，内部审计可以帮助企业制定合理的内部控制流程和体系；其次，内部审计可以帮助雇员了解企业的财务状况；再次，内部审计可以帮助雇员明确岗位职责，帮助雇员行使自己对企业的监督权。外部审计在企业雇员的价值保证上只能起到辅助的作用，外部审计涉及企业日常生产经营的管理方面，故其作用是微乎其微的。因此，在保证雇员权益的审计协同中，应该由内部审计主导协同，外部审计起辅助作用，主要通过行为审计来保证雇员的权益。

4. 消费者和供应商的审计协同治理需求

消费者和供应商是企业的主要利益相关者，他们都是以物质资本对企业出资的。企业如果让利给消费者，企业的获利必然会受损，这就导致企业在从事商品生产制造的过程中有短期行为或投机倾向。供应商是企业生产经营所需生产资料的供给者。供应商是引致投资者，企业的产量大、规模大、存续期长，对供应商产品的需求就会增加，供应商的日子就会好过。消费者和供应商与企业的这种关系称为客户关系，对企业的生存与发展来说非常重要。

在消费者和供应商与企业的关系中，消费者和供应商的审计协同需求有哪些呢？首先，他们需求的是信息审计服务。外部审计提供的审计报告能帮助消费者和供应商了解企业的财务状况，在消费者和供应商选择投资对象的时候，会倾向于选择财务状况良好、信誉较好的企业作为投资对象，他们更看重的是企业的长期存续能力。企业的长期存续依赖于良好的内部控制和公司治理水平。其次，他们更需求的是外部审计对企业内部管理和控制提出的建议。内部审计的主要工作是保证企业在日常运营过程中能够按照专业的审计师提出的日常管理控制方法来对企业进行日常管理，因此，协同应该以内部审计为主导来展开，内部审计的工作主要是保障企业的日常运行，达到长期存续的目的，外部审计提供的信息审计只是内部审计工作效果的反映。

5. 社区、政府的审计协同治理需求

社区是企业生存和发展的土壤，社区的人力、物力、市场、交通、基础设施以及自然资源和环境等，都影响着企业。从这个意义上来说，社区是以物质资本对企业出资来要求剩余价值的。企业对社区的影响也很大，第一，企业为当地居民提供就业机会，增加居民收入；第二，企业的生产经营直接影响当地的环境，如有的企业追求短期利润，忽视环境保护，对当地居民的生活环境造成破坏；第三，企业的扩张会对社区居民带来影响，如企业雇佣大量的外地工人会加剧当地公共物品的拥挤程度，给居民生活带来不便。

首先，社区对内外部审计协同的要求是企业内部的良好运行以及企业社会责任承担的能力等方面，从这个意义上说，社区居民要求的是对环境的保证。内审的

工作以行为审计为主，能够使得企业有良好的内部控制和内部管理手段，对社会责任承担的建议也能使得企业减少污染、更多地提供捐赠等。其次，社区居民需求的是自身生活水平的提升。他们会关注企业的生产经营状况，企业的经营状况好，居民们的收入也会提升。从外部审计披露的经营状况能看出企业的长期经营趋势，居民们会根据这个趋势来决定自己的工作状况。因此，在社区的层面来看，审计的协同应该以内部审计为主，外部审计为辅。

政府的主要职能是：调控国民经济运行，维护正常的交易秩序，调节不同所有者、经营者、管理者之间的矛盾和冲突。把政府看作企业的利益相关者，主要因为：第一，政府的目标之一是促进就业，而企业是吸纳就业人员的主要部门；第二，企业的各项税收是政府收入的主要来源，企业经营不善或偷税漏税都会影响政府的运转；第三，政府的公共工程也会优先通过当地企业来实现；第四，企业需要政府的政策扶持，政府如何制定政策已经决定了市场的“蛋糕”如何来划分，对企业有决定性作用。

政府对内外部审计协同的要求主要是在外部审计所提供的信息审计方面。首先，政府通过了解企业经营状况来判断辖区的就业指标能否达到。其次，政府税收的维持也需要外部审计的信息审计。再次，政府大宗采购的保障则依赖于内部审计的行为审计主题，内部审计能帮助企业完善内部控制和保证产品质量，使得企业有能力保质保量地完成政府的采购任务。最后，政府政策制定需求的主要是外部审计的信息审计。因此，政府对审计协同治理的要求是由外部审计主导协同，内部审计对协同治理进行配合。

综上，各种利益相关者的出资方式不同，其对剩余价值的索取需求也不同，因而对内外部审计的协同要求也不同。利益相关者对审计的协同要求见表 3－1。

表 3－1　利益相关者对审计的协同要求表

利益相关者	出资方式	利益相关者类型	对审计协同的要求
股东	物质资本	外部利益相关者	由外部审计主导协同
经理人	人力资本	内部利益相关者	由内部审计主导协同
债权人	物质资本	外部利益相关者	由外部审计主导协同
雇员	人力资本	内部利益相关者	由内部审计主导协同
供应商	物质资本	外部利益相关者	由内部审计主导协同
消费者	物质资本	外部利益相关者	由内部审计主导协同
社区	物资资本	有联系的相关者	由内部审计主导协同
政府	人力资本	有联系的相关者	由外部审计主导协同

3.3.3 基于利益相关者理论的企业内外部审计协同治理

企业的治理权或者企业的剩余索取权应该由企业的物质资本出资人和人力资本出资人(即所有利益相关者)共同拥有,利益相关者共同治理是企业最优的治理模式。在利益相关者理论下的企业内外部审计协同治理中,应遵循以下原则:

首先,保障外部利益相关者权利的审计协同应以外部审计为主,内部审计为辅。根据表3-1,外部利益相关者以物质资本出资,要求的是资本的保全和剩余价值的要求权,主要的审计要求是信息主题审计。其更多要求的是解决委托代理问题,而对解决有限理性问题的要求较少,因此,对外部利益相关者的利益保全,更多地需要外部审计来主导审计协同,由内部审计来配合协同工作,审计工作则以信息审计主题为主,以解决委托代理问题为主。

其次,保障内部利益相关者权利的审计协同应以内部审计为主,外部审计为辅。内部利益相关者以人力资本出资,这些利益相关者主要的审计要求是以解决企业决策过程中的有限理性问题为主,对其的利益保全,更多需要内部审计来主导审计协同,由外部审计来配合协同工作,以此来保证内部利益相关者的利益,审计工作则以行为审计主题和解决有限理性问题为主。

最后,保障有联系的利益相关者权利的审计协同应根据其与企业的利益关系来决定。政府和社区实际上属于不同类型的有联系的利益相关者,企业对政府的索求更多一些,企业希望满足政府的需求来为自己争取更多的利益。政府要求企业以更好的业绩来完成自己的就业指标和税收指标,考虑更多的是企业财务报表的真实性,对信息审计主题要求的更多,更关心的是委托代理问题的解决。因此,政府对审计协同要求更多的是以外部审计为主的协同。企业对社区的影响是较高的,社区居民对企业的影响是有限的。如果把企业所在的地区看成一个大的经济体,那么居民就在经济体内部,所以,审计协同需求跟内部利益相关者类似,对行为审计的要求较多,主要解决的是有限理性的问题,对审计协同的要求是以内部审计为主、外部审计为辅的协同。

3.4 基于博弈论的分析

博弈论是研究决策主体的行为发生直接相互作用时的决策以及这种决策的均衡问题的,也就是说,它研究的是当一个主体的选择受到其他主体选择的影响,又反过来影响其他主体选择时的决策问题和均衡问题。因此,博弈论又称为“对策论”。在博弈中,每个参与人的效用函数不仅依赖于他自己的选择策略,而且依赖于其他参与人的选择策略,即每个人的最优选择是其他人选择的函数。因此,博弈论研究的是存在相互外部经济条件下的主体选择问题。企业内外部审计协同治理的问题可以看成是企业内部审计和外部审计的博弈问题，也可以看成是企业的审计师们和企业管理层的博弈问题。但是，几乎所有的文献都采用了企业审计师们和企业管理层的博弈这一理论（姜青舫，2005；朱佳俊 等，2013；李正龙，2001），而没有选用企业内部审计和外部审计的博弈选择。因为审计协同的博弈从理论上来说是审计师们和被审计人之间的博弈，审计师们能否保证自身的独立性，会受到被审计人策略的影响，而被审计人采取什么策略，也和审计师们的策略有关。而审计师和审计师之间的博弈冲突不明显，都是监管方，但目的是一致的，都希望提高企业的财务信息质量，从而使得企业的信息披露规范且真实。他们的行为最终也和被审计人的策略有关，因此，本书的研究也选择了以研究审计师们和被审计单位之间的博弈关系为主。在这个关系下进一步展开审计师们互相之间的博弈关系分析，这样能更全面地对外部审计师、内部审计师和被审计人之间的关系进行分析。

3.4.1　审计人与被审计人的博弈模型

在博弈关系中，审计人和被审计人之间的关系为：审计人的纯策略选择是进行审计或不进行审计，被审计人的纯策略选择是违规或者不违规。表 3 - 2 概括了对应不同纯战略组合的支付矩阵。这里，a 是被审计单位如果违规得到的额外收益，也就是违规的金额，当它违规被查处时，这个额外的收益就会被审计人获得；C 是审计成本；F 是被检查出问题并通过审计清单披露后被审计人的损失。我们假设 $C<a+F$。在这个假设中，存在混合战略纳什均衡可以求解。

表 3 - 2　审计人与被审计人博弈矩阵(1)

审计人	被审计人	
	违规	不违规
监督	$a-C+F,-F$	$-C,0$
不监督	$0,a$	$0,0$

我们用 p 来表示审计人监督被审计人的概率，用 q 来表示被审计人违规的概率。给定 q，审计人选择监督（$p=1$）和不监督（$p=0$）的期望收益分别为 $U_{审}(1,q)=(a-C+F)q+(-C)(1-q)=(a+F)q-C$，$U_{审}(0,q)=0$，令 $U_{审}(1,q)=U_{审}(0,q)$，得到均衡点 $q^*=C/(a+F)$，即，如果被审计人违规的概率小于 $C/(a+F)$，不监督是审计人的最优策略；如果被审计人违规的概率等于 $C/(a+F)$，审计人选择监督与不监督是一个随机事件。当给定监督的概率为 p 时，被审计人选择违规或者不违规的期望收益分别为 $U_{被审}(p,1)=-(a+F)p+a(1-p)=-(a+F)p+a$，$U_{被审}(p,0)=0$，令 $U_{被审}(p,1)=U_{被审}(p,0)$，得到均衡点 $p^*=a/(a+F)$，即，当审计人以小于 $a/(a+F)$

的概率检查，违规就是被审计人的最优选择；当审计人以大于$a/(a+F)$的概率检查，不违规就是被审计人的最优策略；当审计人以等于$a/(a+F)$的概率检查，被审计人不会刻意地去选择违规或者不违规，被审计人会随机地选择违规或者不违规，抑或有其他未被考虑的其他因素影响其选择。

因此，在这个混合战略中存在纳什均衡，纳什均衡点为：$q^*=C/(a+F)$，$p^*=a/(a+F)$，即审计人在这个均衡中监督的概率为$a/(a+F)$，被审计人在这个均衡中违规的概率为$C/(a+F)$。这个纳什均衡点的存在跟参数监督成本C、违规的额外收益a、对违规的惩罚F有关。审计人对违规的惩罚越重，被审计人违规的额外收益越多，被审计人违规的概率就越小；监督成本越高，被审计人违规的概率就越大。这里似乎有一个奇怪的现象：为什么违规的额外收益多，被审计人违规的概率反而小呢？因为额外收益越多，审计人选择审计的概率会越大，弄虚作假的违规行为被抓住的概率就会越大，因而其反而不敢违规。当审计成本很高时，也就是审计工作的展开很困难，取得证据的成本很高时，被审计人觉得审计人很难对他进行监督和检查，被审计人的违规概率就会变大。当审计人之间展开协同工作，会有前馈控制的效应，也就是当被审计人知道自己的内部审计结果如果不理想，被外部审计检查出问题的可能性会变大，被政府审计抽查的概率也会变大，另有后续的整改部门介入监督和检查，如果不配合审计，使得审计成本升高，导致内部审计的审计结果出现问题，那么，被审计人会接受更为严格的外部审计和调查，受到处罚的可能性就会越高。也就是说，被审计人越不提供配合，使得审计成本升高，外部审计人越会对他产生怀疑，被审计人查出问题的概率会更高，后期整改和接受处罚的成本就越高。因此，内外部审计协作在这样一个博弈关系中，主要是依靠其前馈控制的作用，使得被审计人明白，如果违规，不配合审计，其内部审计有问题的概率会大，外部审计检查得会更仔细，其被政府审计抽查的概率也会高，其查出问题的概率也会高，其付出的成本也会很大，从而使被审计人降低违规的概率。

3.4.2 串谋时审计人与被审计人的博弈模型

上一节对审计人和被审计人的一般博弈情况进行了分析，并分析了审计协同在这个博弈中所起到的作用，但是，在前面的分析中，我们的假设是审计人和被审计人都没有进行串谋，也就是他们只根据对方的情况来做出自己最优的决定，并没有考虑到审计人和被审计人合谋的情况，也就是被审计人为了保住自己的额外收益，会贿赂审计人，这时，被审计人还是原来的两种纯战略选择——违规、不违规，但作为审计人员，他的应对策略就变为合规或合谋，也就是坚持原则努力工作，或接受被审计单位的贿赂。当被审计人的行为不违规的时候，其不会贿赂审计人员，因此，审计人员也不会有额外的收益，他的策略只有一种，就是合规审计。规定发生正常审计的成本为 C，则审计人的效用是支付了审计成本，没有任何额外收益，因此，其收益为 $-C$；被审计人由于没有违规行为，所以也没有收益，其收益为 0。当被审计人违规时，其会得到违规带来的额外收益 a，被审计人如果不想自己的违规行为被发现，也不想承担违规行为被披露后的一系列成本，就会把自己得到的额外收益 a 跟审计人员分享，也就是贿赂审计人员，审计人员面对这样的贿赂时，有两个策略——合规或者合谋，当审计人员拒绝贿赂而选择合规时，其除了发生正常审计成本 C 之外，会因为不和被审计人合谋，而在审计进行中使得审计成本升高发生额外成本，我们把这个额外的成本记为 ΔC，这时，审计人员的成本就变为 $C+\Delta C$，它的收益为 $-(C+\Delta C)$。而被审计人的收益决定于处罚的金额 F 和被发现的概率 p。当审计人员接受贿赂，与被审计人合谋时，被审计人会将自己的额外收益分给审计人一部分，审计人的额外收益为 a'，被审计人的收益就为 $a-a'$。这时，双方合谋被发现的概率为 $p'(p'<p)$。假设审计人因合谋被发现而产生的损失为 F'，被审计人因违规和与审计人合谋被查处而承担的损失为 F，则可得如下博弈矩阵，见表 3 - 3。

表 3 - 3　审计人与被审计人博弈矩阵(2)

审计人	被审计人	
	违规	不违规
合规	$-(C+\Delta C), a-F\times p$	$-C, 0$
合谋	$a'-C-F'\times p', a-a'-F\times p'$	$-C, 0$

我们用 θ 代表被审计人违规的概率，γ 是审计人员接受贿赂进行合谋审计的概率。给定 γ，被审计人员选择违规($\theta=1$)和不违规($\theta=0$)的期望收益分别为

$$\begin{aligned} U_{被审}(1,\gamma) &= (a-F\times p)\gamma+[(a-a')-F\times p'](1-\gamma) \\ &= a\gamma-Fp\gamma+(a-a')-\gamma(a-a')-F\times p+F\times p'\gamma \\ &= (F\times p'-F\times p+a')\gamma+a-a'-F\times p' \end{aligned}$$

$$U_{被审}(0,\gamma)=0\gamma+0(1-\gamma)=0$$

令 $U_{被审}(1,\gamma)=U_{被审}(0,\gamma)$，解得均衡点时 $\gamma^*=\dfrac{F\times p'-(a-a')}{a'+F\times p'-F\times p}$，即，如果被审计人违规的概率小于 γ^*，审计人的最优选择是合谋审计，而被审计人违规的概率大于 γ^*，审计人的最优选择是合规审计。在均衡点上的概率决定于：F(被审计人违规的惩罚)，p(被审计人违规被发现的概率)，p'(合谋被发现的概率)，a(被审计人违规的收益)，a'(审计人合谋的收益)。当审计人实现了协同工作的时候，协同的作用是让这个均衡点变低，使得审计人合谋的概率变小。在这个均衡位置，内外部审计协同治理可以影响到的变量是 F、a'，协同工作以后，企业被查出违规的

概率变高，如果内部审计有问题，外部审计进行沟通的时候会着重去关注这些问题，因此，被发现违规的概率增大，被处罚的可能性也会增大，从而影响到 F 变量的取值。我们把内外部审计协作以后进一步惩罚成本设为 ΔF，惩罚的概率比以前更高。a' 是审计人合谋时收到的额外收益，这个收益是被审计人从自己的额外收益 a 中分给审计人的贿赂金，因此 $a'<a$。有了审计协作之后，被审计人明白被查出违规的可能性升高，被查出违规的后果很严重，后期付出的成本会很高，被审计人需要贿赂的审计人变得更多，因此贿赂金的金额也会升高，所以，在审计人展开协同工作以后，被审计人需要付出更多的成本才能得到合谋的结果。这个贿赂金的升高值设为 Δa。在均衡点 γ^* 的取值中，当审计人展开协同工作时，F 会变成 $F+\Delta F$，a' 变为 $a'+\Delta a$，因此，分母的增加值为 $\Delta a+\Delta F(p'-p)$，分子的增加值为 $\Delta F\times p'+\Delta a$，由于分母的增加量大于分子的增加量，因此，当审计人展开协同工作的时候，γ^* 的均衡位置会有所下降，也就是说，合谋审计的可能性下降，而合规审计的可能性上升。

当给定 θ 时，审计人的策略是一个纯策略，如果被审计人不违规，审计人其实不会进行合谋审计，也就是合谋和合规审计的效用一样。而被审计人违规时，对审计人来说，合规审计的效用为 $-(C+\Delta C)$，合谋审计的效用为 $a'-C-F'\times p'$。在这个博弈关系中，约掉相同的 $-C$ 项，比较的是合规审计时 ΔC 的收益和合谋审计时 $a'-F'\times p'$ 的收益。由于合谋收益中有一个合谋被发现的概率为 p'，审计人进行协同工作后，被审计人与审计人合谋被发现的概率会升高，对审计人的惩罚不仅包括经济上的惩罚(罚款或者降职甚至开除等惩罚)，还包括非常重要的声誉损失，声誉的损失成本非常高。因此，在这个博弈中，协同工作的作用主要是使得 p' 升高，也就是说，合谋被发现的概率变得很大，从而使得合谋审计的效用 $a'-C-F'\times p'$ 小于合规审计的效用 $-(C+\Delta C)$。因此，审计人员只要是“理性经济人”，在这个博弈中永远会选择合规审计，因为合谋审计被发现的概率很高，效用远远低于合规审计。对于被审计人来说，如果要让审计人跟其合谋，需要满足 $-\Delta C<a'-F'\times p'$，即 $F'\times p'-\Delta C<a'$，被审计人需要将自己在违规中获取的收益 a 分给审计人的部分 a' 变得比惩罚成本还要高的时候，审计人才会与他合谋。而内外部审计协同治理时，这个贿赂成本过高，会使被审计人的收益微乎其微，对被审计人来说，只要被审计人是“理性经济人”，与审计人合谋的方案就是一个严格劣策略，应该不与审计人合谋。

综上所述，审计人的协同工作在审计人与被审计人的博弈中，主要通过升高惩罚(对审计人的惩罚 F'、对被审计人的惩罚 F)和升高合谋被发现的可能性 p' 的方式，使得双方选择合规审计和增加被审计人不违规的可能性。

3.5　本章小结

本章从利益相关者理论、公司治理和内部控制理论、委托代理理论和博弈论等方面分析审计协同的理论根源。

在利益相关者理论中，企业的所有利益相关者的诉求不同，因此保障其权利的协同方法也不同。保障外部利益相关者权利的审计协同应以外部审计为主，内部审计为辅；保障内部利益相关者权利的审计协同应以内部审计为主，外部审计为辅；保障有联系的利益相关者权利的审计协同应根据其与企业的利益关系来决定。

在公司治理理论中，关于内外部审计的协作最优的制度安排能保证其协同的实现。从公司治理的角度来说，最优的制度安排应该由董事会下设的企业审计委员会来发起。企业审计委员会由有财务背景的独立董事来负责召集，外部审计机构的选聘最优的制度安排是由独立董事来负责选聘。内部审计机构的设置最优的模式是设立于董事会下属的企业审计委员会下。因此，企业审计委员会就成了内外部审计沟通的必然交叉点，内外部审计之间的协作应该由企业审计委员会来负责。但是，企业审计委员会是一个机构，负责具体沟通工作的这个人应该是谁呢？这个负责人要参与企业日常经营，并且有和董事会、经理层直接沟通的机会，还要精通财会业务，了解企业的内部审计业务，因此，内部审计的负责人或者总审计师是符合这个职位设置要求的，是具体负责内外部审计沟通的最佳人选。

在委托代理理论中，内外部审计的协同主要是满足审计需求。审计的内外部协同在委托代理理论中主要通过解决信息不对称和管理者的有限理性问题来增加审计信息的可信性，提高审计效率，保障利益相关者的利益。

按照博弈论的解释，审计人的协同工作是为了在与被审计人的博弈中取得更好的监督效果，审计人的协同工作在审计人与被审计人的博弈中，主要通过升高惩罚（对审计人的惩罚 F'、对被审计人的惩罚 F）和升高合谋被发现的可能性 p' 的方式，使得双方选择合规审计和增加被审计人不违规的可能性。

第4章 企业外部审计和内部审计的协同治理理论框架研究

企业内外部审计的协同治理理论遵循了系统论的一般理论，因此，本书在研究中根据系统论中构成系统的基本要素——系统元素、系统结构和系统环境三个方面展开讨论。

4.1 审计协同治理的概念界定

4.1.1 审计协同的特定含义

首先，一个实体系统必须解决或回答某方面的问题，这些问题的解决方案就是系统的构成要素。对于审计系统来说，这些要素大概分为三类。第一类是审计需求或审计动力的元素，包括：什么是审计，也就是审计本质这个问题的回答；为什么审计，为谁审计，也就是审计需求这个问题的回答。第二类是审计参与人的元素，包括：审计谁，也就是审计客体这个问题的回答；谁来审计，也就是审计主体这个问题的回答。第三类是审计工作方面的元素，包括：期望审计干什么，也就是审计目标这个问题的回答；审计什么，也就是审计内容这个问题的回答；如何审计，也就是审计方法这个问题的回答。审计初级层面的协同问题如图4-1所示。

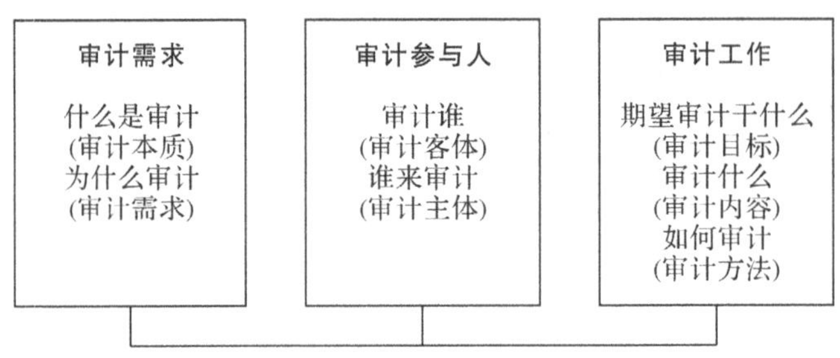

图4-1　审计初级层面的协同图

其次，审计协同研究的是审计协同系统的结构，也就是各个要素之间的关系。审计结构是审计协同系统保持整体性以及具有一定功能的内在根据，研究清楚审计各要素之间的联系方式，才能明确地找到审计协同的新功能所在。

最后，审计协同应在我国现在的经济大环境下来研究，这个环境包括法律环境、经济环境、技术环境以及政治环境等。审计协同系统的审计协同元素、审计协同结构、审计协同环境三者共同决定了审计协同的功能,这个功能包含了审计固有的功能和审计功能的溢出效应,也就是审计协同的增值效应。

综上所述,作者认为,审计协同指的是:在审计系统中,把所有的审计元素当作一个系统,从整体上分析审计系统的各个要素之间的关系以及审计系统的结构和功能,分析审计组成要素、审计系统结构、审计环境三者的相互关系和变动规律,研究系统内的知识信息是如何在这些要素间进行传递并推进整个系统从无序协同走向有序协同最终产出协同溢出效应的。

4.1.2　审计协同治理的含义

审计是公司治理的重要组成。审计体系中由审计师来完成审计和帮助公司治理,即审计体系中,审计师是治理的主体,由审计师来监督职业经理人。因此,审计体系根据审计主体不同,分为三个方面,即政府审计、内部审计和民间审计(注册会计师审计),这三方面的审计共同构成了我国审计系统的主体。每一部分作为审计体系中不可或缺的元素之一,相互作用,相互影响。协同是企业内部审计、民间审计和政府审计通过协力或者契约等联合方式,以解决对审计客体日常监督和监管的问题。这三者之间的协同是指来自企业内部审计、民间审计和政府审计之间达成的一种合作安排,这些组织由于各自任务不同,往往会从不同的角度对一个问题进行审视,从而产生解决问题的方案。根据组合方式不同,这样的协同可以分为三种形式:①内部审计与民间审计的协同;②民间审计与政府审计的协同;③内部审计与政府审计的协同。那么,从审计协同的系统层面上来说,在每一个审计主体中,我们都要先研究这七个基本元素(审计本质、审计需求、审计客体、审计主体、审计目标、审计内容、审计方法)在不同主体中的协同,再考虑三种审计主体在结构上的协同,最后考虑的是这三种审计主体在不同审计环境下的协同。

综上所述,审计的协同治理主要研究的是不同的审计主体在现有的审计环境下,如何整合不同的审计元素(对审计元素的整合包括如何划定不同审计主体的权利边界,如何辨识审计客体,如何确定审计协同治理对象等问题),最终建立审计协同治理机制,达到审计目标。

4.2　内外部审计协同治理系统元素层面的协同

内外部审计协同治理系统初级层面的协同包括审计需求的协同、审计参与人的协同和审计工作的协同,这三个方面、七个元素的协同是整个系统协同治理的基础,厘清它们的协同关系有助于整个系统的协同治理框架的构建。

4.2.1 审计的协同治理需求

在审计的协同治理问题中，协同治理的需求也是一个动力问题，我们为什么需要审计的协同治理是审计协同治理研究的开端。

审计需求理论基本分为两大类，一类认为审计需求主要是在降低信息不对称风险，减少委托代理矛盾的基础上产生的，代表理论有委托代理理论、信号传递理论、保险理论；另一类认为审计需求主要是在规范人们的行为基础上产生的，代表理论是行为理论。

不论是哪一种理论，都是出于控制人性的弱点才产生了审计。人性的弱点分为两类，一类是行为理论中阐述的人的有限理性问题，即由于信息量过大和代理人处理信息的能力有限等而导致的代理人无法在有限的时间做出“最优选择”的问题。这种问题并不是代理人主观上的舞弊行为，而是代理人处理信息的能力有限导致的。代理人主观上并没有利用自己的信息优势来利己的意愿，但是，代理人的能力有限，无法在自己的职位上做出最佳的判断，从而导致了审计的需求产生。也就是说，在这一类理论中，代理人的胜任能力或决策能力有限，信息数量太大，代理人无法从中作出最优决策，只能转而寻求次优的决策，需要审计人员帮助其明确岗位责任并帮助其实现最优决策。另一类是信息理论中阐述的人的利己行为问题，不论是委托代理理论还是信号传递理论，它们的源头都是基于人的自利这一弱点产生的矛盾，也就是代理人出于利己的目的，在这类需求论中从主观上有利用自己的信息优势造假的意图或行为。审计的存在是为了减少这类主观利己行为的出现。审计需求的产生是由于信息量少或者信息传递不畅引起的。这两类理论的区别可用表 4－1 来反映。

表 4－1　审计需求理论区别一览表

理论特点	理论名称	
	行为理论	信息理论
理论源头	控制人性弱点	控制人性弱点
人性弱点	有限理性(人性本善)	利己(人性本恶)
代理人是否主观舞弊	否	是
信息量	大	小
审计产生的目的	优化次优选择	控制舞弊

审计需求是基于人性的弱点而产生的。进行审计协同治理的需求基本也可以分为两大类，第一类是基于信息理论的需求，人天生有利己的弱点，这是委托代理理论的出发点，人性本恶，只要缺乏监管，代理人就会为了自身的利益去损害委托

人的利益。为了避免代理人的利己行为而损害委托人的利益，需要内外部审计的协同治理，在审计元素的层面上展开协同，这时的协同需求主要是增加信息量或解决委托人和代理人之间的信息流动不畅问题。在这类理论中，审计协同的要点是增加信息量，对信息进行筛选，将信息更高效地传递给信息使用者。第二类是基于行为理论的需求，人性本善，希望将自己的本职工作做得更好，但是，人性的弱点中有有限理性的一面，希望把本职工作做好，但未必有这个能力去做好它，这时审计协同的主要需求是如何安排企业各项制度，使得代理人的行为一致、规范，使得企业顺利达到目标，这时的协同需求主要是帮助代理人解决次优选择的问题，帮助代理人厘清信息，筛选有用的信息，帮助其做出最优决策，降低有限理性弱点的影响。

4.2.2　审计参与人的协同治理

1. 审计协同治理主体的确定

审计协同主体指的是审计活动的实施者，包括审计机构及审计人员。在审计关系中，一般研究的是审计委托人、审计人、被审计人三者之间的关系，审计委托人委托审计人对被审计人的经营结果进行审计，审计人对被审计人实施审计以后，将审计结果报告给审计委托人。审计人为什么要对被审计人进行审计呢？一般是由于上述的审计需求论，由于审计委托人和被审计人之间存在委托代理关系，被审计人又有自利性和有限理性的弱点，因此，审计委托人需要委托一个独立的第三方对被审计人的工作进行审计。审计关系如图 4-2 所示。

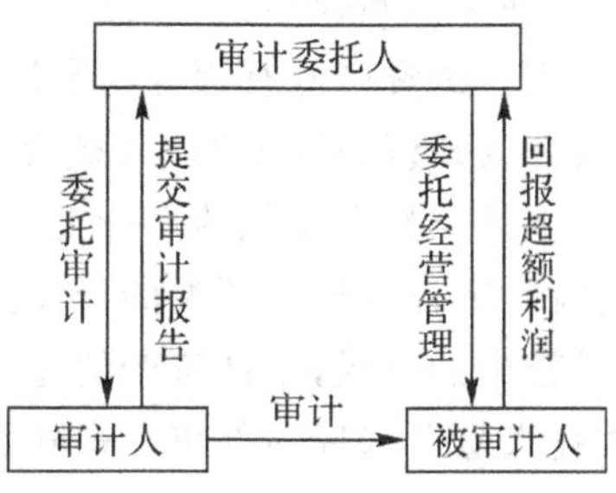

图 4-2　审计关系示意图

认为审计是单一主体的研究是审计主体的主流观点，这种观点认为，审计的实施者是审计主体，包括审计机构和审计人员。审计主体只包括实施审计的机构或人员，审计委托人并不认为是审计的主体(谢志华，2008)。审计主体包括政府审计、民间审计和内部审计，但在一个审计关系中，只有一个唯一的主体，就是审计活动的实施者。在一个审计关系中，不同的审计主体需要进行协同工作，在这个协同中，有不同的审计关系，每个审计关系中都有自己的主体，但针对的是同一个客体。

审计协同针对审计主体的协同研究的是这些不同的审计关系中针对同一客体，不同的主体如何进行协同。

审计委托人和审计主体之间的关系，实际上是一种审计交易，这种交易就是委托代理关系中的委托人委托或授权给审计主体，让审计主体对委托代理关系中的代理人可能出现的委托代理问题或次优选择问题进行监督，在市场行为中需要支付兑价。对于委托人来说，这时可以选择自己在组织内部组成一个审计部门（内部审计）来进行审计或者在组织外部委托审计师（外部审计）来进行审计。对于被委托人来说，选择内部审计还是外部审计来进行这项审计，主要取决于交易成本的高低，如果内部管理成本过高，也就是内部组成审计部门的费用过高，审计委托人就会选择外包，将这部分管理费用过高的审计活动外包给外部审计来做，以降低自身的成本。

内外部审计的协同治理原则就是交易治理原则。在交易治理结构中，交易成本的大小取决于外部性问题的大小和资产专有性程度的高低。外部性问题越大，交易成本越高；资产专有程度越高，交易成本越高。①外部性问题与审计协同治理结构的选择。外部性问题指的是交易的一方利用其信息优势，采取的非合约行为对另一方造成的影响。外部性问题不一定都是负面的影响，也有可能是正面的影响。负面的外部性问题会导致交易成本升高，这时，审计委托人会更倾向于委托组织内部的审计主体来展开审计。审计交易的外部性问题很多，比较典型的是审计人员在审计过程中没有按照委托人的意愿进行审计，增加了错报漏报未被发现的风险。还有一些审计人员在审计过程中获取了商业秘密，用于自身的效益提升，使得审计委托人蒙受损失，这时外部性问题导致交易成本升高，审计委托人更倾向于选择内部审计来完成审计工作。②资产专有程度与审计协同治理结构的选择。审计中的资产指的是审计时所需的知识，这些知识大概分为三类：通用知识、行业专有知识和客户专有知识。当审计委托人委托的审计工作中行业专有知识和客户专有知识占比很高的时候，也就是审计委托人所处的行业比较特殊，具备专业知识能够胜任审计工作的审计人员较少的时候，审计资产的专有程度是比较高的，这时交易成本会大幅上升，审计委托人也会选择内部审计来降低交易成本。综上所述，审计委托人选择外部审计还是内部审计取决于交易成本的高低，交易成本又取决于审计外部性和资产专有程度，当外部性和资产专有程度都很高的时候，审计的治理偏向于选择内部审计；当外部性和资产专有程度都一般的时候，审计的治理会结合内部审计和外部审计；当外部性和资产专有程度都很低的时候，审计的治理偏向于选择外部审计。具体如表 4 - 2 所示。

表 4－2　交易成本和内外部审计协同治理选择表

交易成本	协同治理		
	外部审计	内外部审计结合	内部审计
高			√
中		√	
低	√		

外部审计又可分为政府审计和民间审计，政府审计和民间审计从理论上来说也是不同的治理选择。对于政府审计来说，外部性问题没有那么突出，交易成本主要体现在资产专有性上。政府委托的多是关于作为公共关系或公共物品的代理人使用公权力、公共资源分配和公共产品生产的审计项目，这类项目的资产专有性很强，懂得这些行业专有知识的审计人员很少，这时，政府作为委托人，为了降低交易成本，会自己组建审计机构，对公共事业和国有企业这样的委托代理项目进行审计。所以，从这个角度来看，政府审计其实是政府为了降低审计交易成本而进行的交易成本管理费用化的一种方法，实质上还是政府内部审计。对于民间审计来说，一般性的审计项目的资产专有性不是很高，审计师进行审计的时候，多使用通用的审计知识，关于行业专有知识和客户专有知识的使用并不是太多，为了降低审计成本，审计委托人多选择将这部分审计工作外包给组织外部的第三方独立机构，即民间审计。因此，在民间审计和政府审计的主体协同治理中，如果涉及的审计工作的资产专有性很强，外部性问题很严重，那么更有可能选择政府审计；如果审计工作的资产专有性不强，外部性问题也不是很严重，那么可以选择民间审计。并不是说所有的公共事业和国有企业的审计项目都应该选择政府审计，真正的协同治理标准应该是资产的专有性和外部性问题，所以会出现一个被审计单位同时进行了政府审计和民间审计的现象，这并不是出现了重复的工作，而是根据交易成本的治理理论，将交易成本高的部分让政府审计来完成，交易成本低的部分外包给了民间审计，其目的是降低审计交易成本，达到审计交易成本的最优化配置。具体如表 4－3 所示。

表 4－3　交易成本和民间审计、政府审计协同治理选择表

交易成本	协同治理		
	民间审计	民间审计和政府审计结合	政府审计
高			√
中		√	
低	√		

2. 审计协同治理权利边界的划定

审计交易的产生主要考虑组织的边界和交易费用的高低。审计首先是产生于企业内部的内部审计，后来由于企业边界扩大才产生了外部审计的需求，才产生了外部审计。因此，内部审计和外部审计本来就是各司其职、各有利弊的，它们的权利边界也是不一样的。

内部审计的权利边界主要作用于组织内部。由内部审计的审计需求来看，内部审计的产生主要是为了抑制委托代理带来的利己主义问题和有限理性带来的次优选择问题。内部审计的权利范围只在组织内部，由于内部审计缺乏独立性，因此，内部审计用于抑制利己主义产生问题的作用就变小了很多，内部审计更多的功能是用来抑制有限理性带来的次优选择问题，更多的功能是用来实现行为理论对审计的要求。所以，内部审计产生于“确认”这项职能，但由于独立性较差，这项功能在现代的内部审计权利中被弱化了，取而代之的是行为主题的审计，也就是“咨询”功能。内部审计的咨询职能对企业的所有员工行为进行了规范，对管理框架、岗位设计、企业内部控制等方方面面给予咨询。每个企业在这些方面的知识专有性都是比较强的，外包的成本很高，因此，内部审计的职责范围更多的是在“咨询”业务，且在开展行为审计的同时，内部审计也给予了企业增值的空间。

在外部审计中，政府审计和民间审计的区分主要是由于审计交易的外部性问题和审计中的知识专有性不同而产生的。政府审计源于公共委托代理理论，作为政府审计的委托人——政府，需要解决的是全体公民的委托和政府机构代理的问题，在这个委托代理关系中，比较突出的是公共物品的外部性问题和搭便车的问题。公共物品的分配基本使用的是指令机制，在指令机制下，公权力被放大，大批的公共资源分配权集中在几个人或者几个部门手中，产生委托代理的机会主义或利己问题的可能性非常大。由于信息不足而导致的有限理性的问题也时有发生，因此，要解决公权力行使过程中的委托代理和有限理性问题，需要政府审计监督的是公权力行使过程中产生的这两类问题，这些问题在一般的企业委托代理中是不会产生的，因此，委托人自己建立了审计机构，从这个意义上来讲，政府审计也算是政府内部审计的一种，行使职权的范围主要是市场配置无法实现最优的“公共物品”分配的监督。

民间审计源于降低成本的需求。民间审计是一种市场行为，市场对私人物品的分配和使用自动进行资源配置产生了民间审计的需求。民间审计主要被那些资产专用性和外部性都不强的审计工作所需求。大部分企业的经济业务都差不多，审计资产的专用性较差，外部审计的需求应运而生。外部审计进行资源的整合形成规模经济后能降低社会审计成本，对审计资源有更优的配置，因此，民间审计的权利范围主要是在私人物品的监督问题上，提供的服务更多地属于信息审计主题，它们提供的服务更多的是进行财务信息的审计，更多关注的是真实性的目标。

三类审计主体的对比如表 4－4 所示。

表 4－4　审计主体对比表

对比项目	政府审计	内部审计	民间审计
权利范围	公权力	企业内部	私权利
审计主题	信息审计、行为审计	行为审计为主	信息审计为主
权利内容	有行政处罚权	半行政约束权	没有行政约束权
职责范围	公共物品配置	规范行为	私人物品配置

三种不同的审计主体，它们的权利范围各有不同。在协同的过程中，如果根据交易治理理论各司其职，它们各自作用于自己资源配置最高的权利范围，能减少社会审计资源的浪费，使得整个社会的审计需求得到满足，同时能使各种公共物品、私人物品的资源配置得当，提升审计效率，减少资源配置低效的情况发生。

3. 审计协同治理客体的辨识

审计客体主要涉及“对谁审计”或“审计谁”的问题。针对三种不同的审计主体，其审计的客体各有不同，在进行审计协同治理时，应该明确各自的客体范围，以减少审计资源的浪费。

1）不同审计主体关于审计客体的界定

如前所述，政府审计其实是政府的内部审计体系，这意味着政府审计的客体应该包括三个层次：政府、政府所属的部门、政府投资的企业和其他单位。由于中国的特殊政治经济体制，中国的政府审计客体范围更加广泛，但都是与国家“公权力”相关的“公共物品”管理单位，所以，我国的政府审计，正如温家宝同志所说的一样：“财政资金运用到哪里，审计就跟进到哪里。”

民间审计主要服务于资产专有性较差、外部性问题相对较少的组织，权利主要行使于组织的私产。民间审计比政府审计更高效，审计资源配置更合理，审计成本也较低，因此，民间审计的客体中也不乏政府审计业务的外包。总之，只要符合民间审计的理论特征，都可以成为民间审计的客体。

国际内部审计师协会发布的《国际内部审计专业实务框架》和中国内部审计协会(2013)都对内部审计的对象做了详细的描述，内容大同小异，都指向了同一个客体，那就是组织的内部。所以，内部审计的客体是组织内部的单元或个人。

2）审计客体的协同治理

内部审计的客体是组织内部的单元或个人。这里提到的组织，可以是政府组织，也可以是企业组织。从组织来看，内部审计的客体与外部审计是重叠的，它们的协同主要表现在审计的内容上，内部审计的审计主题主要是行为主题，包括内部控制、业务流程设计、风险管理等内容，主要是为了解决组织的有限理性问题。同时，也兼有“确认”的功能，但其主要工作是行为主题的审计。

外部审计在审计客体的描述上与内部审计有重叠之处，但其实在审计的范围上是各有不同的。外部审计中的民间审计，其客体主要是企业，企业的审计需求主要是信息审计主题，民间审计主要提供关于信息真实性的鉴证服务。由于企业审计服务的资产专有性差，外部性问题也不严重，大部分的企业会外包给民间审计，以达到企业内外部的帕累托最优。外部审计中的政府审计，其客体则主要是政府机关和政府下属的单位等公共领域。组织需要政府自有的审计体系——政府审计来提供鉴证服务。因此，国家的审计体系涵盖了三种审计主体的所有客体，在审计工作的协同上首先做到了分工明确、各司其职。但是，在所有的客体中有一部分比较特殊的客体，它们既是企业单位，又是国家的“公共物品”，这就是国有控股的大型企业，它们兼有这两种客体的性质，在理论上，政府审计和民间审计是它的审计主体，那么，在这种审计客体中，三种审计应当如何协同，就是一个重要的问题。

内部审计在跟政府审计进行协同时，能够和政府审计共享的知识是资产专有性较强和具有较多外部性问题的审计知识，因为政府审计和内部审计同样具有处理资产专有性强和外部性问题较大的审计业务的功能。而不能与政府审计共享的知识大部分是内部审计的行为审计主题，因为这部分的资产专有性更强，政府审计对资产专有性太强的部分可能难以给出合理的审计意见。内部审计与民间审计可以共享的知识则与资产专有性较差和外部性问题较少的业务相关，因为民间审计的业务大都是普通行业的业务，资产专有性强的业务是由内部审计和政府审计提供服务的。在这部分业务中，绝大多数是信息审计主题的。民间审计和政府审计只在国有企业这个特定的客体中才有交集，政府审计会将国有企业审计业务中资产专有性不强、外部性问题不严重的审计业务外包给民间审计，因为民间审计的效率更高，成本更低，而政府审计更多承担的是资产专有性强、外部性问题比较严重的部分。其协同方案如图 4-3 所示。

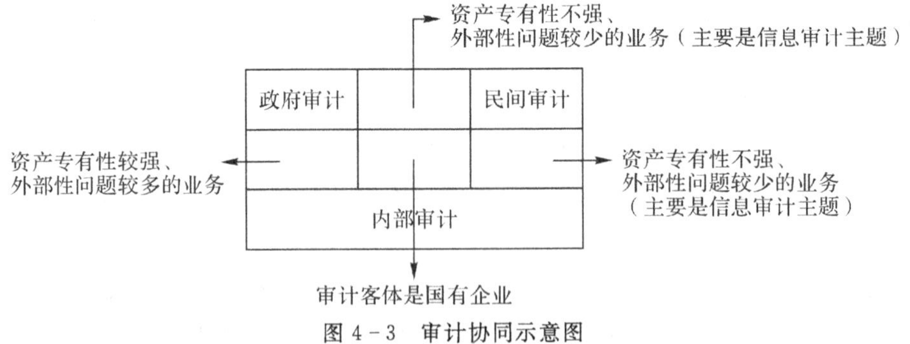

图 4-3　审计协同示意图

不论是政府审计还是内部审计，跟民间审计协同时，更多地将资产专有性不强和外部性问题较少的业务与民间审计共享知识，或者外包给民间审计，这样能发挥民间审计的特长，整合审计资源。政府审计和内部审计可共享的资源比较广泛，但主要集中在资产专有性较强、外部性问题较多的业务上，这样的业务资源共享能提升双方的审计效率。

4.2.3 内外部审计的审计工作协同治理

1. 审计协同治理目标的设计

审计协同治理目标其实是一个体系，分为两个层级。第一层级是审计协同治理的终极目标和总目标，审计的终极目标能满足审计的协同治理需求，是所有审计协同主体审计工作的出发点和终点。审计协同治理的总目标规定了审计的实施目标为真实性、合法性、效益性三个方面。第二层级是各个审计主体根据自己的审计职能和审计环境确定的具体的协同治理目标，具体目标指导了不同审计主体的具体工作，规定了审计的职能和工作范围。

1)审计协同治理的终极目标

审计协同治理的目标主要是为了满足审计需求(秦荣生，1995)。审计协同治理需求的产生主要是基于人性的弱点，包括利己和有限理性两方面，那么，审计协同治理的终极目标应该是解决或减少人性的弱点带来的代理问题和次优选择问题(王会金，2013)。

那么，审计通过什么方式来提供鉴证服务呢？针对代理问题，审计的主要作用是增加信息量，使得委托人和代理人的矛盾减少，也就是通过提供信息和增加信息量来解决这个问题，我们称之为以信息为主的审计；针对次优选择问题，审计的主要任务是规范行为，进行信息筛选，减少人的有限理性，尽量做出最优的选择，我们称之为以行为为主的审计。以信息为主的审计主要是为了减少代理问题，以行为为主的审计主要是为了减少次优选择问题。

2)审计协同治理的总目标

《中华人民共和国审计法》及其实施条例对审计的总目标进行了阐述，审计的目标是真实性、合法性、效益性。真实性指的是反映财政收支、财务收支以及有关经济活动的信息与实际情况相符合的程度；合法性是指财政收支、财务收支以及有关经济活动遵守法律、法规或者规章的情况；效益性是指财政收支、财务收支以及有关经济活动实现的经济效益、社会效益和环境效益。三个不同的审计主体进行协同工作时，也应该遵循这个总目标。

3)政府审计的目标

从我国政府审计的实践来看，政府审计的工作是“立足建设性、坚持批判性”(王家新 等，2016)。批判性就是揭示问题、查处问题，主要关注的是财政收支、财务收支以及有关经济活动是否符合相关法律法规的规定，完成的是合法性的目标。建设性是在查出问题的基础上查找问题产生的制度方面的原因，指出制度、管理方面的问题，更多、更好地提出解决问题的方法和措施，促进国家治理现代化。这个建设性，关注了经济效益的产生，同时兼顾了社会效益和环境效益，因此，更多完成的是效益性的目标(刘家义，2008)。由于我国现在还处在经济体制转型的时期，市场经济体制高速发展，与之相适应的制度、体制还没有建立起来，总的来说，制度建设的速度落后于经济发展的速度，因此，政府审计作为国家经济发展的监督体制，制度建设也就成为政府审计的目标之一。综上所述，我国政府审计目标主要包括两个方面的内容，即合法性和效益性，当然，真实性也有所涉及。

4)内部审计的目标

国际内部审计师协会对内部审计的职能、对象做了多次的说明，2001 年之后，其将内部审计的职能改为确认和咨询活动。对于内部审计的对象，1981 年之前描述为业务活动或会计、财务及其他业务活动，1981 年至 2001 年更改为组织活动，2001 年之后更改为风险管理、控制和治理过程。从对象的界定中可以明显看出，内部审计的对象范围越来越宽，从特定的业务增加到组织的所有活动，从组织的所有活动到整个管理、控制、治理的过程。随着审计对象的扩展，审计目标也逐渐扩展，从开始的为管理部门提供咨询增加到为整个组织提供咨询，再到现在的增加企业价值目标的提出，总之，内部审计的目标随着服务对象的增加越来越广泛(郑石桥，2016)。

众多学者对内部审计的主要目标设置都是倾向于行为主题的，为企业管理者的行为提供咨询。鲍国明(2016)认为内部审计有促进组织落实国家重大政策措施的目标；王光远(2002)认为内部审计有调查公司方针和规程的合理性的目标；蔡春(2012)认为内部审计有保证和促进受托经济责任的全面有效履行的目标。这时，合法性和真实性目标就是内部审计的主要目标，主要对企业的管理者行为进行约束和建议。同样地，在内部审计目标中，有学者明确地提出了具有企业价值增值的目标(秦荣生，2015)，这个目标是关于企业经济效益和社会效益增加的，很明显是属于效益性目标。因此，内部审计的目标更多的是关于行为主题的审计终极目标，而其总目标多是关于合法性和效益性的目标。

5)民间审计的目标

20 世纪 80 年代至今,民间审计的主要目标是查错防弊和真实性、公允性并重。美国注册会计师协会在 1988 年发布了《审计准则说明》,强调“审计人员必须评价舞弊和差错可能引起财务报表严重失实的风险,并依据这种评价设计审计程序,以合理地保证揭露对财务报表有重大影响的舞弊和差错”。关于民间审计的目标,学者们提出了许多观点。程新生(2003)认为民间审计的目标主要是针对审计程序的设计和报表真实性的检验,查错防弊和真实性、公允性并重。谢荣(2010)认为,民间审计的目标应该以财务报告的真实性和公允性为主。张立民(2015)认为,财务报告的真实性、效益性、公允性、一贯性、合法性、经济性、效率性、效果性等都是民间审计的目标。由此可以看出,民间审计的重点目标是以信息审计为主题的,主要是关于总目标中的真实性目标的,兼有效益性的目标。

综上所述,审计协同治理的目标不是一个简单的标准,是一个自上而下的体系,我们用图 4－4、图 4－5 来说明这个目标体系。

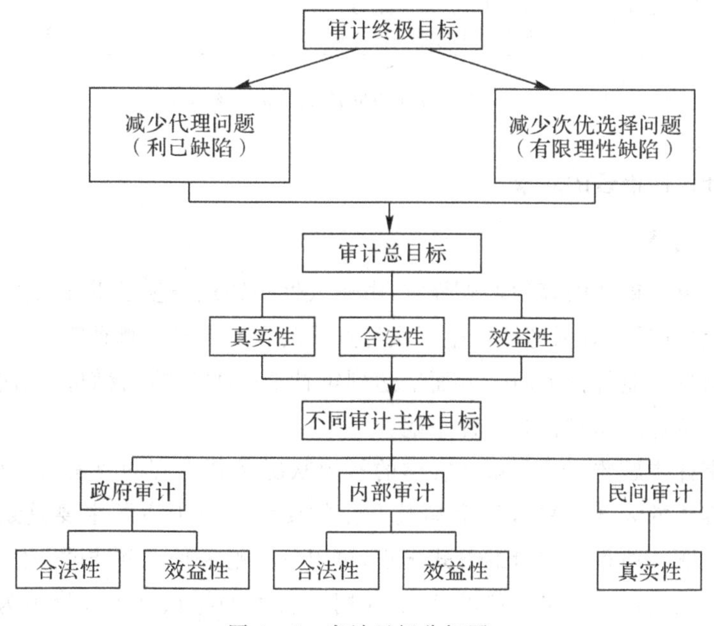

图 4－4　审计目标分解图

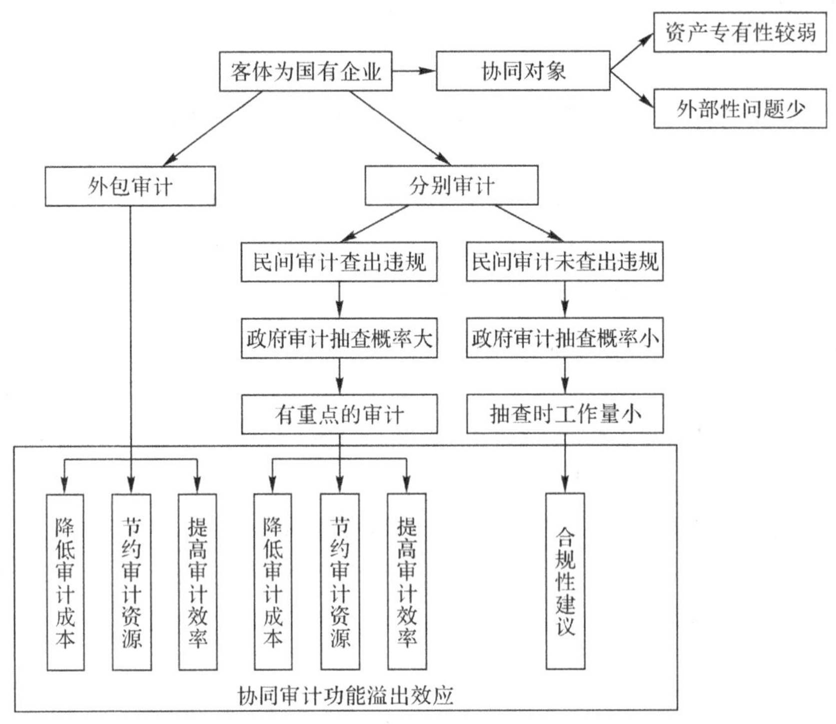

图 4-5 审计协同治理目标体系图

2. 审计协同治理的对象

1)审计对象

审计对象是审计内容的宏观界定,由于人性的缺点产生了审计的需求,自利产生了委托代理问题,有限理性产生了次优选择问题。不论是哪种需求,最终都可以通过监督信息和监督行为两个方面来达到审计监管的目的,我们把这两个方面分别称为信息审计主题和行为审计主题。

行为审计主题监督的是审计客体的行为状况及其内容的要素,信息主题反映的是审计客体的人、财、物数量金额及变化的要素。行为主题主要是划分责任归属。信息主题一般是以定量的方式出现,可以分为财务信息和非财务信息,财务信息的特点是以货币为计量单位的信息,非财务信息的特点是不以货币为计量单位的信息,比如人事任免、制度安排等不以货币为计量单位的信息。行为主题一般是以定性的方式出现,可以分为以行为为审计对象和以制约人的行为的制度为审计对象的主题。以行为为审计对象的主题指的是针对审计客体的特定行为是否符合制度标准发表意见,如合规审计或舞弊审计、离任审计都属于这种类型;以制约人的行为的制度为审计对象的主题指的是对制度设计和制度执行情况进行鉴证，如内部控制审计就属于这种类型。

2)不同审计主体的审计对象

不同的审计主体负责不同的审计主题，不同的审计主题有不同的具体业务类型。《中华人民共和国审计法》规定的政府审计的业务有：①财务审计，其主题是对财务信息及相关数据的真实性进行审计，属于信息审计主题；另外还包括对国有各部门进行财务收支审计，其主题是对财务收支行为进行检查、监督和指导，这个收支行为包括制度的完善、收支行为的合规性，属于行为审计主题。②绩效审计，包括审核国有机关的财务数据的经济性、效果性、效率性，属于信息审计主题；另外还包括对国有机关的绩效行为审计，包括影响绩效的原因分析，影响绩效的制度安排的分析，对这些部门的指导、监督和管理，属于行为审计主题。

内部审计的业务类型在中国内部审计协会公布的《中国内部审计准则》总则第二条中明确指出：内部审计，是一种独立、客观的确认和咨询活动。也就是说，内部审计的工作大致有两个方面，即确认和咨询，主要审计内容包括：①舞弊审计，舞弊是一种故意的行为，审计主要围绕舞弊行为展开，对舞弊行为进行管理、建议和制度完善，属于行为审计主题；②绩效审计；③财务审计；④风险管理审计，主要的内容是关于企业的风险管理识别和风险应对的咨询等，属于行为审计主题；⑤内部控制审计，主要的内容是关于企业内部控制制度设计和内控制度合理性、合规性的咨询，属于行为审计主题。

民间审计的业务遵循《中华人民共和国注册会计师法》的规定。民间审计的服务包括鉴证和咨询服务，具体业务包括：财务审计；服务性审计，包括出具验资报告，办理企业合并、分立、清算事宜中的审计业务，出具有关的报告，属于信息审计主题；其他管理咨询服务，包括对内部控制、企业财务规章制度等的建议和咨询，属于行为审计主题。

综上，审计对象具体见表 4－5。

表 4－5　审计对象一览表

审计主体	审计对象	审计业务	审计主题
政府审计	财务审计、绩效审计	财务报表审计	信息主题
		财务收支审计	行为主题
		绩效审计	信息主题
		绩效行为审计	行为主题

续表

审计主体	审计对象	审计业务	审计主题
内部审计	确认、咨询	舞弊审计	行为主题
		绩效审计	信息主题
		风险管理审计	行为主题
		财务报表审计	信息主题
		财务收支审计	行为主题
		内部控制审计	行为主题
民间审计	鉴证、咨询	财务报表审计	信息主题
		财务收支审计	行为主题
		服务性审计	信息主题
		其他管理咨询服务	行为主题

3)不同审计主体关于审计对象的协同

各个审计主体的审计对象是有重复之处的，协同的过程主要就发生在这些有重复的审计对象中。在这些业务上，政府审计和内部审计在审计对象上都有财务审计和绩效审计的内容，政府审计和内部审计之间协同治理主要共享的知识在于资产专有性较强、外部性问题较多的业务（汪静，2019）。比如，在对某大型国企的审计中，内部审计部门是常设机构，参与企业的日常经营管理，政府审计对这个企业进行审计时，内部审计可以给政府审计提供的信息就包括行业业务中较难理解部分的监督结果、对一些特殊业务以及期后事项的监督结果沟通等。政府审计在和内部审计的协同过程中，对于外部性问题较为严重的审计对象来说，政府审计是对内部审计规范性的一种监督，能促使内部审计的工作合法化、合规化，对内部审计的行为产生影响。

民间审计和内部审计在审计对象上的协同主要体现在财务审计方面，其他的内容较少有交集。财务审计的内容也包括两个方面：财务报表审计和财务收支审计（王会金，2013）。财务报表审计是信息主题的审计，主要是针对报表的真实性给予鉴证，这项工作主要是由民间审计来完成的，因此，内部审计在这项审计工作中的知识协助主要是日常的审计监督，在民间审计进行财务报表审计时提供日常审计的工作底稿、工作思路等，使得民间审计在审计中根据内部审计的日常审计情况对报表的真实性有预判，应用内部审计的一些数据和结果，更高效地完成工作（陈宋生 等，2013）。财务收支审计是行为主题的审计，主要是针对财务收支行为的规范性发表意见和建议。在这个审计对象上的协同，民间审计根据内部审计的建议和企业的具体情况能提出更合理的建议和意见，使得企业的财务收支行为进一步规范。总的来说，民间审计和内部审计的协同主要是在一些资产专有性不强、外部性问题较少的项目中展开。

政府审计和民间审计的协同在实践中较少出现，对大型国有企业进行审计时才能谈到这两者在同一个客体中的协同（许瑜 等，2017）。民间审计和政府审计能够共享的审计知识也主要集中在财务审计方面，它们之间的业务协同也主要集中在资产专有性不强和外部性问题较少的审计业务中。政府审计的权利在于国民的公权力部分，在公共物品的分配和处置方面有权利调配协同其他部门，因此，政府审计在民间审计的基础上展开，能节约审计资源，降低审计成本，使得审计效用提升，效率更高（王兵 等，2017）。如果民间审计出具的是标准审计意见，那么政府审计再次进行审计的可能性就会很小，政府审计的有限资源就可以得到更有效的配置。政府审计也会在开展审计的同时开展民间审计，常见的情况是将资产专有性较差、外部性问题较小的审计内容外包给更专业的民间审计，提高审计资源的利用效率，同时也能降低审计成本。

4.3　内外部审计协同治理的结构

在明确了三大审计主体在审计元素层面如何协同之后，根据系统论的理论，元素的协同是第一层面的问题，系统中各个元素之间相对稳定的一切联系方式称为系统结构，系统结构是第二层面的问题，在不同的环境下进行协同是第三层面的问题。三大审计主体的协同结构属于系统论中第二个层面的问题，审计协同结构包含了三大审计主体相对稳定的一切联系方式，是在审计元素协同基础之上展开的。所谓的协同系统，也是在确定的协同结构中进行知识的共享和传递。在我国三大审计主体的协同结构中，一般情况下，它们是两两进行协同的，那么，协同结构的研究就可以表述为政府审计和民间审计的协同结构、政府审计和内部审计的协同结构、民间审计和内部审计的协同结构。

4.3.1　政府审计和民间审计的协同结构

政府审计和民间审计在国有企业中进行协同治理时，通常有两种方式，一种是政府审计和民间审计同时对审计客体进行审计，另一种是政府审计和民间审计分别对同一客体进行审计。

政府审计和民间审计同时对一个大型国有企业进行审计时，由于政府审计对国有企业负有监督责任，因此协同工作由政府审计主导。在政府主导的审计工作中，如果是同时开展工作，那么政府作为审计工作主导者，跟民间审计的协同主要是外包形式的，这是因为政府审计较为擅长的是非营利性组织的审计，而民间审计对营利性组织的审计能提供更为专业的服务（马玉珍，2007）。因此，政府审计会将知识专有性较差和外部性问题较少的那部分业务外包给民间审计去完成，这样更能发挥审计的有效性，政府审计和民间审计都能节约资源、降低成本，以更低的成本和更高的审计效率对国有企业进行监督。

如果两者的监督是有先有后分别进行的，那么一般来说，是由民间审计先进行，然后由政府审计再进行，平均时间在半年左右。在这个工作的协同中，民间审计先开始展开工作，民间审计的工作有可能努力或者不努力，民间审计的结论可能是违规或者不违规，如果民间审计已经查出国企有违规的情况发生，那么政府审计会有比较大的概率对其进行进一步的检查（李顺利，2020）。进行进一步检查时，如果民间审计工作认真，已经进行了大量的审计测试和证据的搜集工作，两者之间的沟通协调工作也很顺利，民间审计和政府审计的知识传递和共享也会较为顺利，政府审计更多的是针对前者审计的结果开展有针对性的审计；而民间审计的前期工作如果不认真，也未查出国企有违规行为，政府审计依然会有概率对国企进行抽查，在两者的知识传递和知识共享中民间审计就不能提供更多的有效知识，甚至提供大量虚假信息，这时政府审计的工作量就会较大。如果政府审计复检发现问题，民间审计的事务所和国企都要承担责任，会遭到行政处罚（张铭，2019）。因此，两者之间的协同工作如果做得好，能达到降低审计成本、节约审计资源的效果，如果做得不好，会增加审计成本、浪费审计资源。

政府审计和民间审计的协同结构如图 4-6 所示。

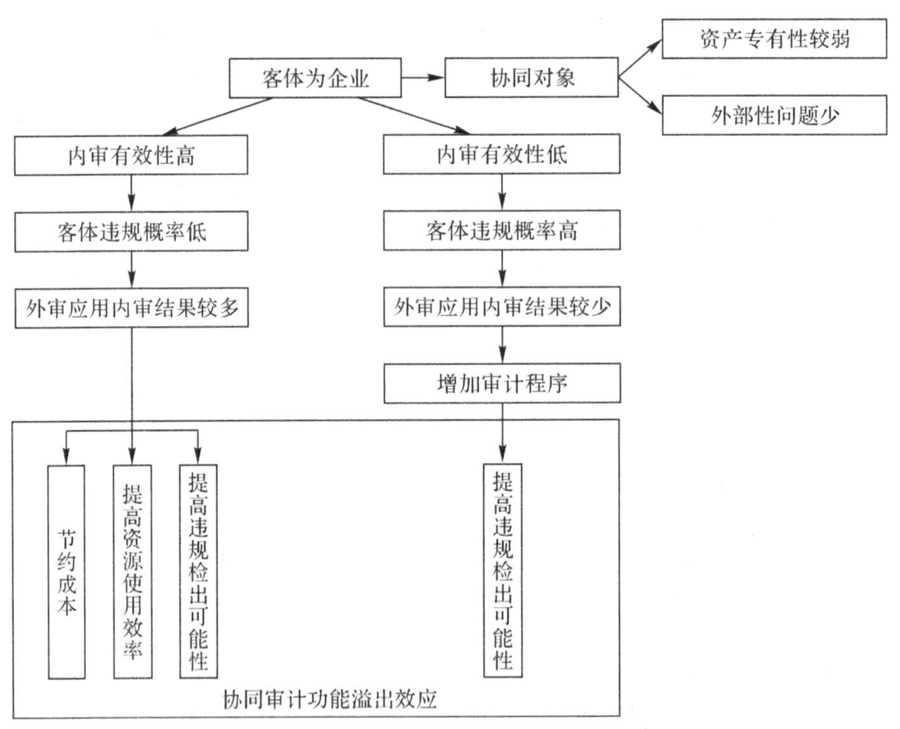

图 4-6　政府审计和民间审计的协同结构

4.3.2　政府审计和内部审计的协同结构

政府审计和内部审计的协同只能发生在政府审计的审计客体中。如前所述，内部审计是组织内部的监督手段，政府审计在某种程度上来说，也是政府部门的内部监督手段，因此，政府审计和内部审计在很多审计对象和审计内容上多有重合，它们进行协同的要点主要是资产专有性较强和外部性问题较多的审计内容(秦荣生，2015)。在它们的协同中，是以政府审计为主导的。政府审计在对审计客体进行抽查时，由于不了解内部审计的情况，因此在抽检时一般不会考虑内部审计的情况，更多的是依靠民间审计的结果来选择抽检对象(郑小荣 等，2013)。选定了抽检对象，才会对内部审计进行评估，评估的过程就是审计信息传递的过程。如果内部审计有效，能传递给政府审计更多有效的信息，审计客体违规的可能性就会比较小，政府审计在进行审计工作时，对这一类审计客体的工作效率就会高，从而节约了审计资源，把政府审计的资源应用到更有可能出问题的客体中去(周艳玲，2016)。此时，政府审计的工作更多的是一些指导性的建议，处罚的内容会相对较少。如果内部审计的有效性较差，那么审计客体违规的可能性就较大，政府审计时得到的有效信息就会少，这时，政府审计的工作量就会比内部审计有效性好的时候大很多，其不仅要对内部审计的规范性、合理性给出建议，而且会对违规的行为进行查处，在必要的时候还会联合其他政府机关进行联合处罚(郑石桥，2015)。

政府审计和内部审计的协同结构如图 4-7 所示。

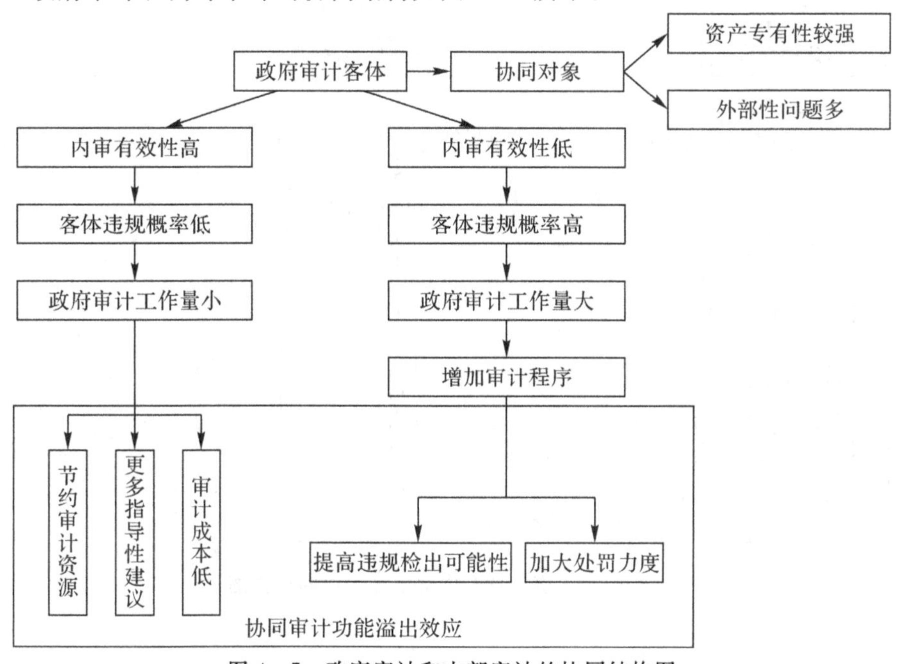

图 4-7　政府审计和内部审计的协同结构图

4.3.3 内部审计和民间审计的协同结构

内部审计和民间审计的协同客体主要是企业。对于审计客体来说，内部审计在组织内部，民间审计在组织外部，由于市场的竞争，民间审计整合了更多的审计资源，审计成本也较低，两者的协同在资产专有性较差和外部性问题较少的审计对象中的效率是较高的(张文慧，2010)。它们两者的协同结构同样基于内部审计的有效性，当企业内部审计的有效性较高时，组织违规的概率就较小，民间审计在开展审计活动时可以较多地依赖内部审计的结论，这样，民间审计的工作效率会提高，工作量会减少，违规检出的可能性会提高(张俊 等，2014)。同时，节约了审计成本，提高了审计资源的使用效率。内部审计的有效性较差时，民间审计在开展工作时会使用更多的审计程序来小心求证其经营成果的真实性，提高了违规的检出率(张静 等，2019)。

政府审计和内部审计的协同结构如图 4－8 所示。

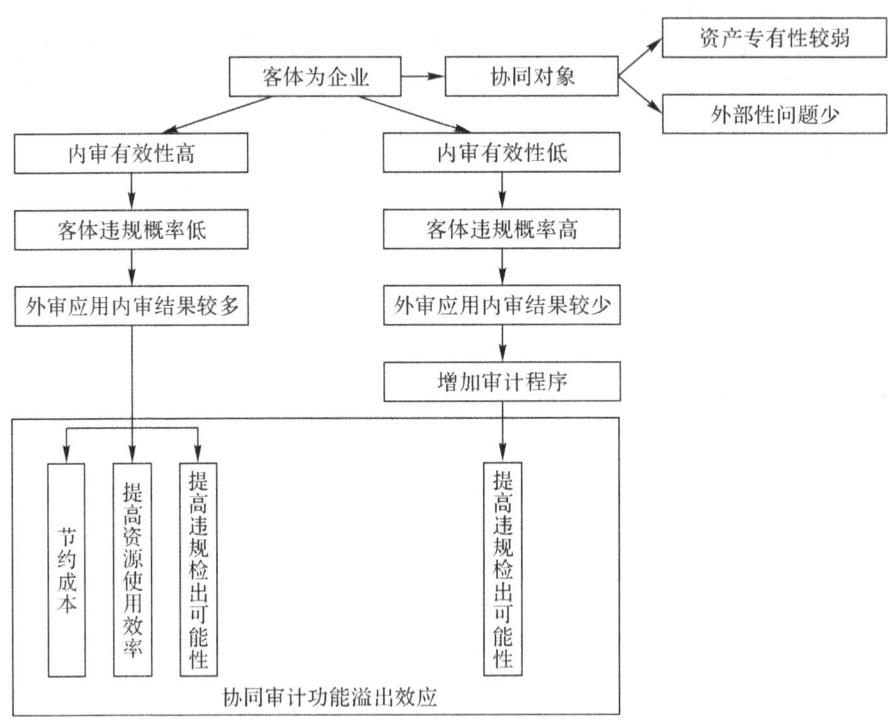

图 4－8 政府审计和内部审计的协同结构图

根据前述的理论分析，审计协同系统的结构影响其功能，如果协同能够实现，在审计功能中会存在一个新的部分，即审计功能溢出效应的成果，这个部分就是审计协同产生的新功能，也是审计协同的最终目的。通过三大审计主体在协同结构上的分析可以清楚地看出，三大审计主体在结构上的协同能够提高审计客体违规的检出率，同时使得审计成本降低、审计资源使用效率升高，这些都是审计协同功能溢出效应的体现。

4.4　企业内外部审计协同环境的构建

4.4.1　审计法律体系的协同治理

在我国，审计法律法规分为三个层级。第一层次是《中华人民共和国宪法》。第二层次是由全国人大常委会或地方各级人大发布的审计法律和法规，包括《中华人民共和国审计法》《中华人民共和国注册会计师法》《中华人民共和国公司法》等法律法规。第三层次是各个政府单位、行政事业单位或企业单位发布的各类规章制度，包括《中华人民共和国审计法实施条例》《中华人民共和国政府审计准则》《中国内部审计准则》《中国注册会计师执业准则》等（尹平 等，2010）。

由于我国三大审计主体的监管背景不一致，导致了目前法律法规在三者的协同治理中出现了重复管理、多头管理和责任划分不明确的情况。从三大审计主体的监管背景来看，政府审计的执行部门是审计署，规章制度主要是由审计署和其下属机构（各省市和地区的审计厅、局等）颁布的。内部审计的法律法规则主要是由中国内部审计协会来制定和监督实施的，中国内部审计协会在 2016 年脱钩改制之后，对于内部审计的法律法规也没有进行重大的修订，现行的法律法规制度还是其隶属于审计署时期的内容（叶陈云 等，2018）。从这个层面上说，内部审计与政府审计的协同比较好开展，思路也较为统一，权利分配明确，较少存在多头管理的问题。但政府审计和民间审计的监管背景就不是很一致，民间审计的监督和指导是由中国注册会计师协会来实施的。1999 年中国注册会计师协会脱钩改制以后，还是沿用了财政部颁布的准则，监管其实还是按照财政部的意愿来进行的。民间审计和政府审计在监督背景上来讲分别属于财政部和审计署，因此，业务重复、标准不一、多头管理等问题比比皆是（杨宏霞，2009）。从理论上讲，审计是解决委托代理矛盾的，政府审计委托方是全国人民，人大常委会是人民利益的代表，因此，人大常委会颁布的《中华人民共和国审计法》《中华人民共和国注册会计师法》代表的是委托人对审计人的基本要求，根据这些基本监管要求，国务院和审计署分别颁布了《中华人民共和国审计法实施条例》和《中华人民共和国政府审计准则》来具体贯彻监管要求，财政部颁布了《中国注册会计师执业准则》来贯彻监管要求。本是同一委托人，但由于执行的部门不一样，标准会有不同，因此也会有很多权利责任划分不清的地方（杨素昌，2018）。那么，现行的法律法规应该如何进一步展开协同呢？

首先，应由中国共产党作为审计工作的唯一核心来组织立法。2018年中共中央成立中央审计委员会作为新的审计领导机构领导审计监督，从机构设置上确保了党中央对审计的唯一领导权。坚持中国共产党的唯一审计领导地位，有助于审计制度的统一化，也不会存在财政部、审计署、人大常委会等对审计的多头领导和指挥的局面，有利于“强化上级审计机关对下级审计机关的领导，加快形成审计工作全国一盘棋”，也有利于“加强对内部审计工作的指导和监督，调动内部审计和社会审计的力量，增强审计监督合力”。

其次，三大审计主体的协同应在《中华人民共和国审计法》的要求下展开。我国在2019年对《中华人民共和国审计法》的修订就是三大审计主体在法律法规上协同治理的开端。《中华人民共和国审计法》的修订草案中，对内部审计和民间审计的协同工作提出了专门的要求，强调政府审计的领导人对内部审计的指导监督责任，强调审计机关应当注重发挥社会审计的积极作用，社会审计接受审计机关委托的审计任务时应该遵循政府审计准则的相关规定。对《中华人民共和国审计法》的修订进一步指导了政府审计、民间审计和内部审计的具体协同方式，并进一步确保了中国共产党对审计工作的领导地位。

最后，地方政府应出台地方性的审计法规确保协同。如果说《中华人民共和国审计法》的修订是一个三大审计主体的协同信号，三大审计主体的具体协同内容则应该由相关的地方性法律法规进一步保障。目前我国的法规中，绝大多数的具体规章制度是由地方性审计机构颁布制定的。在《中华人民共和国审计法》(2021)颁布之后，地方性的法律法规调整是势不可挡的，地方性的法律法规应当根据《中华人民共和国审计法》(2021)的要求，在确保党的领导和三大审计主体协同治理的前提下，对地方性的法律法规进行修订，以保证完成中央审计委员会提出的相关要求，对地方性法律制度体系进行建设。

4.4.2 审计信息技术的协同治理

在审计环境中，审计信息技术的发展给不同审计主体的协同治理提供了可能。随着企业的财务信息化技术进一步拓展，各种数据经过整合形成的大数据能完整地记录经纪业务的轨迹，企业的信息链条不断完善，支持审计人员的知识共享和流动，也支持其对经济业务进行更广泛、更深入的分析。

1. 大数据和云计算环境下的审计协同

在大数据和云计算的环境下，协同的关键在于对数据处理的协同。审计数据的处理主要有5个步骤：审计数据的采集、审计数据的存储、审计数据的净化、审计数据的集成和审计数据的分析。

三大审计主体在审计知识获取层面协同时，关键是新技术的应用和内部审计的协调效应发挥。进行审计协同时，系统内部的知识流动主要是内部审计的知识向外部审计扩散。外部审计师除了从内部审计这里进行信息的搜集，其他知识的获取主要依赖外部的函证或者外部的信息网络，政府审计可以从其他政府部门调取证据，民间审计则可以通过公共媒体、政府部门等其他渠道获取审计数据。内部审计在隐性知识的层面可以帮助外部审计对冗余的数据进行判别和剔除。对数据进行净化工作是一项与审计师经验判断等关系较密切的工作，应该由内部审计来主导协调工作，使外部审计和内部审计通过知识的获取和传递能应用同一衡量标准和同一记录，避免重复和遗漏，节约审计资源，避免重复劳动。三大审计主体在审计数据的集成和分析数据方面进行协同时，关键是外部审计的隐性知识的协同。另外，对数据的继承和分析需要内部审计和外部审计的联合职业判断。在对这些数据进行整合和判断中，外部审计的经验较为丰富，其经验能够形成独有的隐性知识。外部审计的隐性知识的传播和应用，能使审计系统迅速对数据作出应有的专业判断。

2. 区块链环境下的审计协同

跟大数据和云计算不同，区块链技术强调的是去中心化，实施点对点的通信代替数据中心，这样数据存储的压力变得很小，一个交易的双方或者多方都是一个小的数据库，他们的业务可以互相印证，从而使审计工作面临巨大的改变。

在区块链背景下的审计协同，一部分的审计工作被替代了，区块链提供了建立信任的技术解决方案，即算法信任(袁勇 等,2016)，使得包括审计在内的传统增信机制，至少有一部分会被取代(Lazanis,2015)。区块链的广泛应用将会减弱对于执行交易、数据检查和验证的审计工作的需求。但是，收入确认时间、金融资产的判断、资产减值的判断等应用区块链技术不能代替审计的判断，因此，内外部审计在区块链技术背景下的协同工作，显性知识的传播依赖于区块链的信任机制，其系统内的隐性知识协同方向应该在于这些需要审计职业判断的项目。审计中信息主题的审计内容会大大减少，关于这些主题的显性知识获取和传递也会变得越来越少。因此，审计的协同方向将转向监督、咨询这方面的行为审计主题工作。这些活动中需要的经验判断更多，需要更多的隐性知识在系统内部传递。

综上所述，随着信息技术的不断发展，特别是区块链技术的发展，对于财务报表的真实可靠性的验证工作越来越多地由机器去完成，审计工作中对于财务报表真实性的验证工作就越来越少，系统中显性知识的流动变得少了，审计工作中“去财务化”的趋势越来越明显。而审计工作中的行为审计功能越来越受到重视，系统中隐性知识的流动变得越来越多。因此，在审计的协同工作中，协同工作的重点向行为审计主题转化是信息技术发展带来的新趋势。

4.5 内外部审计协同治理系统理论框架的构建

4.5.1 内外部审计协同治理系统

综上所述，我国审计的整个协同治理系统是一个开放的系统，系统内部是三大审计主体的协同，包括审计元素的协同、审计结构的协同以及审计环境对协同的影响；系统外部是全社会的社会共治。协同系统的三个层次如图4-9所示。

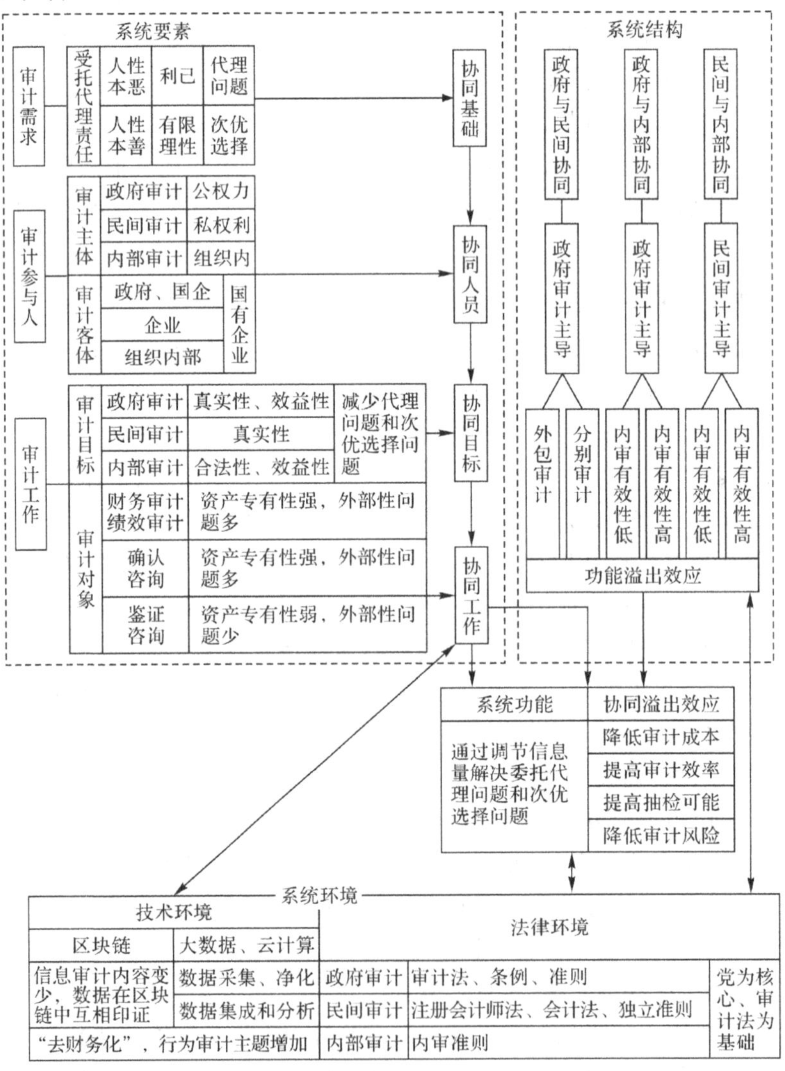

图4-9　企业审计协同系统示意图

根据协同论的基本理论，协同的系统是开放的系统，存在三个层面的协同。首先，审计元素之间的协同是最初级层面的协同，审计要素的协同厘清了在审计协同中参与的元素都有哪些。从审计需求出发，审计的参与人做的审计工作组成了审计最初层面的协同。其次，在研究审计元素协同的基础上才能研究审计元素之间的关系，即第二个层面审计结构的协同。审计系统中各个元素之间相对稳定的一切联系方式称为系统结构。在审计协同系统中，主要研究的是三个审计主体的结构，三个审计主体两两协同时的结构如果能够趋于稳定，那么协同的系统就能比较稳定地持续下去。同样的元素，使用不同的组织结构，其功能也不一样。因此，在审计协同系统中，三个协同主体之间的协同结构对于系统的形成和稳定起到了至关重要的作用。系统的协同结构将在后文详细论述。再次，审计协同系统的第三个层面是环境的协同。环境作用于系统，影响着系统的结构和功能，系统的结构和功能又反过来作用于环境，能够改变环境。具体来说，企业的技术环境和法律环境能够影响审计的结构和功能，产生更有效率的结构和新的系统功能，审计协同系统又能够反作用于企业的技术环境和法律环境，从而产生新的技术和法律。最后，根据协同理论，产生协同功能溢出效应的系统，才是有效的协同系统，那么，如何才能产生有效的协同？依靠的是元素的协同、结构的协同和功能的协同，根据它们的协同结果，产生新的功能才能称为有效的协同。具体地，在审计系统中，协同最终能够提高审计效率、降低审计成本、降低审计风险，这才是有用的协同，协同的有效性是通过审计协同的功能溢出效应来判断的。

4.5.2　内外部审计协同治理系统理论框架的构建

对于内外部审计的协同治理系统理论，应当在统一的协同目标指引下来构建协同治理系统。在同一目标指引下的协同治理理论应当形成规范的指引文件，包括内外部审计协同治理的主体选择、协同治理对象的选择、协同治理组织结构的确定以及协同治理的流程和方法选择等方面。

1. 内外部审计协同治理的目标设计

如前所述，内外部审计协同治理系统的目标依然遵从整个审计目标体系，在满足审计需求的基础上减少委托代理问题和次优选择问题，以真实性、合法性和效益性为总目标（谢志华，2008），且在适应审计环境的基础上保证内外部审计在审计需求层面、审计结构层面的审计知识流动和知识共享，从而产生审计协同的溢出效应的目标。

2. 内外部审计协同治理的主体选择

内外部审计协同治理的主体就是内外部审计协同治理活动的实施者，如前所述，是审计委托关系中的审计人，即审计主体完成审计工作。按照审计主体的分类，审计协同治理的主体就是政府审计、民间审计和内部审计（吴冠生，2015）。政府审计作用于公权力范围，兼有信息审计和行为审计主题，主要职责范围是公共物品的配置，有相应的行政处罚权；内部审计的权利范围是企业内部，其审计主题是以行为审计主题为主，主要职责是规范审计行为，只有半行政约束权；民间审计作用于私权利范围，审计主题以信息审计为主，主要职责是私人物品配置，没有行政约束权（余玉苗，2000）。

3. 内外部审计协同治理对象的确定

总体来说，内外部审计协同治理的对象是信息审计主题和行为审计主题。三个审计主体有自己的具体协同治理对象，在针对这些对象的协同工作中，它们的审计知识共享和交流较多。具体来说，政府审计和内部审计的对象能够展开协同治理的部分主要集中于资产专有性较强和外部性问题较多的业务，如财务审计和绩效审计（杨宏霞，2009）；民间审计和内部审计的对象能够展开协同治理的部分主要集中于资产专有性较弱和外部性问题较少的项目（张俊 等，2014）；政府审计和民间审计的协同主要集中在资产专有性较弱和外部性问题较少的国企审计业务中（张铭，2019）。

4. 内外部审计协同治理组织结构的制定

内外部审计的协同治理结构应当遵循国家现有的基本法律法规制度，完善相关的协同工作指导守则。同时，协助审计主体和企业搭建审计协同的组织架构，形成明确的组织结构，确认岗位职责，这样才能保证协同工作的顺利开展。

(1)从宏观层面上，国家有关部门应该出台具体的协同工作守则。虽然国家现有的法律法规都提出了内外部审计协同工作的要求和原则，但是还缺乏具体的协同工作指引，在内外部审计的工作中由谁来领导协同工作，谁来实施协同工作以及如何开展各个时期的协同工作，内部审计协同时和外部审计协同时的工作要点是什么等，都很难找到依据。这导致目前我国内外部审计的协同还处于一种不规范的状态，但目前小范围和不规范的协同工作依然能使得信息有效性增加、提高审计效率。那么，如何保证协同工作并使这样的协同变得高频且高效，是政策层面应该考虑的问题。

(2)在审计协同工作中，应该由审计委员会来领导协同工作。内部审计较为独立的机构设置应该在由独立董事召集的企业审计委员会之下。企业审计委员会是帮助董事会履行专门职责的委员会，它代表董事会承担有关财务报告过程、内部控制和公司治理的监督职责，能提高外部审计和内部审计机构的治理水平，避免外部审计师与董事会、经理层互相勾结，还能帮助公司确认、评价和控制经营管理风险（郑小荣 等，2013）。首先，企业审计委员会应该提倡和引导内外部审计合作的理念。企业审计委员会应该创造内外部审计协同的良好环境，加强对内外部审计协同工作的宣传，创造内外部审计沟通的平台，使得双方在沟通协作的过程中顺畅、高效地完成工作。其次，企业审计委员会的主要工作方式是通过召集会议来完成的。企业审计委员会是专业委员会，并不参与日常的经营生产，在内外部审计沟通协作中不负责具体的工作，但要负责提供良好的沟通平台和环境。企业审计委员会的主要工作时间在协同工作前和协同工作后，在审计协同工作前，企业审计委员会要组织会议商讨内部审计与外部审计协作计划的制订，总体审计目标的设定，双方在具体审计程序、内容、方法等方面的分工与合作等事宜，便于双方的沟通。在审计协同工作后，企业审计委员会要召集会议，使内部审计和外部审计的协同工作形成互动机制，及时发现问题并传达给内部审计和外部审计，在与他们的交流中建立沟通机制，留下记录档案，使后续沟通顺畅、高效。

(3)在具体的协同工作中，企业内部应该由内部审计部门来完成。内外部审计师的沟通和协同工作是一个繁杂而又长期的工作，由内部审计负责人来具体领导协同工作事宜是较为合适的。他们的协作需要定期不定期地召开会议、沟通协作安排以及负责方方面面繁杂的事宜，在外部审计工作结束后，还要负责长期与外部审计反馈、沟通，对内部管理层提供建议等工作，因此，总负责人需要对内外部审计工作熟悉、了解公司具体状况、有跟董事会和经理层直接沟通的机会，故内部审计负责人是指挥这项工作的最合适人选(朱永永，2013)。

(4)在审计协同工作中，公司董事会、经理层应该对内外部审计协同工作给予支持。公司董事会、经理层要充分意识到内外部审计的沟通协作为企业带来的利益，包括审计成本的节约、审计费用的降低、审计质量的提升等。公司的董事会和经理层在公司内部的管理手段和管理章程上对内外部审计协同工作提供相关规定和保障，使得内外部审计沟通顺畅且高效，为企业的信息质量提升提供了保障机制。

5. 内外部审计协同治理流程规划和方法的选取

依据我国的审计协同现状，对审计资源的整合已经有了完备的领导和汇报体系，能代表广大利益相关者和全体人民的意志，《中华人民共和国审计法》(2021)从法律方面保障了审计协同的实施，也为审计协同奠定了坚实的基础；从技术方面来说，大数据、区块链的应用也从技术方面保障了协同的实施(郑石桥，2020)。但是，审计的协同离落地实施还有很长的路要走，没有具体的工作指引是审计协同体系建设中最大的整合障碍。

对于整合审计协同治理，在具体的实施过程中应该分为三个不同的阶段来展开：协同工作前、协同工作中、协同工作后(秦荣生，2013)。在这三个阶段，审计人员协同的侧重点不一样，工作协同的侧重点也不一样，要对内外部审计进行很好的整合，必须在这三个不同阶段展开协同和配合。

首先，审计协同工作前，指的是内外部审计的审计准备工作阶段，没有展开实质性的审计协同，还在对企业的情况做分析和了解以及展开审计分工的阶段。其次，审计协同工作中，指的是双方在一起协作的过程，内外部审计人员共同协作的阶段。最后，审计协同工作后，指的是外部审计工作结束以后的后续协同时间。

在每个协同阶段，内部审计和外部审计都能相互协作，但是其工作重点是不一样的，关注的内容也不一样，因此，在每个协同阶段，内部审计人员对外部审计人员的知识共享和流动重点跟外部审计人员对内部审计人员的知识共享和流动重点是不一样的，协同人员的要求也不一样。本书对每个协同阶段的工作要点和人员协同方案进行了整合，如图 4－10 所示。

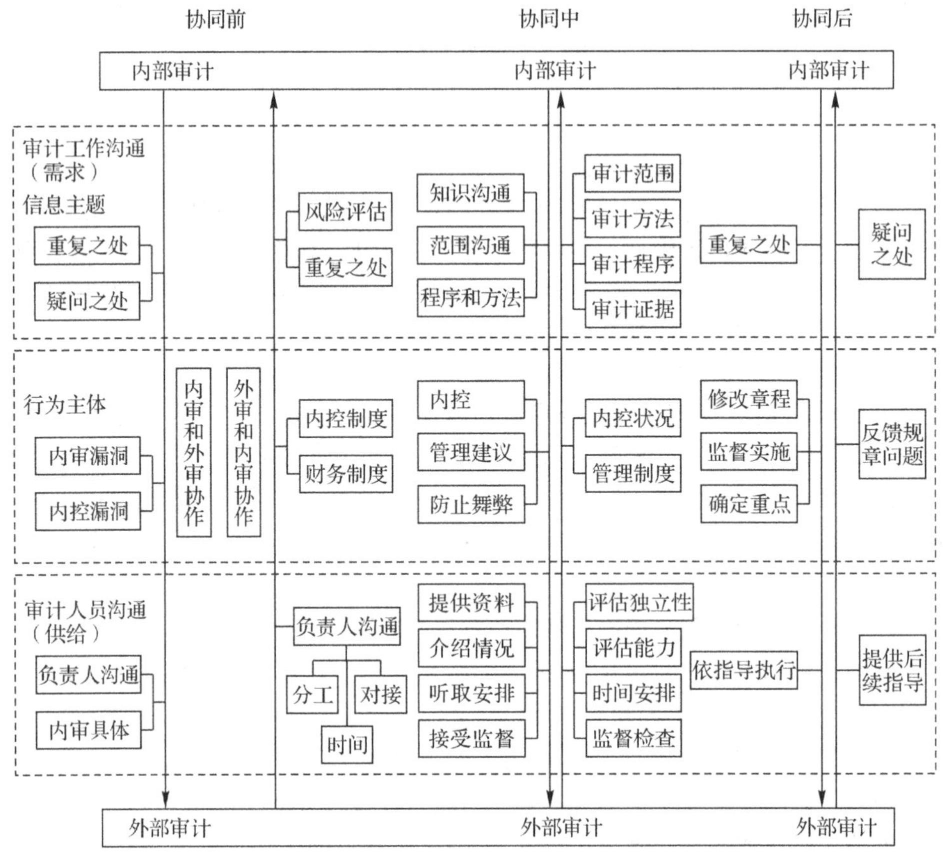

图 4－10　内外部审计协同工作示意图

在审计协同工作前，内外部审计的相关人员应当对即将开展的审计工作做充分的沟通（周艳玲，2016）。在沟通中，就审计工作而言，信息审计主题和行为审计主题的关注点是不一样的。内部审计对外部审计工作的协同要求，在信息审计主题方面，首先是工作的重复之处进行沟通，内部审计在沟通时对审计知识的共享和流动主要考虑的是这些工作有重复的地方，外部审计是如何做的，会如何做，和自己的内部审计内容有什么不一样的地方，然后才将外部审计有可能用到的资料整理给外部审计。其次是内部审计对自己有疑问或者不明白应该如何处理的疑难问题向外部审计进行询问和沟通，从一开始就将重点协同的知识进行沟通有利于后续工作的开展。在行为审计主题方面，内部审计首先沟通的是内审制度和程序的漏洞，以协助外部审计的风险评估；其次沟通的是企业的内控问题和内审所认为的企业关键性的风险因素，以降低外部审计的工作成本，也在后续的内外部审计沟通中请教外部审计应该如何弥补这些漏洞(张文慧，2010)。外部审计在沟通时，关于信息审计主题的审计知识，首先也关注的是工作重复之处，但是外部审计的沟通重点是内部审计的工作质量如何以及重复的工作有多少可以直接应用，有多少还要进一步展开。其次其关注的要点是对整个企业的风险评估，通过这次沟通，外部审计人员要根据内部审计师的简单介绍和自身的关键性问题询问，找到红旗标志，用以评价企业的审计风险(秦荣生，2013)。关于行为审计主题，外部审计首先沟通的是内控制度的标准处理方案，另外对财务制度的初步完善等也可以提出一些建议。在完善的过程中，外部审计能进一步地评估内审工作的质量和有效性，为正式审计工作的开展做好准备。

在审计人员的协同方面，审计人员们能为对方提供什么样的便利呢？内部审计人员的沟通一般由内部审计的负责人展开，内审负责人同时对内审的协同工作进行布置，包括时间、人员、协同方式等的布置。外部审计人员也是由负责人进行沟通，对被审计单位有了一定的了解后，对工作量、工作分工、工作时间等内容进行安排。在正式的审计开始之前，这样的沟通可能需要进行多次才能达到内外部审计师的默契配合，达到最好的协同效果(朱永永，2013)。

在协同工作中，沟通是最多的。在协同工作中，内部审计对外部审计的需求在信息审计主题方面，首先是审计知识的沟通。会计准则常常会有一些改变，外部审计人员对政策的解读和运用会强于内部审计，因此，在这些知识的沟通上面，内部审计需要向外部审计学习。其次是审计范围的沟通，内部审计和外部审计的职责不同，外部审计能够根据内部审计的能力对其职责范围提出建议，使得内部审计明确工作要点和工作重点，把有限的审计资源用在企业最需要监管的地方(朱锦余等，2009)。最后就是审计程序和审计方法的沟通，在信息审计中，审计程序和方法是最重要的审计组成内容，外部审计对此经验较为丰富，可以指导内部审计的工作，使其降低审计成本、提高审计效率(周圣淇，2014)。在行为审计主题中，首先，内部审计需要听取外部审计关于企业内部控制的意见，包括内部控制的机构设置、岗位职责、手段方法等内容。其次，内部审计需要外部审计协助其对企业的管理层提出相关建议和意见。企业的发展主要依靠管理层，委托代理问题也主要产生于管理层，因此，内外部审计的协同治理主要是针对企业的管理层(张铭，2019)。最后，关于如何在日常监管中防止舞弊的发生，内部审计也需要听取外部审计的意见和建议，因为内部审计参与企业的日常管理，可以在舞弊问题没有发生的时候采取事前控制的手段减少舞弊的发生，这样可以直接提升企业信息质量，为企业增加价值。

在外部审计与内部审计的协同工作中，在信息审计主题方面，外部审计需求的信息有：第一，关于审计范围的明确（郑石桥，2013）。外部审计与内部审计的沟通中，首先要明确的是审计范围，也就是外部审计需要对哪些内容进行审计，外部审计的职责有哪些，这都是需要跟内部审计先进行沟通的。第二，对内部审计方法的了解（招燕，2017）。通过对审计方法的了解，外部审计能判断内部审计的质量如何，工作效率如何，以此来决定内部审计的审计结果能否被采信。第三，对内部审计的审计程序了解（张志远 等，2019）。根据对企业内部审计程序的了解，外部审计能够更合理地安排自己的审计工作，节约审计成本，提升审计效率。第四，对内部审计的审计证据了解。这包括证据的搜集过程和证据的来源，以此来设计自己的审计工作和审计要点。在行为审计主题方面，外部审计首先需求的是企业的内部控制状况，了解内部控制状况主要用来衡量企业的内控风险和审计风险。其次需求的是对企业管理制度的了解。通过了解企业的内控状况和管理制度，外部审计能够找到企业在管理控制中的薄弱环节，以安排自身的工作，降低审计风险（庄莹，2009）。

在内外部审计协同过程中，首先，内部审计人员要做的是提供资料给外部审计人员，配合外部审计人员的监督需要，为外部审计人员提供资料（张俊 等，2014）。其次，内部审计人员需要实时承担沟通的角色，给外部审计人员介绍企业的种种情况，联系财务部门和财务人员给外部审计人员提供信息。再次，内部审计人员需要听取外部审计对审计工作的安排，及时配合外部审计人员的工作。最后，内部审计人员也应该接受外部审计对其的监督，接受外部审计对其工作的指正。对于外部审计人员来说，首先，要对企业的内部审计进行独立性评估，包括内部审计的机构设置、负责人情况、人员情况等；其次，对内审人员的能力进行评估，包括内审人员取得的资格证书、内审人员的技术水平等内容；再次，做出自身的审计安排，着重关注审计重点和要点；最后，对内部审计的工作进行监督检查，重点查找审计漏洞。

在双方协作后的协同治理中，内部审计在信息主题方面的需求主要是财务报告不合规之处的调整，外部审计对财务报表的处理方法或准则的理解有其他看法时，内部审计应监督修改（张静 等，2019）。内部审计在行为主题方面的需求主要是需要外部审计提供企业的管理和内部控制要点、重点，根据外部审计后所给定的内部审计组织结构、内部审计制度、内部审计工作意见等对内部审计部门的工作进行改进，并根据外部审计给定的内部控制执行建议对企业的内部控制展开监督。外部审计对内部审计的协同要求在信息审计主题下主要是执行准则的反馈（余玉苗,2000)。企业根据外部审计的建议对会计估计进行了更改,后续的问题要向外部审计进行反馈。对于行为审计主题的需求也是规章制度执行效果的反馈。外部审计能为内部审计提供的后续服务主要是提供后续的指导工作。

由此我们可以看出,在整合过程中,协同前和协同中,都是由外部审计为主导的,内部审计的主要工作是配合和学习,而协同后的日常审计工作则是由内部审计主要负责,将外部审计和内部审计协同工作的成果巩固下来,以提高企业的信息质量水平。

综上所述,本书构建的内外部审计协同治理系统理论框架如图 4 - 11 所示。

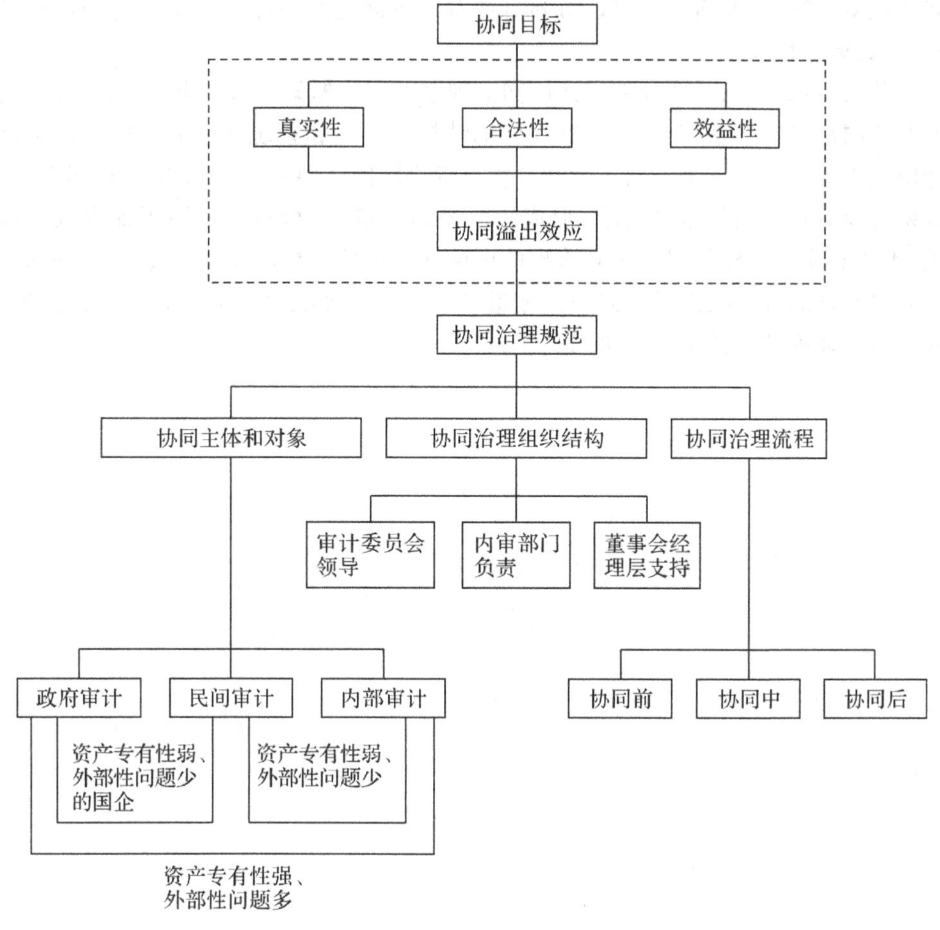

图 4 - 11　内外部审计协同治理系统理论框架图

4.6 本章小结

首先,本章从系统论和协同论的角度分析了什么是协同,以及审计工作中应该如何协同的问题,明确了协同是否成功的判断标准是系统的新结构、新功能的产生,也就是系统功能的增强,它是系统协同的产物,也是协同溢出效应的产物。

审计的协同治理主要研究的是不同的审计主体在现有的审计环境下,如何整合不同的审计元素(对审计元素的整合包括如何划定不同审计主体的权利边界,如何辨识审计客体,如何确定审计协同治理对象等问题),最终建立审计协同治理机制,达到审计目标。

其次,本章研究了内外部审计协同治理系统理论框架。依据协同理论,任何系统的协同都要包括系统要素的协同、系统结构的协同和系统环境的协同,因此,审计协同也应该从这三个方面来展开。在三者协同的基础上,形成了审计协同系统,该系统能更好地满足审计需求,形成协同溢出效应,使得审计协同更加有效。据此,本章对我国内外部审计协同治理的理论框架进行了整理和设计,提出内外部审计协同治理的理论框架是在同一目标指导下来设计的,除了保证溢出效应的产生,还应当有详细的规范来指导协同工作。

第5章 内外部审计协同动态多阶段博弈模型的构建

在第2章的文献研究中，学者们关于内外部审计是否应当协同，其协同的效果如何这类问题分歧较大，一部分学者认为内外部审计的协同工作是有效的、低成本的；一部分学者认为内外部审计的协同工作会造成资源浪费和重复工作，其协同工作不但不能提升审计效率，反而会降低审计效率。因此，本书拟采用博弈论的方法对这个有争议的问题进行研究。

在科学的研究方法中，审计人和被审计人的行为可以构成一个双人参与的博弈。内外部审计协同是在审计人一方展开的，他们协同工作的最终结果是要加强审计监督，因此，内外部审计协同是审计人和被审计人博弈的一部分。本章将内外部审计协同治理的协同理论放在审计人和被审计人的博弈中展开分析，以期在博弈中得到影响内外部审计协同治理的关键性因素。

5.1 民间审计和政府审计协同治理的多阶段博弈分析

5.1.1 民间审计和政府审计协同治理的博弈主体

在民间审计和政府审计的协同治理中，博弈的双方应该为民间审计和政府审计共同组成的审计人与国有企业。民间审计和政府审计的协同目的是对企业展开更好的监督，提升企业的治理水平。虽然在这个审计关系中，协同工作的主体是民间审计和政府审计，但他们的利益基本是相同的，是作为审计人出现在这个审计关系中的，即审计主体。被治理的对象是国有企业，也就是说，企业是被审计人，即审计客体。由于民间审计和政府审计共同的监督对象只能是国有企业，因此，在这个简单的审计关系中，由民间审计和政府审计协同工作展开对国有企业的审计监督。

5.1.2 民间审计和政府审计协同治理的变量设定

由于博弈分析中，每个博弈主体都在博弈关系中有自己的收益和成本，因此，对博弈关系的变量设计也应该从每个博弈主体的收益和成本开始研究。对审计主体——政府审计和民间审计的协同工作组来说，如果他们最终查出企业有舞弊或者违规行为，他们是有一个正常收益的，这个收益记为 E。如果企业有舞弊或者违规行为，但是他们没有查出企业有舞弊或违规行为，则没有这个正常收益。

审计主体在进行审计时，每个项目的工作量不同，分成了工作量大和工作量小的工作。在审计工作中，其所花费的人力、物力、时间成本等形成了审计成本，工作量大时，成本高，工作量小时，成本低。对于政府审计和民间审计来说，其工作的范围和性质不同，即使是对同一家企业进行审计，其各自成本也不同。设政府审计的高审计成本变量为 $C_{G大}$，政府审计的低审计成本变量为 $C_{G小}$，民间审计的高审计成本变量为 $C_{M大}$，民间审计的低审计成本变量为 $C_{M小}$。

审计客体在被审计时，如果没有舞弊或违规行为，其能够获得一个正常的收益，这个收益就是企业日常经营的正常收益，记为 E_K。如果审计客体进行了舞弊或违规，那必然有舞弊或违规带来的不正常收益，这个收益记为 $E_{K违}$。对于审计客体来说，如果舞弊或违规被审计主体发现，则要付出高额的代价，这个代价也包括三个部分：一部分是现时的有形舞弊或违规成本，包括由此带来的罚金等；一部分是现时的无形舞弊或违规成本，包括由此带来的声誉损失等；还有一部分是未来的有形舞弊或违规成本，包括未来的客户流失带来的损失、更换供应商带来的损失等。因此，这个舞弊或违规被发现的损失是很高的，可能会给企业带来巨大的损失。

除了审计主体对审计客体进行监督外，在这个博弈关系中还有另外一股监督力量，就是其他监督方，包括媒体、做空机构等全民监督力量。如果审计主体没有发现舞弊或违规，而被其他监督方发现舞弊或违规，那么审计主体和审计客体将同时受到损失，这个损失记为 S。

5.1.3 民间审计和政府审计协同治理的动态多阶展开型博弈树形图设计

针对实际审计协同过程，民间审计和政府审计是审计人和被审计人博弈的一部分，动态多阶博弈模型适合于采用展开型博弈树来表示，展开型博弈树对局中人可能的动作展示是富有结构性的。

对于审计客体来说，审计客体可以选择违规，也可以选择不违规，我们设定，审计客体选择违规的概率为 $\alpha(0<\alpha<1)$，那么选择不违规的概率就是 $1-\alpha$。如果审计客体不违规，那么审计主体和其他监督势力不可能查出违规，因此，审计客体不违规的情况在此不讨论。

当审计客体选择违规时，民间审计机构首先对其展开审计监督，民间审计由于种种客观和主观原因，可能选择努力工作或不努力工作，其努力工作的概率为 β，不努力工作的概率为 $1-\beta$。基于对会计人员的基本信任，我们认为绝大多数审计人员在工作时是认真努力的，因此，β 的取值范围为 $0.5<\beta<1$，也就是说，我们假设民间审计人员努力工作的概率是大于不努力工作的概率的。

当民间审计选择努力工作时，由于种种原因，有可能能查出审计客体的舞弊行为（概率较大），也有可能查不出审计客体的舞弊行为（概率较小）。设民间审计能查出审计客体舞弊行为的概率为 η，不能查出审计客体舞弊行为的概率为 $1-\eta$。民间审计的专业性和独立性都比较高，在其努力工作的前提下，其能查出舞弊的概率较高，则 $0.5<\eta<1$。

当民间审计选择不努力工作时，有可能能查出审计客体的舞弊行为（概率较小），也有可能查不出审计客体的舞弊行为（概率较大）。这时，由于民间审计的工作不努力，所以能查出舞弊的概率较低，而不能查出舞弊的概率较高，为了简化博弈结果，不再单独设置新的概率，设能查出舞弊的概率为 $1-\eta$，而不能查出舞弊的概率为 $\eta(0.5<\eta<1)$。

当企业经过民间审计审查后，政府审计又对企业进行审计时，由于精力和人手有限，政府审计不可能对所有的国有资产都进行审计，只能是抽查，这就意味着政府审计首先要花一些时间和精力对审计客体进行筛选，那么，在筛选的工作中，其会参考民间审计的结果。如果民间审计查出企业有舞弊行为，那政府审计也会关注这样的企业，设经民间审计以后又被政府审计再次抽查的概率记为 λ。民间审计查出有舞弊行为，政府审计会重点关注，这是两者之间协同效应的首次体现，这时企业被抽查的概率较高，所以 $0.5<\lambda<1$。相对应，政府审计不对其进行抽查的概率相对较小，为 $1-\lambda$。相反，对于那些经民间审计监督后认为企业没有重大舞弊嫌疑的企业，政府审计的关注度相对来说要小一些，为了简化模型，不单独设置新的概率，设民间审计认为没有重大舞弊嫌疑的企业被政府审计抽查的概率为 $1-\lambda$，不被政府审计抽查的概率为 λ，也就是说这种企业被政府审计抽查的概率较小，而不被抽查的概率较大。如果政府审计未抽查，则博弈结束，而如果政府审计抽查，则进入下一个博弈阶段。

当民间审计监督认为企业有舞弊嫌疑时，政府审计又一次进行抽查，它们的第二次协同就开始了，政府审计会根据民间审计前期的工作情况展开监督，其工作量是不同的。如果民间审计前期工作较为扎实，政府审计的工作量就会小一些，而民间审计前期的工作不扎实，那么政府审计的工作量就会比较大。政府审计的工作量很大概率上取决于前期民间审计的工作结果。如果民间审计的监督结果是企业存在舞弊，那么政府审计的工作量小的可能性就会较大，设为 $\varepsilon(0.5<\varepsilon<1)$，政府审计工作量大的可能性会较小，设为 $1-\varepsilon$；如果民间审计的监督结果是企业不存在舞弊，那么政府审计工作量小的可能性就较小，设为 $1-\varepsilon$，政府审计工作量大的可能性就较大，设为 ε。

如果民间审计的审查已经发现企业舞弊，那么政府审计肯定也会发现企业舞弊，因此，不论工作量大小，均能查出企业舞弊。但是，如果民间审计的审查中没有发现企业舞弊，那么政府审计就有可能没查出企业舞弊或者依然能查出企业舞弊。当政府审计工作量较小时，查不出企业舞弊的可能性较大，设为 $\delta(0.5<\delta<1)$，能查出企业舞弊的可能性较小，设为 $1-\delta$。当政府审计工作量较大时，能查出企业

舞弊的可能性较大，设为 $\delta(0.5<\delta<1)$，查不出企业舞弊的可能性较小，设为 $1-\delta$。

综上所述，整个动态博弈过程可以用一个多阶展开型博弈树来表示，博弈树形图如图 5-1 所示。

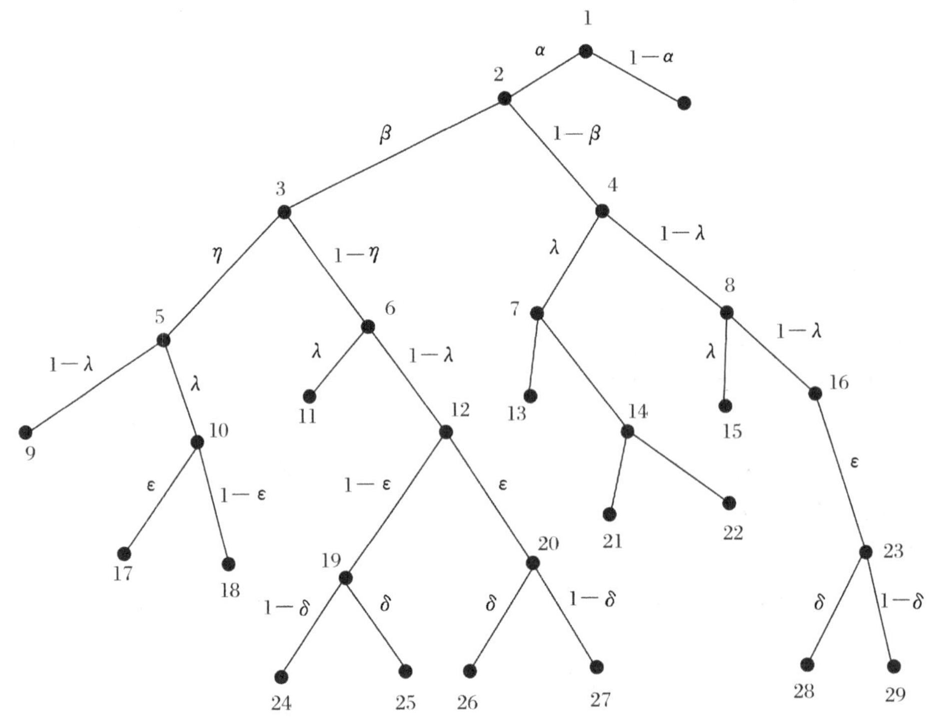

图 5-1 民间审计和政府审计协同治理博弈树形图

5.1.4 民间审计和政府审计协同治理的博弈树形图求解

在民间审计和政府审计协同治理的博弈树形图中，总共有 29 个节点，对博弈结果整理后的节点值如表 5-1 所示。

表 5-1 民间审计和政府审计协同治理博弈节点计算结果表

节点编号	审计主体利润	审计客体利润
节点 9	$E-C_{M大}$	$E_K-C_{K违}$
节点 11	$-C_{M大}-S$	$E_K+E_{K违}$
节点 13	$E-C_{M小}$	$E_K-C_{K违}$
节点 15	$-C_{M小}-S$	$E_K+E_{K违}$
节点 17	$E-C_{M大}-C_{G小}$	$E_K-C_{K违}$

续表

节点编号	审计主体利润	审计客体利润
节点 18	$E-C_{M大}-C_{G大}$	$E_K-C_{K违}$
节点 24	$E-C_{M大}-C_{G小}$	$E_K-C_{K违}$
节点 25	$-C_{M大}-C_{G小}-S$	$E_K+E_{K违}$
节点 26	$E-C_{M大}-C_{G大}$	$E_K-C_{K违}$
节点 27	$-C_{M大}-C_{G大}-S$	$E_K+E_{K违}$
节点 21	$E-C_{M小}-C_{G小}$	$E_K-C_{K违}$
节点 22	$E-C_{M小}-C_{G大}$	$E_K-C_{K违}$
节点 28	$E-C_{M小}-C_{G大}$	$E_K-C_{K违}$
节点 29	$-C_{M小}-C_{G大}-S$	$E_K+E_{K违}$

基于以上节点的计算和前述可能性的设定，可以得到博弈树的最终效用：

$U=(E-C_{M大})\cdot(1-\lambda)\cdot\eta\cdot\beta\cdot\sigma+(E-C_{M大}-C_{G小})(1-\varepsilon)\cdot\lambda\cdot\eta\cdot\beta\cdot\alpha+(E-C_{M大}-C_{G大})\cdot\varepsilon\cdot\lambda\cdot\eta\cdot\beta\cdot\alpha+(E-C_{M大}-C_{G小})(1-\sigma)\cdot(1-\varepsilon)\cdot(1-\lambda)\cdot(1-\eta)\cdot\beta\cdot\alpha+(-C_{M大}-S)\cdot\lambda\cdot(1-\eta)\cdot\beta\cdot\alpha+(-C_{M大}-C_{G小}-S)\cdot\sigma\cdot(1-\varepsilon)\cdot(1-\lambda)\cdot(1-\eta)\cdot\beta\cdot\alpha+(E-C_{M大}-C_{G大})\cdot\sigma\cdot\varepsilon\cdot(1-\lambda)\cdot(1-\eta)\cdot\beta\cdot\alpha+(-C_{M大}-C_{G大}-S)\cdot(1-\sigma)\cdot\varepsilon\cdot(1-\lambda)\cdot(1-\eta)\cdot\beta\cdot\alpha+(E-C_{M小})(1-\lambda)\cdot(1-\eta)\cdot(1-\beta)\cdot\alpha+(E-C_{M小}-C_{G小})\cdot(1-\varepsilon)\cdot\lambda\cdot(1-\eta)(1-\beta)\cdot\alpha+(E-C_{M小}-C_{G大})\cdot\varepsilon\cdot\lambda\cdot(1-\eta)\cdot(1-\beta)\cdot\alpha+(-C_{M小}-S)\cdot\lambda\cdot\eta\cdot(1-\beta)\cdot\alpha+(E-C_{M小}-C_{G小})(1-\sigma)\cdot(1-\varepsilon)\cdot(1-\lambda)\cdot\eta\cdot(1-\beta)\cdot\alpha+(-C_{M小}-C_{G大}-S)\cdot\sigma\cdot(1-\varepsilon)\cdot(1-\lambda)\cdot\eta\cdot(1-\beta)\cdot\alpha+(E-C_{M小}-C_{G大})\cdot\sigma\cdot\varepsilon\cdot(1-\lambda)\cdot\eta\cdot(1-\beta)\cdot\alpha+C\cdot(1-\sigma)\cdot\varepsilon\cdot(1-\lambda)\cdot\eta\cdot(1-\beta)\cdot\alpha$

令 $\overline{A}=(E-C_{M大}-C_{G小})\cdot[\lambda\cdot\eta\cdot\alpha+(1-\sigma)(1-\lambda)(1-\eta)\cdot\alpha]$

$\overline{B}=(E-C_{M大}-C_{G大})\cdot[\lambda\cdot\alpha\cdot\eta+\sigma(1-\lambda)(1-\eta)\cdot\alpha]$

$\overline{C}=(E-C_{M小}-C_{G小})\cdot[\lambda(1-\eta)(1-\beta)\cdot\alpha+(1-\sigma)(1-\lambda)(1-\eta)\cdot\alpha]$

$\overline{D}=(E-C_{M小}-C_{G大})\cdot[\sigma(1-\lambda)\eta\cdot\alpha+\lambda(1-\eta)\alpha]$

$\overline{I}=(-C_{M大}-C_{G小}-S)\cdot[(\sigma\cdot(1-\lambda)(1-\eta)\cdot\alpha]$

$\overline{J}=(-C_{M大}-C_{G大}-S)\cdot(1-\sigma)(1-\lambda)(1-\eta)\cdot\alpha$

$\overline{K}=(-C_{M小}-C_{G小}-S)\cdot\sigma(1-\lambda)\cdot\eta$

$\overline{L}=(-C_{M小}-C_{G大}-S)(1-\sigma)(1-\lambda)\cdot\alpha$

对 ε 求偏导，得

$$\frac{\partial u}{\partial\varepsilon}=(\overline{B}+\overline{J}-\overline{A}-\overline{I})\beta+(\overline{D}+\overline{L}-\overline{C}-\overline{K})(1-\beta)$$

若$\frac{\partial u}{\partial \varepsilon}<0$，则政府审计工作量小，收益上升，$\varepsilon$下降，$u$上升；

若$(\overline{B}+\overline{J}-\overline{A}-\overline{I})>0$，$(\overline{D}+\overline{L}-\overline{C}-\overline{K})>0$，$\frac{\partial u}{\partial \varepsilon}>0$，不符；

若$(\overline{B}+\overline{J}-\overline{A}-\overline{I})<0$，$(\overline{D}+\overline{L}-\overline{C}-\overline{K})<0$，$\frac{\partial u}{\partial \varepsilon}<0$，符合，但与$\beta$无关；

若$(\overline{B}+\overline{J}-\overline{A}-\overline{I})<0$，$(\overline{D}+\overline{L}-\overline{C}-\overline{K})>0$，$\frac{\partial u}{\partial \varepsilon}<0$，则$\beta$越大，越可能符合“民间审计质量越高，政府审计工作量越小”的观点；

若$(\overline{B}+\overline{J}-\overline{A}-\overline{I})>0$，$(\overline{D}+\overline{L}-\overline{C}-\overline{K})<0$，则$\beta$越小，$\frac{\partial u}{\partial \varepsilon}$越可能小于0，不符。

因此，总效用对ε求偏导以后，只有当$(\overline{B}+\overline{J}-\overline{A}-\overline{I})<0$，$(\overline{D}+\overline{L}-\overline{C}-\overline{K})>0$时，能证明前设观点：民间审计质量越高，政府审计工作量越小。

(1)$(\overline{B}+\overline{J}-\overline{A}-\overline{I})<0$。

$\overline{B}+\overline{J}-(\overline{A}+\overline{I})=(E-C_{M大}-C_{G大})[\lambda\cdot\alpha\cdot\eta+(1-\lambda)(1-\eta)\cdot\alpha]-(S+E)[(1-\sigma)(1-\lambda)(1-\eta)\cdot\alpha-(E-C_{M大}-C_{G小})[\lambda\cdot\eta\cdot\alpha+(1-\lambda)(1-\eta)\cdot\alpha]+(S+E)\sigma(1-\lambda)(1-\eta)\cdot\alpha$

$=(C_{G小}-C_{G大})\alpha[\lambda\eta+(1-\lambda)(1-\eta)]+(S+E)(2\sigma-1)(1-\lambda)(1-\eta)\alpha$

由于$(C_{G小}-C_{G大})<0$，$(S+E)>0$，$\alpha[\lambda\eta+(1-\lambda)(1-\eta)]\gg(2\sigma-1)(1-\lambda)(1-\eta)\alpha$，所以$(\overline{B}+\overline{J}-\overline{A}-\overline{I})<0$成立。

(2)$(\overline{D}+\overline{L}-\overline{C}-\overline{K})<0$。

$\overline{D}+\overline{L}-(\overline{C}+\overline{K})=(-C_{M小}-C_{G大})[(1-\lambda)\eta\cdot\alpha+\lambda(1-\eta)\alpha]+E[\sigma(1-\lambda)\eta\alpha+\lambda(1-\eta)\alpha]-S(1-\sigma)(1-\lambda)\eta\cdot\alpha-(-C_{M小}-C_{G小})[\lambda(1-\eta)\alpha+(1-\lambda)\cdot\eta\cdot\alpha]-E[\lambda(1-\eta)\cdot\alpha+(1-\sigma)(1-\lambda)\eta\cdot\alpha]+S\cdot\sigma(1-\lambda)\cdot\eta\cdot\alpha$

$=E[(2\sigma-1)(1-\lambda)\eta\alpha+(2\lambda-1)(1-\eta)\cdot\alpha]+S(2\sigma-1)(1-\lambda)\cdot\eta\cdot\alpha+(C_{G大}-C_{G小})[(1-\lambda)\cdot\eta\cdot\alpha+\lambda(1-\eta)\alpha]>0$

由于所有参数都大于0，因此$(\overline{D}+\overline{L}-\overline{C}-\overline{K})>0$。

由此可证明：民间审计质量越高，政府审计工作量越小。这证实了两者之间的协同是有效率的，比起两者不协同工作时，政府审计的成本更低、效率更高。也就是说，在这个协同中，民间审计的质量起了决定性的作用，民间审计的质量高，两者之间的协同才是有效果的，政府审计才能根据民间审计的结果来发表意见，而民间审计的质量差，政府审计的工作量也会跟着变化。但是，对于监督的效果而言，政府审计在民间审计的审计质量差的时候，对于违规问题的查出并没有民间审计质量高时查出的概率高。

5.2 内部审计和民间审计协同治理的多阶段博弈分析

5.2.1 内部审计和民间审计协同治理的博弈主体

在内部审计和民间审计的协同治理中，博弈的双方应该为内部审计和民间审计共同组成的审计人和企业(由于大多数企业都应该存在内部审计和民间审计监督，所以这里的被审计人包括所有被监督的企业，不仅限于国有企业)。内部审计和民间审计协同的目的是对企业展开更好的监督和咨询，提升企业的治理水平。虽然在这个审计关系中，协同工作的主体是内部审计和民间审计，但他们的利益基本是相同的，是作为审计人出现在这个审计关系中的，即审计主体。被治理的对象是企业，也就是说，企业是被审计人，即审计客体。由于内部审计和民间审计共同的监督对象是企业，因此，在这个简单的审计关系中，由内部审计和民间审计协同工作展开对企业的审计监督。

5.2.2 内部审计和民间审计协同治理的变量设定

对审计主体——内部审计和民间审计的协同工作组来说，他们的正常收益记为 E。设内部审计的高审计成本变量为 $C_{N大}$，内部审计的低审计成本变量为 $C_{N小}$，民间审计的高审计成本变量为 $C_{M大}$，民间审计的低审计成本变量为 $C_{M小}$。

审计客体的正常收益，记为 E_K，审计客体的舞弊违规收益，记为 $E_{K违}$。除了审计主体对审计客体进行监督外，在这个博弈关系中还有另外一股监督力量，就是其他监督方，包括媒体、做空机构等社会监督力量。如果审计主体没有发现舞弊，而被其他监督方发现舞弊，那么审计主体和审计客体将同时受到损失，这个损失记为 S。

5.2.3 内部审计和民间审计协同治理的动态多阶展开型博弈树形图设计

同样地，动态多阶展开型博弈树形图也适用于内部审计和民间审计涉及协同治理的过程。

对于审计客体来说，审计客体可以选择违规，也可以选择不违规，我们设定，审计客体选择违规的概率为 $\alpha(0<\alpha<1)$，那么选择不违规的概率就是 $1-\alpha$。如果审计客体不违规，那么审计主体和其他监督势力不可能查出违规，因此，审计客体不违规的情况在此不讨论。

当审计客体选择违规时，其内部审计的质量可能是高的(这个概率较小)，也可能是低的(这个概率较大)，如果审计客体已经违规，那么其内部审计的监督质量比较差的可能性较大，质量较高的可能性是很小的，设内部审计质量低的可能性为

$\beta(0.5<\beta<1)$，内部审计质量低的可能性为 $1-\beta$。

民间审计在展开自己工作的时候要与企业进行对接，这时，民间审计会对内部审计的工作进行一个评估，然后根据内部审计的工作情况来决定自己的工作量和工作程序。如果内部审计的质量较好，民间审计选择相信内部审计的结果，或者内部审计的大部分工作能得到民间审计的认可，那么民间审计在展开工作时少付出一些成本的概率就会大一些，设民间审计工作量小、审计成本低时的概率为 $\lambda(0.5<\lambda<1)$；相对应，如果内部审计的工作质量较差，民间审计在进行审计沟通时会选择较少地采用内部审计工作结果，这时，民间审计的工作量较大的概率高，设民间审计工作量大、审计成本高时的概率为 $1-\lambda$。

由于审计的独立性不同，民间审计的独立性较高，其审计结果更为真实可靠，故民间审计和内部审计协同工作后的结果主要还是靠民间审计的工作。民间审计工作量大的时候，对于企业的违规，查出问题的可能性比较大，查不出问题的可能性比较小，设民间审计的工作量较大时能查出问题的可能性为 $\delta(0.5<\delta<1)$，而查不出问题的可能性为 $1-\delta$。相反，当民间审计工作量小的时候，对于企业的违规，查出问题的可能性比较小，查不出问题的可能性比较大，设民间审计的工作量较小时能查出问题的可能性为 $1-\delta$，而查不出问题的可能性为 $\delta(0.5<\delta<1)$。

综上，内部审计和民间审计协同治理博弈树形图如图 5－2 所示。

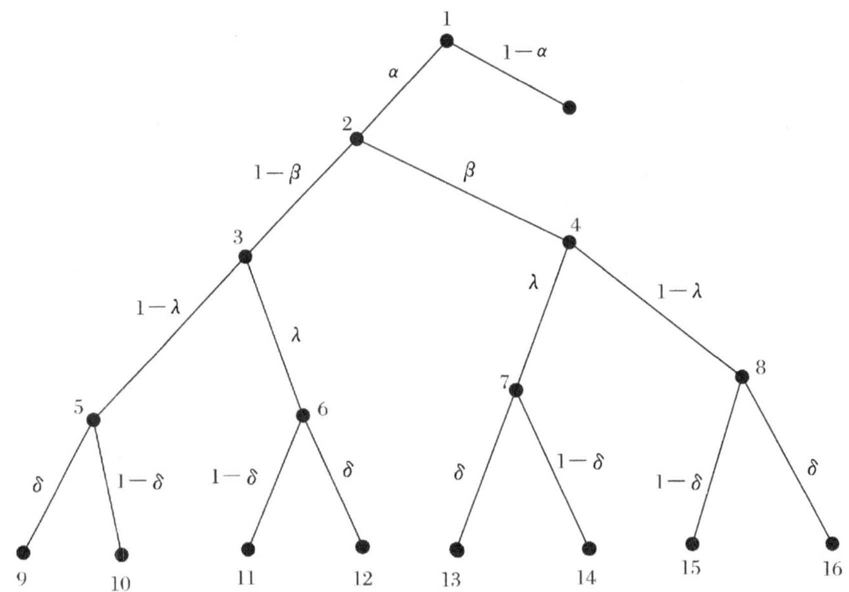

图 5－2　内部审计和民间审计协同治理博弈树形图

5.2.4　内部审计和民间审计协同治理的博弈树形图求解

在内部审计和民间审计协同治理的博弈树形图中，总共有 16 个节点，对博弈结果整理后的节点值如表 5 - 2 所示。

表 5 - 2　博弈结果整理后的节点值表

节点名称	审计主体利润	审计客体利润
节点 9	$E-C_{M大}+C_{N大}$	$E_K-C_{K违}$
节点 10	$-C_{M大}+C_{N大}-S$	$E_K+E_{K违}$
节点 11	$E-C_{M小}+C_{N大}$	$E_K-C_{K违}$
节点 12	$-C_{M小}+C_{N大}-S$	$E_K+E_{K违}$
节点 13	$E-C_{M大}+C_{N小}$	$E_K-C_{K违}$
节点 14	$-C_{M大}+C_{N小}-S$	$E_K+E_{K违}$
节点 15	$E-C_{M小}+C_{N小}$	$E_K-C_{K违}$
节点 16	$-C_{M小}+C_{N小}-S$	$E_K+E_{K违}$

基于以上节点的计算和前述可能性的设定，可以得到博弈树的最终效用：

$U=(E-C_{M大}+C_{N大})\cdot\sigma(1-\lambda)\cdot(1-\beta)+(-C_{M大}+C_{N大}-S)\cdot(1-\sigma)\cdot(1-\lambda)\cdot(1-\beta)+(E-C_{M小}+C_{N大})\cdot(1-\sigma)\cdot\lambda\cdot(1-\beta)+(-C_{M小}+C_{N大}-S)\cdot\sigma\cdot\lambda\cdot(1-\beta)+(E-C_{M大}+C_{N小})\cdot\sigma\cdot\lambda\cdot\beta+(-C_{M大}+C_{N小}-S)(1-\sigma)\cdot\lambda\cdot\beta+(E-C_{M小}+C_{N小})\cdot(1-\sigma)\cdot(1-\lambda)\cdot\beta+(-C_{M小}+C_{N小}-S)\cdot\sigma\cdot(1-\lambda)\cdot\beta$

令 $\overline{A}=(E-C_{M大}+C_{N大})\cdot\sigma$　　$\overline{B}=(E-C_{M小}+C_{N大})\cdot(1-\sigma)$

$\overline{C}=(E-C_{M大}+C_{N小})\cdot\sigma$　　$\overline{D}=(E-C_{M小}+C_{N小})(1-\sigma)$

$\overline{E}=(-C_{M大}+C_{N大}-S)(1-\sigma)$　　$\overline{F}=(-C_{M小}+C_{N大}-S)\cdot\sigma$

$\overline{G}=(-C_{M大}+C_{N小}-S)(1-\sigma)$　　$\overline{H}=(-C_{M小}+C_{N小}-S)\cdot\sigma$

$u=(\overline{E}+\overline{A})\cdot(1-\lambda)\cdot(1-\beta)+(\overline{B}+\overline{F})\cdot\lambda\cdot(1-\beta)+(\overline{G}+\overline{H})\cdot\lambda\cdot\beta+(\overline{D}+\overline{H})\cdot(1-\lambda)\cdot\beta$

对 λ 求导，得

$$\frac{\partial u}{\partial \varepsilon}=(\overline{B}+\overline{F}-\overline{E}-\overline{A})\cdot(1-\beta)+(\overline{C}+\overline{G}-\overline{D}-\overline{H})\cdot\beta$$

若$\frac{\partial u}{\partial \varepsilon}<0$，则 λ 越小，u 越大；

若$(\overline{B}+\overline{F}-\overline{E}-\overline{A})>0$，$(\overline{C}+\overline{G}-\overline{D}-\overline{H})>0$，$\frac{\partial u}{\partial \varepsilon}>0$，不符；

若$(\overline{B}+\overline{F}-\overline{E}-\overline{A})<0$，$(\overline{C}+\overline{G}-\overline{D}-\overline{H})<0$，$\frac{\partial u}{\partial \varepsilon}<0$，符合；

若$(\overline{B}+\overline{F}-\overline{E}-\overline{A})<0$，$(\overline{C}+\overline{G}-\overline{D}-\overline{H})>0$，则$\beta$越小，$\frac{\partial u}{\partial \varepsilon}<0$；

若$(\overline{B}+\overline{F}-\overline{E}-\overline{A})>0$，$(\overline{C}+\overline{G}-\overline{D}-\overline{H})<0$，则$\beta$越大，$\frac{\partial u}{\partial \varepsilon}<0$。

因此，只需判断$(\overline{C}+\overline{G}-\overline{D}-\overline{H})$的正负，有

$$\begin{aligned}(\overline{C}+\overline{G}-\overline{D}-\overline{H}) &= E\cdot\sigma-E(1-\sigma)-(C_{N小}+C_{M大})+(C_{N小}+C_{M小})-S(1-\sigma)+S\cdot\sigma \\ &= E(2\sigma-1)+(C_{M小}-C_{M大})+S(2\sigma-1) \\ &= (2\sigma-1)(E+S)+(C_{M小}-C_{M大})\end{aligned}$$

要使博弈的结果成立，$(\overline{C}+\overline{G}-\overline{D}-\overline{H})$的结果必须要小于0。其求导的结果为$(2\delta-1)(E+S)+(C_{M小}-C_{M大})$，其中$(C_{M小}-C_{M大})<0$，要使整个式子小于0，则要让$(2\delta-1)(E+S)<(C_{M大}-C_{M小})$。

由于$0.5<\delta<1$，所以要使上式成立，δ要尽可能地靠近0.5的取值，而$C_{M大}$和$C_{M小}$之间的差值要尽可能大。也就是说，要使得民间审计和内部审计的协同有效果，增加企业违规被查出的可能性，要同时满足民间审计工作量大与工作量小时，查出企业违规和查不出企业违规的概率要尽可能相似，以及民间审计的审计成本高和审计成本低时的成本差异巨大，这样才能使得两者的协同有效果。那么，民间审计工作量大小对于能否查出违规的概率影响很小的时候，这时，内部审计的审计质量如果很高，则民间审计的工作质量如何对于能否查出企业违规的影响就变得很小，这样民间审计的审计成本差异也会很大，但其实效用差不多。因此，内部审计的质量和内部审计对民间审计工作量的影响就成为能否查出企业违规的关键性因素。因此，在内部审计和民间审计的协同中，最为重要的是内部审计的质量以及内部审计对民间审计工作量的影响，它们决定了两者的协同效果。

5.3 内部审计和政府审计协同治理的多阶段博弈分析

5.3.1 内部审计和政府审计协同治理的博弈主体

在内部审计和政府审计的协同治理中，博弈的双方同样为内部审计和政府审计共同组成的审计人和国有企业。内部审计和政府审计的协同目的是对企业展开更好的监督，提升企业的治理水平。虽然在这个审计关系中，协同工作的主体是内部审计和政府审计，但他们的利益基本是相同的，是作为审计人出现在这个审计关系中的，即审计主体。被治理的对象是国有企业，也就是说，国有企业是这个审计

关系中的被审计人，即审计客体。由于内部审计和政府审计共同的监督对象只能是国有企业，因此，在这个简单的审计关系中，由内部审计和政府审计协同工作展开对国有企业的审计监督。

5.3.2　民间审计和政府审计协同治理的变量设定

由于博弈分析中，每个博弈主体都在博弈关系中有自己的收益和成本，因此，对博弈关系的变量设计也应该从每个博弈主体的收益和成本开始研究。对审计主体——政府审计和内部审计的协同工作组来说，如果他们最终查出企业有舞弊或者违规行为，他们是有一个正常收益的，这个收益记为 E。如果企业有舞弊或者违规行为，但是他们没有查出企业有舞弊或违规行为，则没有这个正常收益。

审计主体在进行审计时，每个项目的工作量不同，分成了工作量大和工作量小的工作。在审计工作中，其所花费的人力、物力、时间成本等形成了审计成本，工作量大时，成本高，工作量小时，成本低。对于内部审计和民间审计来说，其工作的范围和性质不同，即使是对同一家企业进行审计，其各自成本也不同，设政府审计的高审计成本变量为 $C_{G大}$，政府审计的低审计成本变量为 $C_{G小}$，内部审计的高审计成本变量为 $C_{N大}$，民间审计的低审计成本变量为 $C_{N小}$。

审计客体在被审计时，如果没有舞弊或违规行为，其能够获得一个正常的收益，这个收益就是企业日常经营的正常收益，记为 E_K。如果审计客体进行了舞弊或违规，那必然有舞弊或违规带来的不正常收益，这个收益记为 $E_{K违}$。对于审计客体来说，如果舞弊或违规被审计主体发现，则要付出高额的代价，这个代价也包括三个部分：一部分是现时的有形舞弊或违规成本，包括由此带来的罚金等；一部分是现时的无形舞弊或违规成本，包括由此带来的声誉损失等；还有一部分是未来的有形舞弊或违规成本，包括未来的客户流失带来的损失、更换供应商带来的损失等。因此，这个舞弊或违规被发现的损失是很高的，可能会给企业带来巨大的损失。

除了审计主体对审计客体进行监督外，在这个博弈关系中还有另外一股监督力量，就是其他监督方，包括媒体、做空机构等全民监督力量。如果审计主体没有发现舞弊或违规，而被其他监督方发现舞弊或违规，那么审计主体将受到损失，这个损失记为 S。

5.3.3　内部审计和政府审计协同治理的动态多阶展开型博弈树形图设计

对于审计客体来说，审计客体可以选择违规，也可以选择不违规，我们设定，审计客体选择违规的概率为 $\alpha(0<\alpha<1)$，那么选择不违规的概率就是 $1-\alpha$。如果审计客体不违规，那么审计主体和其他监督势力不可能查出违规，因此，审计客体不

违规的情况在此不讨论。

当审计客体违规时，其内部审计的质量可能是高的（这个概率较小），也可能是低的（这个概率较大），如果审计客体已经违规，那么其内部审计的监督质量比较差的可能性较大，质量较高的可能性是很小的，设内部审计质量低的可能性为 $\beta(0.5<\beta<1)$，内部审计质量高的可能性为 $1-\beta$。

但是，内部审计的工作量大小和内部审计的质量是不容易被政府审计所知的，和民间审计不一样，内部审计对于政府审计选择抽查对象时基本是没有影响的。也就是说，政府审计在挑选抽查对象时，是不清楚企业内部审计情况的，因此，政府审计在挑选对象时并不受内部审计的工作质量和工作量影响。由于政府审计工作人员和时间有限，因此，政府审计对于国有资产的监督都只能是抽查，对于某一家国有企业来说，被抽查到的可能性非常小，因此，政府审计不抽查的概率为 $1-\lambda$ $(0.5<\lambda<1)$，而抽查的概率为 λ，与内部审计没有关系。

政府审计如果不选择抽查，则两者之间没有进一步的协同，因此在此只研究政府审计进行抽查的情况。在政府审计展开抽查工作时，也会与内部审计进行沟通，根据内部审计的工作情况和内部审计质量的高低情况来安排自己的工作。当内部审计的审计质量较高时，政府审计安排自己工作的工作量有可能很大，也有可能很小，但如果内部审计的质量比较高，那么政府审计工作量小的可能性较大，设这个可能性为 $\varepsilon(0.5<\varepsilon<1)$，则政府审计工作量大的可能性为 $1-\varepsilon$。如果内部审计的质量比较低，那么政府审计工作量大的可能性比较大，设这个可能性为 $\varepsilon(0.5<\varepsilon<1)$，则政府审计工作量小的可能性为 $1-\varepsilon$。

对于协同的效果来说，如果内部审计质量很高，政府审计的工作量也很大，那么查出企业违规的概率较高，设为 $\delta(0.5<\delta<1)$，查不出企业违规的概率较低，为 $1-\delta$。但是，如果内部审计的质量很高，而政府审计的工作量较小，那么查出企业违规的概率就比较难以判断，有两种情况：一是查不出的概率较高，为 $\delta(0.5<\delta<1)$，查出企业违规的概率较低，为 $1-\delta$；另一种是查出的概率较高，为 $\delta(0.5<\delta<1)$，查不出企业违规的概率较低，为 $1-\delta$。如果内部审计质量较低，政府审计抽查时，协同的效果主要根据政府审计的工作量和工作质量来判断，当政府审计的工作量大时，能查出企业违规的概率较大，设为 $\delta(0.5<\delta<1)$，查不出企业违规的概率较低，为 $1-\delta$；当政府审计的工作量小时，查不出企业违规的概率较大，设为 $\delta(0.5<\delta<1)$，能查出企业违规的概率较低，为 $1-\delta$。

综上，内部审计和政府审计协同治理博弈树形图如图 5-3 所示。

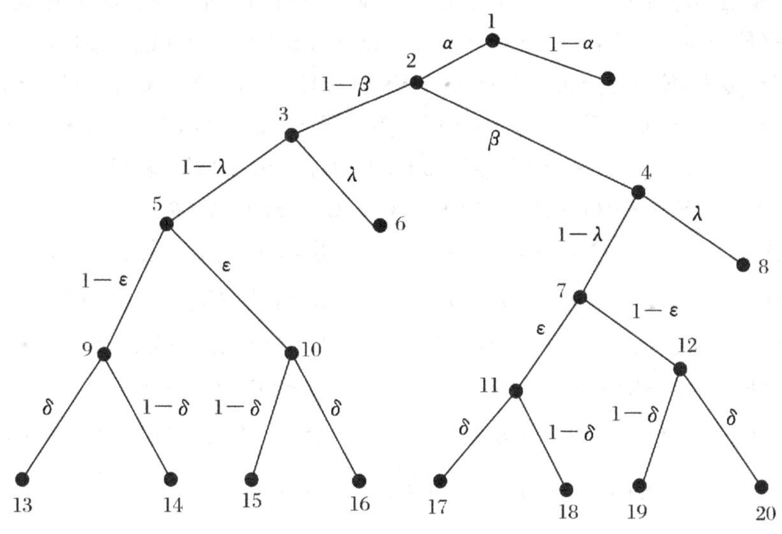

图 5－3　内部审计和政府审计协同治理博弈树形图

5.3.4　内部审计和政府审计协同治理的博弈树形图求解

在内部审计和政府审计协同治理的博弈树形图中，总共有 20 个节点，对博弈结果整理后的节点值如表 5－3 所示。

表 5－3　内部审计和政府审计协同治理的博弈结果节点值表

节点名称	审计主体利润	审计客体利润
节点 6	$-C_{N大}-S$	$E_K+E_{K违}$
节点 8	$-C_{N小}-S$	$E_K+E_{K违}$
节点 13	$E-C_{G大}+C_{N大}$	$E_K-C_{K违}$
节点 14	$-C_{G大}-C_{N大}-S$	$E_K+E_{K违}$
节点 15	$E-C_{G小}+C_{N大}$	$E_K-C_{K违}$
节点 16	$-C_{G小}+C_{N大}-S$	$E_K+E_{K违}$
节点 17	$E-C_{G大}+C_{N小}$	$E_K-C_{K违}$
节点 18	$-C_{G大}+C_{N小}-S$	$E_K+E_{K违}$
节点 19	$E-C_{G小}+C_{N小}$	$E_K-C_{K违}$
节点 20	$-C_{G小}+C_{N小}-S$	$E_K+E_{K违}$

基于以上节点的计算和前述可能性的设定，可以得到博弈树的最终效用：

$U=(E-C_{N大}+C_{G大})\cdot\sigma\cdot(1-\varepsilon)(1-\lambda)(1-\beta)+(C_{N大}-C_{G大}-S)(1-\sigma)(1-\varepsilon)(1-\lambda)(1-\beta)+(E-C_{N大}-C_{G小})(1-\sigma)\cdot\varepsilon\cdot(1-\lambda)(1-\beta)+(-C_{N大}-C_{G小}-S)\cdot\sigma\cdot\varepsilon\cdot(1-\lambda)(1-\beta)+(E-C_{N大}-S)\cdot\lambda\cdot(1-\beta)+(E-C_{N小}-C_{G大})\cdot\sigma\cdot\varepsilon\cdot(1-\lambda)\cdot\beta+(-C_{N小}-C_{G大}-S)(1-\sigma)\cdot\varepsilon\cdot(1-\lambda)\cdot\beta+(E-C_{N小}-C_{G小})(1-\sigma)(1-\varepsilon)(1-\lambda)\cdot\beta+(-C_{N小}-C_{G小}-S)\cdot\sigma\cdot(1-\varepsilon)(1-\lambda)\cdot\beta+(E-C_{N小}-S)\cdot\lambda\cdot\beta$

令 $\overline{A}=(E-C_{N大}-C_{G大})\cdot\sigma\cdot(1-\lambda)$　　$\overline{B}=(E-C_{N大}-C_{G小})\cdot(1-\sigma)(1-\lambda)$

$\overline{C}=(E-C_{N小}-C_{G大})\cdot\sigma\cdot(1-\lambda)$　　$\overline{D}=(E-C_{N小}-C_{G小})\cdot(1-\sigma)(1-\lambda)$

$\overline{E}=(-C_{N大}-C_{G大}-S)\cdot(1-\sigma)(1-\lambda)$　　$\overline{F}=(-C_{N大}-C_{G小}-S)\cdot\sigma\cdot(1-\lambda)$

$\overline{G}=(E-C_{N大}-S)\cdot\lambda$　　$\overline{H}=(E-C_{N小}-S)\cdot\lambda$

$\overline{I}=(-C_{N小}-C_{G大}-S)(1-\sigma)\cdot(1-\lambda)$　　$\overline{J}=(-C_{N小}-C_{G小}-S)\cdot\sigma\cdot(1-\lambda)$

$$\frac{\partial u}{\partial\varepsilon}=[-(\overline{A}+\overline{E})\cdot(1-\beta)]+(\overline{B}+\overline{F})\cdot(1-\beta)+(\overline{C}+\overline{I})\cdot\beta+(\overline{D}+\overline{J})\cdot\beta$$
$$=(\overline{B}+\overline{F}-\overline{A}-\overline{E})\cdot(1-\beta)+(\overline{C}+\overline{I}-\overline{D}-\overline{J})\cdot\beta$$

若$\frac{\partial u}{\partial\varepsilon}<0$，$\varepsilon$ 越小，u 值越高；

若$(\overline{B}+\overline{F}-\overline{A}-\overline{E})>0$，$(\overline{C}+\overline{I}-\overline{D}-\overline{J})>0$，$\frac{\partial u}{\partial\varepsilon}>0$，不符；

若$(\overline{B}+\overline{F}-\overline{A}-\overline{E})<0$，$(\overline{C}+\overline{I}-\overline{D}-\overline{J})<0$，$\frac{\partial u}{\partial\varepsilon}<0$，符合，但与 β 无关；

若$(\overline{B}+\overline{F}-\overline{A}-\overline{E})<0$，$(\overline{C}+\overline{I}-\overline{D}-\overline{J})>0$，则 β 越小，$\frac{\partial u}{\partial\varepsilon}<0$；

若$(\overline{B}+\overline{F}-\overline{A}-\overline{E})>0$，$(\overline{C}+\overline{I}-\overline{D}-\overline{J})<0$，则 β 越大，$\frac{\partial u}{\partial\varepsilon}<0$，符合。

$(\overline{B}+\overline{F}-\overline{A}-\overline{E})=(1-\lambda)[E\cdot\sigma-S(1-\sigma)-E\cdot\sigma+S(1-\sigma)]-(1-\lambda)(C_{N大}+C_{G小})+(C_{N大}+C_{G大})(1-\lambda)=(1-\lambda)(C_{G大}-C_{G小})$

由于所有参数都大于 0，因此，$(\overline{B}+\overline{F}-\overline{A}-\overline{E})>0$ 得证。

又

$(\overline{C}+\overline{I}-\overline{D}-\overline{J})=(1-\lambda)[(C_{G小}-C_{G大})-S+E]$

如果$(C_{G小}-C_{G大})-S$ 结果的绝对值远大于 E，整个公式的结果就是小于 0 的，只要 S 的值足够大，$(\overline{C}+\overline{I}-\overline{D}-\overline{J})<0$ 就能够得证。

由此可证明，内部审计质量越高，政府审计工作量越小。这证实了两者之间的协同是有效率的，比起两者不协同工作时，政府审计的成本更低、效率更高。也就是说，在这个协同中，内部审计的质量起了决定性的作用，内部审计的质量高，两者之间的协同才是有效果的，政府审计才能根据内部审计的状况来发表意见；内部审计的质量差，政府审计的工作量也会跟着变化，但是对于监督的效果而言，政府审计在内部审计质量差的时候，对于违规问题的查出并没有内部审计质量高时查出的概率高。另外，要使不等式成立，S 的值必须足够大，也就是说，外部监管的处罚力度要足够大，内部审计对政府审计的协同效用才能得以发挥。

综上所述，不论是内部审计和政府审计协同治理，还是内部审计和民间审计协同治理，抑或是政府审计和民间审计协同治理，协同治理能否产生协同的溢出效应、溢出效应的大小等都取决于首次审计的审计主体，首次审计的审计主体的审计质量高，则协同的溢出效应大，协同的效果就好；首次审计的审计主体的审计质量低，则协同的溢出效应就小，协同的效果就较差。

5.4　本章小结

本章应用博弈论的方法对内外部审计的审计主体协同工作进行了多阶段动态博弈分析。首先，本章证明了民间审计质量越高，政府审计的工作量越小，进而发现了在协作中，民间审计的审计质量对于政府审计的审计质量和审计效果都起到了决定性的作用。其次，本章对内部审计和民间审计的协同进行了博弈分析，证明了内部审计质量越高，民间审计的工作量越小，进而发现了在协作中，要同时满足民间审计工作量大与工作量小时，查出企业违规和查不出企业违规的概率要尽可能相似，且民间审计的审计成本高和审计成本低时的成本差异巨大，这样才能使得两者的协作有效果。在这样的情况下，只有内部审计的质量提高，民间审计的检出违规的概率才能差异不大，因此，内部审计质量高低是协同成功与否的关键。最后，对政府审计和内部审计的协同进行了博弈分析，证明了内部审计质量越高，政府审计的工作量越小，进而发现了在协作中，内部审计的质量高，两者之间的协同才是有效果的，政府审计才能根据内部审计的状况来发表意见；内部审计的质量差，政府审计的工作量也会跟着变化，但是对于监督的效果而言，政府审计在内部审计质量差的时候，对于违规问题的查出并没有内部审计质量高时查出的概率高。另外，要使不等式成立，S 的值必须足够大，也就是说，审计主体进行协同工作时对外部其他监管主体的感知能力高，外部监管环境严格，内部审计对政府审计的协同效用才能得以发挥。

综上所述，协同治理能否产生协同的溢出效应、溢出效应的大小等都取决于首次审计的审计主体，首次审计的审计主体的审计质量高，则协同的溢出效应大，协同的效果就好；首次审计的审计主体的审计质量低，则协同的溢出效应就小，协同的效果就较差。同时，对外部环境的感知能力也是重要的影响因素，外部的监管环境较为严格，审计人内部的协同工作效率较高。

第6章 企业内外部审计协同治理过程机理模型的构建

从第2章的研究中可以看出，我国现阶段的内外部审计协同治理还处于比较初级的阶段，协同的内容不多，协同的参与人也较少，在系统内部流动的知识非常少，不是一个高效的协同系统，系统还处于最初的无序状态。第5章的研究已经明确了内外部审计的协同治理在一定条件下是有效的，那么，在这样的一个初始状态下，系统中各个要素之间的关系如何，应该构建怎样的模型对它们的关系展开分析是本章研究的重点。

6.1 企业内外部审计协同治理过程机理模型相关变量的选取

毫无疑问，企业内外部审计协同治理系统是人类社会千千万万系统中的一个，是由多个元素和多个子系统构成的。根据第3章的分析，这个系统是一个开放的系统。首先，这个系统由特定的系统元素构成，系统元素包括审计需求、审计参与人和审计方法，这个系统也由许多子系统组成，包括政府审计系统、内部审计系统和民间审计系统；其次，整个系统存在自身的系统结构，每个子系统各司其职，有着不同的审计人员、审计对象、审计客体、审计方法等，这些元素有交叉，在实践中也已经形成了一些约定俗成的审计结构，但还处于系统的初级阶段，没有形成较为完备的系统结构体系；再次，整个协同系统在初级阶段也能实现一部分功能，如提升企业内部控制水平、提高审计有效性等，但如果系统进入较为平稳的演化期，无疑会形成更多的新功能；最后，整个系统存在于特定的制度环境和法律环境下，外部的制度、技术环境会影响到整个系统的演化，系统内部与外部环境又不断地进行交换，且系统产生的新知识、新经验会影响制度环境和技术环境。因此，在整个静态系统中，自变量应该是审计元素协同、审计结构协同和审计环境感知能力，因变量是审计协同溢出效应。

内外部审计协同系统中因变量和自变量的选取如表6-1所示。

表 6-1　内外部审计协同系统中因变量和自变量的选取表

变量性质	变量名称	变量符号
自变量	审计元素协同	aes
	审计结构协同	ass
	审计环境感知能力	aepa
因变量	审计协同溢出效应	sse

6.2　研究假设提出和模型构建

在内外部审计协同治理系统中，各个变量应当如何衡量以及各个变量之间的关系如何，它们应当如何构建模型来验证彼此的关系，是本节的分析重点。在第 2 章的文献综述中已经得出，内外部审计协同治理的实质内容是系统内的知识流动，因此，内外部审计系统的协同治理应该参照知识论的相关研究成果对变量的设计和变量间的关系展开分析。

协同的目的在于产生新的结构和新的知识（Haken，1971），因此，是否产生了系统的新结构、新知识是判断一个系统协同结果的最优方法。新知识的产生有系统的知识论理论作为支撑，在整个系统中，任何子系统协同的目的都是产生新的结构、新的知识和新的经验。因此，本书希望从知识论理论出发，以审计协同的溢出效应作为因变量，以内外部审计的元素层面协同状态、结构层面协同状态和环境感知能力层面协同状态作为自变量，运用因子分析和多元回归的方法，对这些状态变量在整个系统中的主导作用进行定量分析，以此来确定动态演化方程中的序参量，并根据序参量方程进行数学仿真模拟，探寻在可控变量变化时系统的演化过程。

从知识论的角度来讲，内外部审计协同治理系统演化的过程就是一个审计知识交流的过程，审计人会从其他相关主体（被审计人以及其他咨询机构等）那里吸收各类审计知识、信息，然后通过审计人内部（三个审计主体之间）的知识传递、共享，在对审计环境有一定的认知情况下对各类知识进行整合，然后在审计中产生协同的溢出效应，产生新的审计功能或者审计结构，增强对企业的审计监督。然后，进一步将新的功能和结构扩散到审计环境中，影响审计的立法、新技术的产生等，从而形成一个循环的审计协同体系。从第 3 章的分析中可以看出，内外部审计协同治理系统中决定协同是否有效的最重要因素就是系统内外部的信息流动。系统在审计元素层面的协同主要包括审计需求的协同、审计人员的协同和审计方法的协同，这个层面其实是审计人员根据各自的审计需求，采用审计方法来达到审计目标的过程。在审计元素层面的协同中，最重要的是审计信息的获取，审计信息包括了在这个层面协同时的所有审计知识，包括审计行为、审计主题、审计对象、审计方法等。在审计元素层面上的协同，能否以更快的速度、更广的范围去获取审计知识是最重要的内容，从而为审计结构层面审计知识的分享和流动做好准备。在审计结构层面的协同更多衡量的是审计结构是否有利于审计知识的分享和流动，它们的目的都是产出更多的新功能、新知识和新结构。

6.2.1 研究假设提出

1. 审计元素层面协同对协同溢出效应的作用

审计元素层面的协同在本质上是三个审计主体之间知识获取的过程，如前所述，在这个层面的协同工作中，包括审计需求的协同、审计人员的协同和审计方法的协同，这个协同过程就是审计人员根据各自的审计需求采用审计方法达到审计目标的过程。在审计元素层面，系统内部的知识获取能让外部审计更多地了解审计对象的经济状况和内控水平，能让内部审计更多地了解行业的最新制度规定（赫改红，2018）。同时，系统外部的知识获取能让内外部审计更好地感知审计环境，因此，在审计元素层面的协同能使内外部审计最大限度地获取系统内外部的相关知识。首先，信息作为资本要素之一，在协同过程中，最为重要的就是信息的获取，也就是审计知识的获取。知识的取得主要有两个来源，第一是审计主体从其他主体那里获得的审计知识，第二是不同的审计主体间知识的获得（Benjamin，2011）。在审计元素层面的协同中，审计主体从其他主体（比如被审计单位的财务部门或者其他咨询机构）那里获得的审计知识主要是知识专有程度较差的那一部分知识，也就是在某一个行业中通用的审计知识，而审计主体们互相之间的知识分享更多的是知识专有程度较高的那一类知识，就是针对某一次协同客体的专门审计知识。结合了这两方面的知识，在审计元素协同中才能更好地针对审计对象和审计客体展开审计，只有获取了相对应数量的知识，奠定了协同的基础，审计的协同工作才能更好地展开，使得协同的效应更好，并能让协同溢出效应更甚。其次，人员作为资本要素之一，是协同过程主要完成人。人力资本在生产过程中表现为蕴含在人身上的各种知识、劳动技能等。研究者们从人员数量的多少、人员专业素养的高低等方面已经证实了，审计人员数量的多少和职业资格证书取得的质量高低会影响审计有效性（周圣淇，2014），也会影响被审计单位的管理控制水平（代淑杰，2017）。最后，审计方法的知识获取也是协同的重要影响因素。学者们在审计方法的协同方面已经证实了，相似的审计方法和审计步骤在协同工作中能够让协同双方的交流更为顺畅，信息传递速度更快（陈武朝，2010），从而提高协同的效率、提高审计质量（王会金，2013）。

在协同理论中，审计人之间的协同是否有效，审计协同系统的运行是否有效，都要通过审计协同的最终效应——审计协同溢出效应来判断。如果协同是有效的，则系统产生了更多的新功能、新结构和新知识（高祥宇 等，2005）。那么，审计协同系统是否产生了溢出效应的判断标准应该分为两个部分：第一，通过审计协同系统的运行，审计活动中是否产生了新的审计功能或者新的结构。在知识论中，产生了新的审计功能或者新的审计结构的基础是审计人员获取了更多的审计知识。第二，通过审计协同系统的运行，审计活动的最终结果是否能够导致更强的经济后果。审计协同的经济后果如前所述，可以分为两点，一是给予被审计人更强的审计监督（信息审计主题的目标），二是使得被审计人的公司治理更加有效（行为审计主题的目标）（郑石桥，2018）。产生了这些经济后果，才认为产生了审计协同溢出效应。

基于此，提出本书的第一个假设（H1）：审计元素层面的协同工作对审计协同溢出效应的产生有正向的作用。

2. 审计结构层面协同对协同溢出效应的作用

审计结构层面的协同从知识论的角度上来讲，是促进知识流动的系统元素的关系安排。知识的流动是审计主体之间审计知识的共享、整合和学习的过程（Koschatzky，2002）。不同的审计结构安排，对于知识的流动起的作用也不一样。有利于知识流动的结构安排具有明确的信息编码过程、有社会资本支持、有较好的激励制度（郝文杰 等，2008）。首先，审计人在审计元素层面的协同中获取的审计知识，不论是显性知识还是隐性知识，在系统中都要先经过一个编码的过程，然后才能在系统中进行传递，有明确的编码过程和编码模式能减少知识在传递中的误解（Simonin，1993）。学者们的研究表明，在审计师展开审计过程中，规模较大的事务所有统一制式的沟通表格，通过这种表格的知识沟通更有利于审计师开展审计工作，使得审计质量提高（曹建新 等，2007）。制式的沟通表格能使得内部审计更明确外部审计的意图，使得内部审计在日常管理过程中对企业内部管理控制的监督更为有效，从而提升企业内部控制水平（孙新婷 等，2011）。其次，社会资本支持也是影响知识流动的重要因素。社会资本支持包括三个方面：结构维、关系维、认知维。在内外部审计协同治理系统中，结构维指的是各个主体之间联系的模式，内外部审计在协同工作时，交流的频次多则信息互换较为频繁，涉及的信息量就会增大，双方的依赖程度就越高，合作也越有效。交流距离也是重要的判断标准，双方面对面交流比远程交流的效率要高（JensLeker，2001）。内外部审计协同的双方更高效率的交流能提高协同的成效（傅黎瑛，2008）。在关系维中，协同双方能互相了解彼此的需求、互相信任地展开协同工作是整个协同工作开展的前提条件（乔智华，2019）。彼此信任的内部审计和外部审计的协同能降低彼此的差距感，提升审计的质量，给予企业更好的指导（肖钢，2012）。在认知维中，协同双方的组织文化影响了协同的效果，组织文化影响了组织里每个人的价值观，相似价值观的人们在交流过程中有更相近的观念，使沟通效果大大加强，更有利于协同溢出效应的产生。最后，激励制度也是促进信息流动的重要内容。有目标激励的知识获取和流动效率更高（姚清云 等，2007），当组织内部对协同工作有要求、有更规范的标准时，受到激励的人员有更高的积极性去展开协同工作，协同工作的效果也会更好（周艳玲，2016）。

基于此，提出本书的第二个假设（H2）：审计结构层面的协同工作对审计协同溢出效应的产生有正向的作用。

3. 审计环境感知对协同溢出效应的作用

环境感知是政策的目标群体对政策的认知、态度、评价及政策完善程度的感知（赫改红，2018）。企业或者个人只有在各自的利益驱使下，才会感知环境（Wagner，2004），在感知环境的基础上才会产生更强的行为意愿（许国成 等，2017）。同理，如果有利益驱使，审计人才会有动力去感知环境，从而将协同工作做得更好，在审计协同中，这个利益是什么呢？它主要就是协同溢出效应的产生，对外部审计来说，可节约成本提高效率，对内部审计来说，可以提升企业的内部管理水平。从系统论来说，审计环境会影响审计协同的效率（刘家义，2008）。同时，审计的整个协同体系也不断地输出新的知识来影响审计环境。审计环境最主要的是法律环境和技术环境。《中华人民共和国审计法》（2021）已经明确指出了审计协同的重要性，研究结果也证明法律法规的修订对于审计协同有重要的影响（张文慧，2010）。新技术的出现（如区块链等），也会从审计技术、审计方法等方面促进审计的进步（袁勇 等，2016）。而审计协同系统产生的新结构、新知识、新功能，反过来也会影响审计环境，法律会根据协同的结果进行修订，新的技术会随着审计协同的要求不断提升而产生，它们之间是互相促进的关系（应里孟 等，2020）。从知识论的层面来看，审计协同环境涉及的三个层面分别是环境信息的产生、环境信息的传播和审计行为的调整（申燕，2019）。当审计人处于强环境影响时，审计人对环境的感知能力较强，审计人与审计环境之间的联系更加紧密，有助于审计人对环境政策和新技术的理解，并且一定程度上可以强化审计人在协同工作中知识的获取、共享和整合，使环境信息的传播较为顺畅，促使审计人之间的协同关系更加紧密（孙昕，2009）。而当审计人处于弱环境影响时，审计人感知环境的能力较差，对外部政策和新技术的理解都较弱，不利于审计人在协同工作中获取、共享和整合知识，不利于协同工作的展开。因此，从审计人的角度来分析，审计协同的外部环境对整个系统的影响涉及审计环境对审计人的影响和审计人对环境的感知两个方面，这两个方面都要很强，审计协同系统的溢出效应才能更好。

基于此，提出本书的第三个假设（H3）：审计环境感知层面的协同工作对审计协同溢出效应的产生有正向的作用。

从上述的分析中可以得出结论：内外部审计的协同治理系统最终要达到的系统有序状态是实现审计元素层面、审计结构层面、审计环境感知层面的协同发展，促进协同溢出效应的产生。从状态变量的角度来理解，就是通过知识获取能力、知识流动能力和环境感知能力之间的交互作用，促进协同溢出效应的产生。

4. 审计元素层面的协同和审计结构层面的协同的关系

审计元素层面的协同和审计结构层面的协同的关系，即知识获取能力和知识流动能力之间的关系。

从知识论的研究来看，这两者之间存在一定的排斥作用。首先，知识获取活动和知识流动活动是不同性质的活动，它们对审计人员的要求是不同的。每次审计协同工作的时间是一定的，在有限的时间内，审计人员要完成知识的获取和知识的流动两个环节，知识获取需要的是知识的多渠道获取，知识的流动需要的是较强的编码能力和传递能力(Szuhnski，2000)，需要多个审计人员分工协作才能完成，需要在多人间平衡这两种能力，找到平衡点才能达到最优的协同效果。其次，物质资源的配置是有限的，不能无限制地把精力花在某一层面的工作中。根据知识论的研究，在系统中，知识差异较大的系统知识流动的需求是更多的(Schartinger，2001)。审计人之间的知识差异较大时，协同双方的知识交叉较少，系统内部需要花更多的时间去交流和沟通，且由于知识交叉较少，双方审计人员基本不需要去获取额外的知识，只相互交流相异的知识就已经花了很多的时间和精力，因此，知识流动就占据了较多的时间，知识获取的资源相应就较少。同时，审计人之间的知识差异较小时，需要获取更多的知识来展开交流，搜集知识的资源占用较多，而知识流动所占据的资源较少。

基于此，提出本书的第四个假设(H4)：审计元素层面的协同和审计结构层面的协同的交互作用对审计协同溢出效应的产生有负向的作用。

5. 审计元素层面的协同和审计环境感知的关系

在审计环境感知中，知识资源获取的越多，对环境的感知能力就越强。环境的感知能力高低是通过对政策的认知，对政策的态度、评价，以及对政策完善度的感知来判断的。知识资源获取的能力，跟知识获取人的年龄、经验、教育背景等方面都有关系(罗建河 等，2005)。知识资源获取能力的高低，对于政策环境的认知有较大的影响，经验较多、教育背景较好的知识获取人对环境政策的认知能力较强，能更客观地认知政策(王炜 等，2014)。环境感知态度是人们对政策及政策约束的相关活动持有的观念、情感和行为倾向(卢小丽，2012)，知识获取能力高的人，对待政策有自己鲜明的态度，不人云亦云，能更好地认知政策环境(虞佳丽，2017)。政策是否能够达到目标，跟环境感知人对政策的评价有很大关系，知识获取能力越强的人，对政策的权威信任度、程序公正程度等判断更为准确(Marshall，2007)。政策的完善程度能被更高知识获取能力的政策对象所感知，他们获取知识的能力越强，越能了解整个系统的需求，也更了解政策的缺陷和政策的完善需求(汪磊，2015)。

基于此，提出本书的第五个假设(H5)：审计元素层面的协同和环境感知能力的交互作用对审计协同溢出效应的产生有正向的作用。

6. 审计结构层面的协同和审计环境感知的关系

从审计结构层面协同的三方面来看，首先，编码过程的制度化和格式化能提升审计人对于审计环境的认知和评价。对于制度环境的感知在知识传递中是要进行编码传递的，也就是审计人在对于周围审计制度环境的感知中，先要对制度环境展开了解，然后将其编码成显性知识进行传递。在感知环境的过程中，将对环境的感知这种隐性知识用统一的格式表现出来，能让环境感知这种隐性知识的传递效率更高。其次，在社会资本支持的层面，减少信息传递距离，不论是制度距离、技术距离还是物理距离，都能降低知识在传递过程中的损耗，使每个审计人对环境的评价这样的隐性知识在系统中的传递更加有效。组织在文化上的相近性不仅能促使审计人对制度环境的认识和评价趋于一致，还能使协同工作的个人有更相近的价值观，价值观相近的个体对制度环境的感知能力、评价标准都趋于一致，能促使环境感知这种隐性知识在系统内传播。最后，激励制度在提升协作效率方面有较为明确的研究结论，存在激励制度的目标，其达成的可能性较大（王炜 等，2014）。系统内部有明确的激励制度激励员工对审计环境制度的知识进行共享，那么知识的流动速度一定高于没有激励时的速度，对于最终审计溢出效应的产生也具有积极的促进作用。

基于此，提出本书的第六个假设（H6）：审计结构层面的协同和环境感知能力的交互作用对审计协同溢出效应的产生有正向的作用。

根据上文分析结果，对内外部审计协同治理过程的假设进行汇总，如图 6－1 所示。

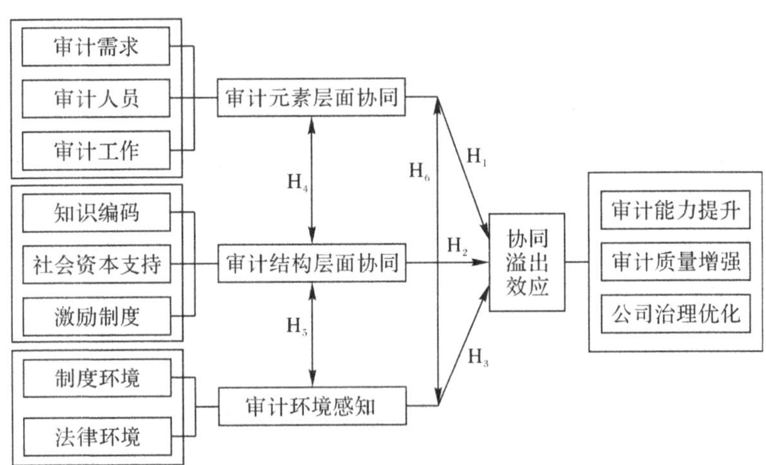

图 6－1 内外部审计协同治理系统假设汇总图

根据假设汇总图，对本书的研究假设汇总如下：

假设一(H1):审计元素层面的协同工作对审计协同溢出效应的产生有正向的作用。

假设二(H2):审计结构层面的协同工作对审计协同溢出效应的产生有正向的作用。

假设三(H3):审计环境感知层面的协同工作对审计协同溢出效应的产生有正向的作用。

假设四(H4):审计元素层面的协同和审计结构层面的协同的交互作用对审计协同溢出效应的产生有负向的作用。

假设五(H5):审计元素层面的协同和环境感知能力的交互作用对审计协同溢出效应的产生有正向的作用。

假设六(H6):审计结构层面的协同和环境感知能力的交互作用对审计协同溢出效应的产生有正向的作用。

6.2.2 研究模型构建

本书构建如下模型对因变量和自变量之间的关系进行检验:

$$\text{sse}=a_0+a_1\,\text{aes}+a_2\,\text{ass}+a_3\,\text{aes}\times\text{ass}+\varepsilon \quad \text{(模型 1)}$$

$$\text{sse}=a_0+a_1\,\text{aes}+a_2\,\text{aepa}+a_3\,\text{aes}\times\text{aepa}+\varepsilon \quad \text{(模型 2)}$$

$$\text{sse}=a_0+a_1\,\text{ass}+a_2\,\text{aepa}+a_3\,\text{ass}\times\text{aepa}+\varepsilon \quad \text{(模型 3)}$$

其中,aes×ass 表示审计元素层面的协同和审计结构层面的协同的交互作用,ass×aepa 表示审计结构层面的协同和环境感知能力的交互作用,aes×aepa 表示审计元素层面的协同和环境感知能力的交互作用。

6.3 研究设计与研究方法

本节将从问卷设计、数据收集与分析方法等方面对本研究的实证研究方法展开描述。

6.3.1 问卷设计

1. 问卷设计的基本内容

本书问卷的设计,主要围绕审计协同治理系统的溢出效应产生过程展开。调查问卷主要包括三方面的基本内容(问卷的详细内容见附录 2):第一,被调查人员的基本情况;第二,内外部审计的协同治理系统影响因素调查;第三,内外部审计的协同治理溢出效应调查。

2. 问卷设计的基本过程

本问卷在参考大量审计学、知识论、协同学文献的研究成果,对我国大型会计师事务所负责人、大型国企内部审计负责人以及陕西省审计厅、各审计局负责人进行访谈、实地调研，并借鉴国内外成熟量表的基础上，根据本书研究内容和研究问题逐步设计而成。

首先，通过检索、阅读关于内外部审计协同工作、知识创新、知识获取、知识传递、知识共享和知识协同创新等方面的文献，将相关文献已论证的协同系统运行过程、知识获取路径、知识传递方法以及审计协同的层级与方法等问题进行整合，从中选择影响内外部审计协同系统运行的因素，并从审计质量提升、成本降低、审计客体信息披露水平、内部控制水平等方面对审计协同的溢出效应评价指标进行归纳，总结本研究相关的测量指标体系。

其次，选择包括普华永道、安永、立信、瑞华、天健、信永中和、致同等会计师事务所，以及陕西省审计厅、西安市审计局、雁塔区审计局、长安区审计局、莲湖区审计局、灞桥区审计局、西电集团内部审计部门、陕西黑猫内部审计部门、中国移动通信内部审计部门、中国农业银行股份有限公司内部审计部门、中国工商银行股份有限公司内部审计部门、中国电力集团有限公司内部审计部门、中国东方航空集团公司内部审计部门的主要负责人进行访谈，了解其在内外部审计协同的过程中所应用的主要方式方法、遇到的主要问题、关键性的影响因素和协同溢出效应的产生状况等情况。访谈工作主要基于以下两个目的：第一，验证本研究的初步思路，主要验证前文所提到的协同框架是否与事实相符合，前文的初始假设是否与事实相符合；第二，征询访谈对象对本研究的意见，包括研究模型的有效性和各变量的测量标准等，希望进一步提升问卷设计的合理性。

再次，通过学术讨论的方式征询了同行研究专家关于本研究的意见，通过专家反馈的意见进行分析，进一步调整了研究框架和变量测度方法，然后在同门师兄妹中（包括西北大学教授、副教授以及二十几位博士生和研究生）以焦点小组讨论的形式对问题选项展开谈论，对原始的问卷进行了修改。

最后，在问卷全部发放之前，对参与访谈的部分单位进行了小规模的问卷发放实验，以测验问卷调查的合理性和问卷表述的规范性，并根据反馈意见，又一次对问卷进行了修订，形成了最终的调查问卷。

6.3.2 数据收集

1. 样本选择

从研究目的及研究内容出发，主要选择国内外知名会计师事务所、省区市主要审计部门、大型国企中有政府审计协作经验的内审部门负责人作为问卷发放对象，为尽量保证问卷信息的有效性，要求部门中的主要负责人和主要协同工作参与人至少两人对问卷进行填写。因此，实践工作中主要参与协同工作的项目负责人和主要参与人都参与了调研，他们的实践经验使得研究获取了更多的实践工作数据。

2. 数据收集

在确定样本选择原则和被调查对象选择原则的基础上，通过陕西省内部审计师协会、陕西省审计厅、各区县审计局等发放了政府审计方面的问卷，通过陕西省内部审计师协会联系各会计师事务所负责人发放了民间审计方面的问卷，通过陕西省内部审计师协会联系各大型国有企业的内部审计负责人发放了内部审计方面的问卷。问卷调查工作于 2019 年 10 月开始，至 2020 年 6 月结束。调查过程中，主要以“问卷星”软件和微信作为调查手段，向被调查者说明调研的目的和重要性，并向其保证研究的机密性，之后向其发送问卷，问卷发送后，如果一星期没有回复则会与其联系，以提高反馈效率。在历时 9 个月的调研中，共收回问卷 254 份，剔除其中问卷填写不完整、不同题项的选择答案完全没有差异、所选答案有逻辑错误的不合格问卷 48 份后，得到有效问卷 206 份，有效问卷回收率为 81%。

6.3.3　分析方法

本研究通过调查问卷对数据进行搜集，对于搜集的数据，首先进行描述性统计分析，然后在信度和效度的检验基础上进行相关分析与多元回归分析。本书所使用的数据分析软件为 Matlab 7.0。本研究具体应用的统计学方法如下：

1. 描述性统计分析

描述性统计分析主要针对样本的基本情况，包括审计参与人人数、参与人职称、参与人年龄、参与人教育程度等的分布情况；内外部审计协同的基本要素情况，包括审计元素层面的协同状况、审计结构层面的协同状况、审计环境的感知状况；审计协同的溢出效应情况，包括各变量的均值、标准差、最小值、最大值、众数和频次分布等。

2. 信度和效度

实证研究的结果要具有可信度和说服力，必须满足信度和效度要求。本研究的信度和效度检验需要从模型的构建、数据的搜集和变量的测度几个方面的信度和效度来衡量。本研究运用信度测试和因子分析对该问题予以说明。

3. 相关分析

本研究将针对模型中设计的在协同治理过程中，内外部审计在审计元素方面的协同、审计结构方面的协同和对环境感知方面的协同等自变量，与协同溢出效应的因变量进行相关分析，考察各研究变量是否显著相关，将其作为后续回归分析的基础。

4. 因子分析

本研究将影响内外部审计协同治理的各类自变量因素和内外部审计的溢出效

应进行主成分因子分析，消除具有强自相关的变量，以进一步检验对各变量的测量维度，以便下一步展开回归分析。

5. 多元回归分析

本研究采用多元线性回归方法展开分析，验证和修正内外部审计的协同治理过程模型，并确定审计元素层面的协同、审计结构层面的协同和审计环境的感知对于审计溢出效应产生的影响机理，明确主要影响因素，为后面分析其协同治理的模型构建序参量方程奠定基础。

6.4 变量的测度

本章接下来主要从审计元素协同、审计结构协同和审计环境认知三个方面来分析内外部审计协同治理的影响因素及其作用机制，首先对审计元素协同、审计结构协同和审计环境感知进行定义与测度，然后开展实证研究，分析这三个方面对审计协同溢出效应产生的作用机制。

6.4.1 审计元素层面协同的测度

结合第 4 章的研究，企业内外部审计在审计元素层面的协同主要是在三个方面，即审计需求、审计人员、审计工作这三个内容。从知识论的角度来说，在知识获取这个方面的协同应该考虑从组织资源、人力资本和现有知识存量三个方面来展开(项杨雪，2013)。通过这些因素的测量，可以进一步分析审计协同溢出效应产生的作用机理。

首先，从审计需求角度对审计元素层面的协同展开测量。如前所述，审计需求是审计协同的基础，回答的是为什么进行审计协同的问题(郑石桥，2015)。从组织资源保证审计知识获取方面来看，组织是否有保证审计人员对审计协同重要性认知的措施和手段是比较重要的测度方面。马玉珍(2007)用审计人员对政府审计资源整合的重要性的认知来测量政府审计资源整合的认知程度。张铭(2019)用审计人员是否能认识到审计协同的需求来测量审计需求方面的认知程度。从人力资源保障方面来说，审计人员是否认识到审计需求的重要性，是较为重要的测度手段。Asiedu 等(2017)使用审计人员认知审计需求的手段来测度内部审计人员对审计需求的了解程度。Carey 等(2006)认为审计人员了解审计需求是影响内部审计质量的因素之一。

综上所述，基于前述章节的分析与研究，结合实地调研和专家意见的结果，并参考参考文献的思路，本书对企业内外部审计的审计元素层面协同中的审计需求要素设置了如表 6-2 所示的测度体系。

表 6-2　审计元素层面协同的审计需求要素测度题目表

编号	指标	支撑文献
1	所在部门有渠道了解审计需求	马玉珍(2007);张铭(2019)
2	通过协同工作对审计需求的了解更甚	Asiedu 等(2017);Carey 等(2006)

其次,从审计人员角度对审计元素层面的协同展开测量。如前所述,由谁来展开审计协同也是审计元素协同角度要回答的重要问题(秦荣生,1994)。从人力资本方面来保证审计知识的获取是比较常见的方式。在审计协同工作中,大部分的文献都选取了对审计客体的了解程度来作为测量对象。鲍圣婴(2016)证实了对审计客体的了解是三种审计主体协作的基础,在此基础上的协同被证实是有效的。Gary 等(2011)选取了内部审计对审计客体的了解程度作为影响因素之一,来证明其对内部审计存在的作用。在对人力资本的客观条件进行描述时,许多文献都选用了团队的规模作为衡量人力资本获取知识能力的主要指标。李曼(2014)研究了高管态度、政府监管对内部审计的影响,证实高管态度和政府监管对内部审计的有效性有重要的正向影响,内部审计的有效性选用了内部审计人数多少作为衡量指标。阮哈建等(2012)研究了政府审计与内部审计对中央部门单位职能履行的影响,对政府审计和内部审计的有效性的衡量都采用了人数多少的定量方法。此外,年龄因素也被作为判断审计协同中人力资本获取知识能力的重要指标。王守海等(2009)研究了内部审计质量与审计费用的关系,他们对内部审计质量的研究中就采用了内部审计师平均年龄的方法对内部审计质量进行了衡量,证明了内部审计质量和审计费用之间的关系是负相关关系。Craswell 等(1995)研究了审计师声誉对企业业绩的影响,在对审计师的特征进行描述时,选用了审计师年龄这一测度方式来考察审计师的声誉,认为年龄大的审计师具有更好的声誉,从而能给企业带来更高的利润。任职资格的获取也被认为是人力资本获取知识能力的重要衡量指标。Deis 等(1992)指出,在政府审计中,获取了更高级别任职资格的审计人员,他们的学习能力更强,能更好地提升审计的质量。Peter 等(2000)证实了外部审计人员的任职资格越高,由于其较好的专业判断力和更好的知识资源获取渠道,其获得任职资格年限越久,对企业的业绩提升效果越好。

综上所述,基于前述章节的分析与研究,结合实地调研和专家意见的结果,并参考参考文献的思路,本书对企业内外部审计的审计元素层面协同中的审计人员要素设置了如表 6-3 所示的测度体系。

表 6-3 审计元素层面协同的审计人员要素测度题目表

编号	指标	支撑文献
3	审计团队中每个人对于本次审计协同的参与人和具体工作的对接人都较为明确	根据访谈内容添加
4	审计团队中每个人对于本次审计对象的基本情况都较为了解	Gary 等(2011)
5	审计团队的规模合理	李曼(2014); 阮哈建等(2012)
6	审计团队的年龄结构合理	王守海等(2009); Craswell 等(1995)
7	审计团队的任职资格结构合理	Deis 等(1992); Peter 等(2000)
8	你认为在展开审计工作时,审计人员之间的协同工作(指不同的审计主体)很有必要	根据访谈内容添加

最后,从审计工作角度对审计元素层面的协同展开测量。如前所述,应该用什么方法来进行审计协同也是审计元素协同角度要回答的重要问题(郑石桥,2015)。从组织资源方面来看,共同的审计协同目标应该是协同的审计主体组织应当明确的重要问题。审计协同中,有共同的审计目标可以使得审计人员有更多协作的动力(Lennox et al.,2012),从而围绕协同审计目标来展开知识的获取,使得审计协同更为有效。周艳玲(2016)认为企业内外部审计的协同应该具有共同的目标,在有共同目标的前提下,内外部审计的协同才是有效的,并以某公司为例说明了审计目标一致对于审计协同的重要性。戴耀华等(2007)也在研究中指出,内外部审计有共同的目标能使内部审计对外部审计的影响加深,使得审计的协同更有效。此外,从现有知识存量的角度来看,现有审计协同的审计方法掌握的程度是非常重要的测度指标。每个审计主体首先应该掌握一定的审计方法才能展开审计协同(刘国常 等,2010),在审计协同中,合理的审计方法能加快审计人员获取审计知识的速度。傅黎瑛(2008)在研究我国企业内部审计与外部审计相互协作问题时指出,审计方法的协同是审计协作的基础条件之一,审计方法的一致性能够使得审计人员在协作中的沟通更加顺畅,能够提升审计协作的效用。孙新婷等(2011)也指出,审计方法的协作是审计协作的基础,审计方法的协作可以加强内外部审计的协作效果,使得公司的内部控制更有效。

综上所述,基于前述章节的分析与研究,结合实地调研和专家意见的结果,并参考参考文献的思路，本书对企业内外部审计的审计元素层面协同中的审计方法要素设置了如表 6 - 4 所示的测度体系。

表 6 - 4　审计元素层面协同的审计工作要素测度题目表

编号	指标	支撑文献
9	审计团队中每个人对于本次审计协同的审计目标都较为明确	Lennox 等(2012)；周艳玲(2016)；戴耀华等(2007)
10	审计团队中每个人对于本次审计协同的审计方法掌握状况良好	刘国常等(2010)；傅黎瑛(2008)；孙新婷等(2011)

6.4.2　审计结构层面协同的测度

根据前文的研究，在内外部审计的协同治理过程中，在审计元素层面的协同的主要作用是对知识的收集和获取，知识的交流和扩散主要是通过审计结构的协同来实现的，内外部审计的协同在审计结构这个层面的协同主要是通过组织结构中的知识编码能力、社会资本支持、激励模式三个方面来进行测度的。

首先，知识编码化对于知识流动是一个准备活动(Polanyi，1996)。Polanyi 的观点是，人类的知识主要分为两类，第一类是显性知识，这类知识通常使用书面文字、图表或数学公式等表达，可以通过文件、资料、数字符号等的传递，使得知识在组织内外传递。第二类是隐性知识，这类知识通常隐藏在人们的经验和行动中，只能依赖于言传身教，并不能给予文字化的描述。在内外部审计的协同过程中，规章制度、审计流程、审计内容、审计目标等内容都属于显性知识，也就是说，信息审计主题中的绝大多数问题都是属于显性知识的传递，而在审计过程中的一些经验性审计方法、审计判断和审计环境感知、审计风险经验性评估等内容都属于隐性知识传递，在行为审计主题中，隐性知识传递的内容较多。闫北方(2005)在研究审计资源整合对公共财政审计的影响中提到，审计资源中经验判断的部分整合对公共财政审计的效率提高有较大的帮助。王如燕(2005)在研究审计技术整合时提到，审计技术能够通过大数据系统进行整合的是显性知识，而隐性知识的整合尚待时日。审计人员对自身的知识体系进行整合，对知识体系进行编码，将其区分为显性知识和隐性知识，有助于知识在组织内外部的流动。在协同工作中，隐性知识的传递更为困难，它表现为审计经验、技巧、方法、体会、诀窍等内容，通过不同方式在组织内外部传递和显性化(秦晓燕，2010)。由于这些知识都隐藏在审计师个人的价值观和思维模式中，很难像规章制度一样进行文字形式的传递，那么，首先就要识别它们，然后才有可能在组织内部和外部进行传播(张生太 等，2004)。

综上所述，基于前述章节的分析与研究，结合实地调研和专家意见的结果，并参考参考文献的思路，本书对企业内外部审计的审计结构层面协同中的知识编码要素设置了如表 6-5 所示的测度体系。

表 6-5　审计结构层面协同的知识编码要素测度题目表

编号	指标	支撑文献
11	在审计协同工作时，显性知识（主要指文本、法规等形式）的流动占较大比例	Polanyi(1996)
12	在审计协同工作时，隐性知识（主要指经验、技能等形式）的流动占较大比例	闫北方(2005)；王如燕(2005)；秦晓燕(2010)
13	在审计协同工作时，协作的双方都能自由地分享隐性知识	张生太等(2004)

其次，社会资本支持也是影响知识流动的重要方面。Nahapiet(1998)对社会资本维度进行了分析，认为社会资本应该从三个方面测度：结构维、关系维和认知维。结构维指的是系统中的主体之间网络联系的强度和模式；关系维指的是主体之间的特定关系形式，也就是主体是否相互信任；认知维指的是主体之间是否具有一致的价值观。以信任为中心的社会资本理论是研究社会网络关系的主要基础理论(Burt,1992)。对于结构维的探究，主要集中在交流频度、交流方式和交流距离三个方面(Gertler,1995;Benjamin et al. ,2001)。Gertler(1995)用交流频度和交流方式来测度项目合作者之间的依赖程度、沟通频次等，其研究认为，依赖程度越高、沟通频次越高，双方的信任程度就越高，双方的合作就越有效。在信任程度中，沟通距离也被广泛地应用到有关跨组织合作的研究中(Stemberg,1999)，特别是在研究跨组织合作组织之间的知识分享、知识流动等问题时，都离不开对于组织距离的描述。不同的组织在合作时都希望能够缩短组织距离，以更高效地获得更多的资源。关于组织距离的研究，基本分为三大类，即地理距离、制度距离和技术距离。地理距离一般被定义为合作组织之间的直线距离，这个距离会直接影响到沟通的成本和效果。较短的地理距离更有利于隐性知识的转移(Torre,2000)，因此，地理距离是影响审计人之间沟通的重要因素。制度距离是价值观层面的距离，关注的是不同的组织内部关于某项行为标准而制定的条文准则差异(Capello,1999)。降低制度差异可以缩小不同组织在行为或思维方面的差异，能够促使不同的组织在协作中以共同供给的思维模式、行为模式来展开协作，能更好地促进协同溢出效应的产生(Lung,1999)。技术距离则指的是协同工作的双方在协同工作时是否有共同的技术基础，有更多的技术基础的协同，隐性知识在传递的过程中，效率会更高(卢兵 等,2006)。程艳霞等(2005)认为隐性知识传播过程中，主体具有较高的信任度和较好的了解程度能够使得双方更好地了解彼此的知识链，建立更

默契的关系，从而使隐性知识传递得更加顺畅。Peter 等（2000）在研究中指出，外部审计和企业财务人员进行沟通时，如果双方都能了解对方的需求，有较高的信任度，则他们之间的沟通更顺畅、更有效，能使得审计的质量更高，企业的利润也更高。

综上所述，基于前述章节的分析与研究，结合实地调研和专家意见的结果，并参考参考文献的思路，本书对企业内外部审计的审计结构层面协同中的社会资本支持要素设置了如表 6－6 所示的测度体系。

表 6－6　审计结构层面协同的社会资本支持要素测度题目表

编号	维度	指标		支撑文献
14	关系维	在审计协同工作时，协作的双方都非常了解彼此的需求并互相信任		程艳霞等（2005）
15	认知维	协作的双方具有相似的价值观，能满足彼此的合作要求		Peter 等（2000）
16	结构维	交流频度	在协同工作时，协作的双方交流的频次是较高的	Gertler（1995）
17		交流方式	在审计协同工作时，协作的双方经常召开会议进行沟通	Benjamin 等（2001）
18			在审计协同工作时，协作的双方经常能够面对面的交流	Stemberg（1999）；Torre（2000）
19		交流距离	在协同工作时，协作的双方有相似的组织内部审计制度	Capello（1999）；Lung（1999）
20			在协同工作时，协作的双方在技术和软件操作上的差距较小	卢兵等（2006）

最后，从激励机制的角度来说，良好的激励机制能够促使审计人员协同工作。许莉等（2012）在研究制度环境对政府审计体制改革的问题中提到，良好的激励机制能激发审计人员工作的积极性，让制度的意义发挥到最大，从而使得政府审计的体制改革更加有效。傅黎瑛（2008）也指出，激励制度在内外部审计相互协作的过程中能通过增加激励期望公式中激励效价的系数，激发审计人员相互协作的内在动力，使得协同更加有效。Stephen（2013）将激励机制的动机分解为三个部分：物质动机、声誉动机和探索动机。激励制度能够对人们的协同工作产生激励效果的首要原因是物质动机，从物质动机的机理上来说，物质激励可以提高目标效价，使被激励人达到目标后的价值增大，从而提升激励的力量（费鲁姆，1964）。Cecily 等

(2017)认为,对内部审计人员的激励可以调动内部审计人员的积极性和创造性,更多的物质激励能满足内部审计人员的物质需求,使得内部审计的工作更加有效。从声誉动机上来说,贾茜等(2020)研究提出,内部审计和外部审计人员的协同在媒体监督的状态下会更加有效,因为媒体监督提供了声誉机制给这个系统,在声誉机制的监督下,内外部审计人员担心双方协同审计后审计失败而导致的声誉损失,因而会更加认真的工作。从探索动机上说,激励机制能使得人们获取马斯洛需求层次论中较高层次的需求满足感,使人们认识到自己的人生价值,在有挑战的协同工作和创造性活动中得到自我价值实现的满足(Eiduson,1962)。

综上所述,基于前述章节的分析与研究,结合实地调研和专家意见的结果,并参考参考文献的思路,本书对企业内外部审计的审计结构层面协同中的激励机制要素设置了如表 6-7 所示的测度体系。

表 6-7 审计结构层面协同的激励机制要素测度题目表

编号	所属维度	指标	支撑文献
21	—	你所在的部门有较为完善的激励制度鼓励双方的协同	Stephen(2013);傅黎瑛(2008);许莉等(2012)
22	物质动机	你的协同工作做得好,能为你赚取更多的报酬	Cecily 等(2017);费鲁姆(1964)
23	声誉动机	你的协同工作做得好,能在业界为你赢得较好的声誉	贾茜等(2020)
24	探索动机	你的协同工作做得好,能使你获得自我满足感	Eiduson(1962)

6.4.3 审计环境感知方面协同的测度

如前所述,审计环境对内外部审计协同系统的影响也是不可小觑的。审计环境作为外部影响因素,是否能够被感知,能够影响到内外部审计的协同能力。审计环境的感知主要分为两个部分,一部分是法律环境的感知,另一部分是技术环境的感知。

对环境的感知能提高审计的质量是被广泛证明的。审计协同的外部环境因素有很多,但对于审计协同问题影响最大的环境因素主要是法律环境和技术环境(郑石桥,2020)。首先,对于法律环境的感知能提升审计质量。庄飞鹏(2019)认为良好的制度环境能对发布虚假信息和虚假审计报告者进行惩罚,对提供高质量审计产品者进行奖励,改变市场行为主题的成本与收益,进而提升审计质量,消除非审计服务的消极影响。Antonelli(2008)认为完善的法制环境是开展审计服务的前提,法制环境会影响审计的质量。其次,对于技术环境的感知能在审计协同中发挥重大作用。居江宁等(2020)认为,对数据进行精准、高效的分析需要借助各种技术软件,对技术软件的学习、深入了解技术层面的知识和应用,能够推动审计协同工作的高速开展。

综上所述,基于前述章节的分析与研究,结合实地调研和专家意见的结果,并参考参考文献的思路,本书对企业内外部审计中的审计环境感知要素设置了如表 6-8 所示的测度体系。

表 6-8　审计环境感知要素测度题目表

编号	指标	支撑文献
25	你所在的单位经常组织法律法规的学习和培训	郑石桥(2020);庄飞鹏(2019);Antonelli(2008)
26	你所在的单位经常组织新审计技术软件的学习和培训	居江宁等(2020)
27	你所在的部门有较为完善的保障机制来确保协同工作的有效性	根据访谈内容添加

6.4.4　审计协同溢出效应的测度

从系统论的观点来看,协同是否有效,主要的判断标准是是否产生了新的功能或新的结构(潘开灵 等,2006)。对于内外部审计协同治理系统这样一个开放性的系统来说,是否产生了新的审计功能、审计结构以及经济后果是我们判断协同是否有效的最终标准。

在审计协同系统中,通过审计协同能够产生的协同溢出效应分为三类:第一,对审计人员的能力有所提升;第二,对审计质量有较大的提高;第三,对审计客体的公司治理水平有提升。

孙新婷等(2011)认为,通过审计的协同工作,审计人员能够优势互补、缩小差距,对于水平较低的那部分审计人员的水平提升有较大的帮助。陈凌云等(2012)在探讨内外部审计写作方式的研究中指出,审计的协同工作有很大一部分是对审计知识展开的整合活动,通过协同工作,不但能够提升审计人员个人知识整合的能力,对审计组织的知识整合能力提升也有较大的帮助。罗莉等(2005)认为内外部审计的协同可以使得外部审计帮助内部审计取得更独立的地位,可以通过降低招募费用、降低培训费用、节约开发新软件成本和降低雇佣成本等方面来降低审计成本,通过外部审计的帮助,可以提升内部审计的业务水平,从而提高审计质量。

马玉申等(2007)认为外部审计和内部审计协同的主要经济后果有降低审计成本、提升审计质量以及降低审计风险。David(1988)认为审计协同可以提升审计效率,通过行为审计的审计建议等方法提升审计客体的公司治理水平,且审计客体希望把这一"好消息"传递给广大投资者,因此,能够提升审计客体的信息披露水平。

综上所述,基于前述章节的分析与研究,结合实地调研和专家意见的结果,并参考参考文献的思路,本书对企业内外部审计协同中的系统溢出效应要素设置了如表 6-9 所示的测度体系。

表 6-9　内外部审计协同系统溢出效应要素测度题目表

编号	所属维度	指标	支撑文献
28	审计人员能力	审计人员能更好地整合自己的审计知识	孙新婷等(2011)
29		能提升审计人员的业务水平	陈凌云等(2012)
30	审计质量提升	能降低审计风险	马玉申等(2007);罗莉等(2005)
31		能降低审计成本	
32		能提升审计效率	
33	审计客体	能提升审计客体的信息披露规范程度	David(1988)
34		能提升审计客体的公司治理水平	

6.5　样本描述性统计

在进行实证检验时,先对问卷调查所获取的样本数据进行描述性统计,包括问卷被调查者所属的审计主体、最高学位、年龄分布、最高职业资格认证、部门规模、团队平均年龄等基本情况。

6.5.1　问卷基本情况

1. 审计执行主体的分布情况

在回收的 206 份有效样本问卷里,审计人员的情况为:民间审计人员有 88 人,政府审计人员有 60 人,内部审计人员有 58 人,分别占被调查总人数的 42.72%、29.13%和 28.15%。可见,民间审计人员众多,内部审计和政府审计人员总数上偏少,因此,从人数分布来说,民间审计人员的比例稍高。其具体分布情况如图 6-2所示。

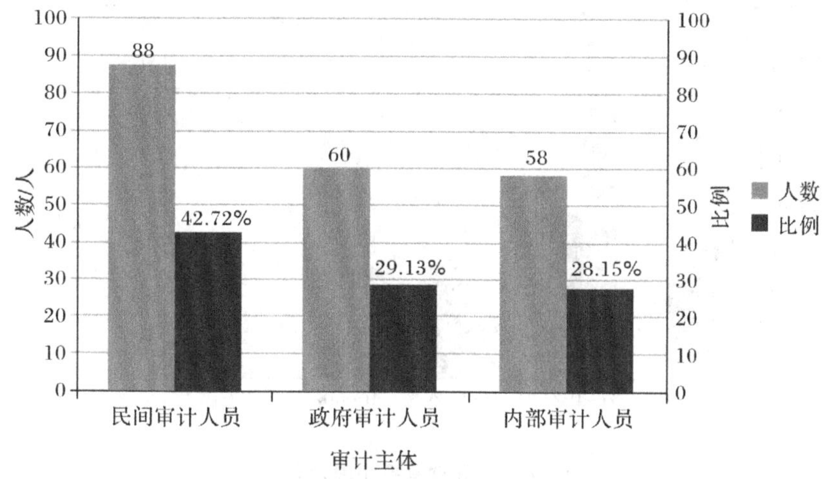

图 6-2　被调查者所属的审计主体图

2. 最高学位获取情况

在回收的 206 份有效样本问卷里，最高学位的分布情况主要表现为：大专学位有 15 人，占被调查总人数的 7.28%；本科有 73 人，占被调查总人数的 35.44%；有 89 人具有硕士学位，占被调查总人数的 43.20%；具有博士学位的有 29 人，占被调查总人数的 14.08%。其具体分布情况如图 6-3 所示。

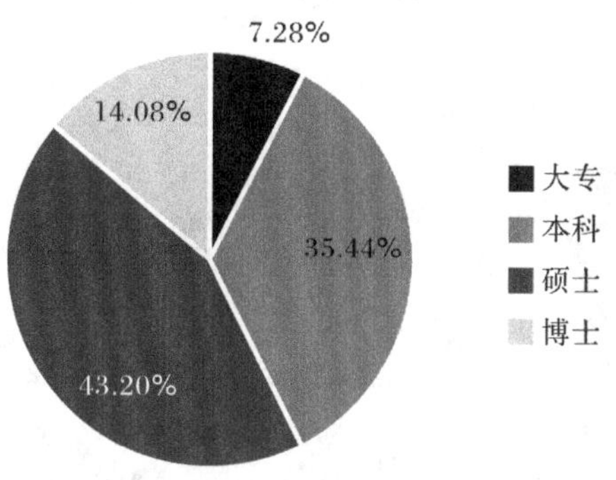

图 6-3　被调查者学历分布图

3. 审计人员所属年龄段分布情况

为了反映审计人员年龄分布情况，本研究从回收的 206 份问卷中，对参与审计项目的成员的年龄分布进行了统计，主要表现为：25～30 岁占 23.30%；31～40 岁占 36.89%；41～45 岁占 25.73%；46～50 岁占 8.74%；50 岁以上占5.34%。从分布情况来看，样本中从事审计项目人员的年龄主要集中在 25～45 岁。其具体分布情况如图 6-4 所示。

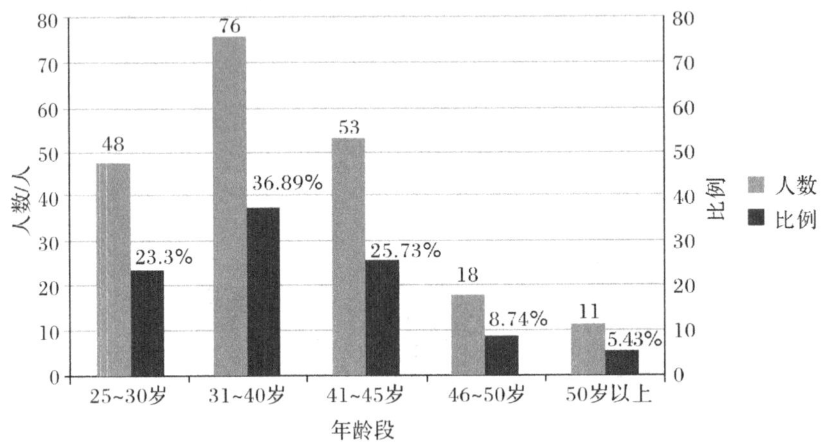

图 6-4 被调查者年龄分布图

4. 最高职业资格认证分布情况

在回收的 206 份有效样本问卷里，最高职业资格认证的分布情况主要表现为：初级职称 69 人，占被调查总人数的 33.50%；高级职称 20 人，占被调查总人数的 9.71%；中级职称 70 人，占被调查总人数的 33.98%；拥有 CPA①资格约 40 人，占被调查总人数的 19.42%；同时具备中级职称和 CPA 资格约有 5 人，同时具备高级职称和 CPA 资格约有 2 人，分别占被调查总人数的 2.43%和 0.96%。其具体分布情况如图 6-5 所示。

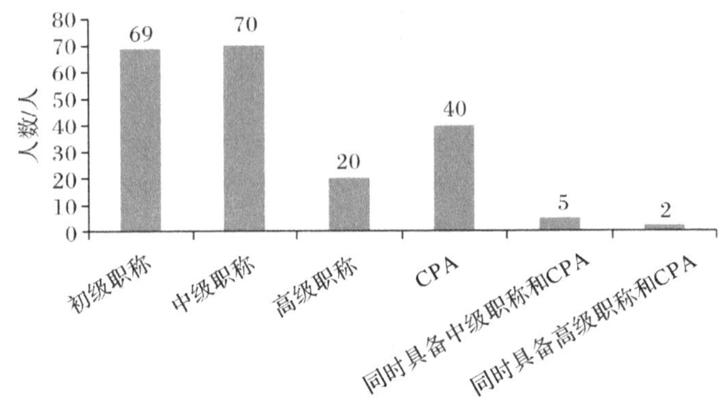

图 6-5 被调查者职称分布图

① CPA 即注册会计师，是 certified public accountant 的缩写。

5. 部门人数规模分布情况

在所有的 206 份有效问卷里，部门规模情况主要表现为：0～5 人占 28.57%；6～10人占 28.57%；11～20 人占 7.14%；20 人以上占 35.72%。这反映出样本的审计人员所属的组织规模主要为 10 人以下和 20 人以上。其具体分布情况如图 6-6所示。

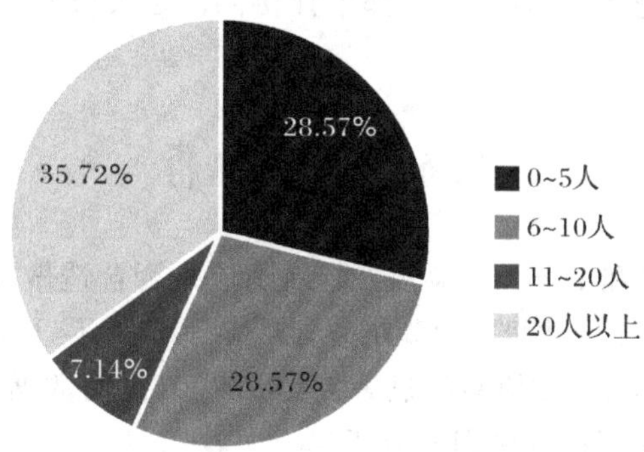

图 6-6　被调查者所属部门规模分布图

6. 团队平均年龄分布情况

本研究从回收的 206 份问卷中，对参与审计项目所在团队的平均年龄情况进行了统计，主要表现为：25～30 岁占 40.29%；31～40 岁占 37.86%；41～45 岁占 21.85%；46～50 岁以及 50 岁以上的均为 0。其具体分布情况如图 6-7 所示。从分布情况来看，样本中从事审计项目的团队平均年龄主要集中在 25～45 岁。

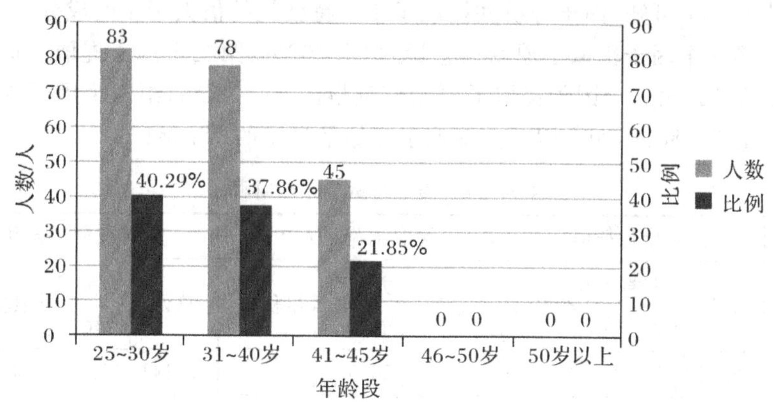

图 6-7　被调查者团队平均年龄分布图

6.5.2 问卷问题的描述性统计分析

针对问卷的34个问题，首先对被调查者的选择频次进行分析(频数表见附录3.3)，其次对被调查者的描述性统计结果进行分析(描述性统计分析表见附录3.4)。由描述性统计分析的结果可以看出，所有题项答案的平均值都没有超过4，绝大多数都处于2到3之间，说明被调查者对内外部审计协同的必要性和本书的基本协同思路认可度较高。

6.6 因子分析

本书采用KMO和Bartlett检验来判断题项是否合适做因子分析。对问卷所涉及题项Q1到Q34进行检验，检验结果如表6-10所示，KMO取样适切性量数为0.965，大于0.7；Bartlett检验的显著性为0.000，说明数据具有相关性，两种结果均说明问卷调查数据适合做因子分析。

表6-10 问卷调查题项KMO和Bartlett检验

KMO取样适切性量数		0.965
Bartlett检验	近似卡方	8522.987
	自由度	561
	显著性	0.000

由表6-11可知，因子分析共提取了4个特征根的值大于1的成分，与预想结果一致。第一个因子提取了原始信息量的35.709%，第二个因子提取了原始信息量的23.220%，第三个因子提取了原始信息量的11.467%，第四个因子提取了原始信息量的8.188%，四个因子共提取了原始信息量的78.584%。

表6-11 因子分析总方差解释

成分	初始特征值			提取载荷平方和			旋转载荷平方和		
	总计	方差百分比/%	累积/%	总计	方差百分比/%	累积/%	总计	方差百分比/%	累积/%
1	19.370	56.969	56.969	19.37	56.969	56.969	12.141	35.709	35.709
2	4.517	13.286	70.256	4.517	13.286	70.256	7.895	23.220	58.929
3	1.743	5.126	75.382	1.743	5.126	75.382	3.899	11.467	70.396
4	1.089	3.202	78.584	1.089	3.202	78.584	2.784	8.188	78.584

经过凯撒正态化最大方差法进行旋转，旋转后的因子载荷矩阵如表 6-12 所示，第 1 成分包含的题项为 Q11 到 Q24，可以命名为审计结构协同；第 2 成分包含的题项为 Q1 到 Q10，可以命名为审计元素协同；第 3 成分包含的题项为 Q28 到 Q34，可以命名为审计协同溢出效应；第 4 成分包含的题项为 Q25 到 Q27，可以命名为审计环境感知。

表 6-12　旋转后的成分矩阵

题项	成分			
	1	2	3	4
Q1		0.733		
Q2		0.807		
Q3		0.763		
Q4		0.760		
Q5		0.738		
Q6		0.754		
Q7		0.706		
Q8		0.779		
Q9		0.794		
Q10		0.711		
Q11	0.877			
Q12	0.871			
Q13	0.891			
Q14	0.900			
Q15	0.882			
Q16	0.874			
Q17	0.873			
Q18	0.861			
Q19	0.888			
Q20	0.841			
Q21	0.813			
Q22	0.796			
Q23	0.883			
Q24	0.886			

续表

题项	成分			
	1	2	3	4
Q25				0.870
Q26				0.861
Q27				0.812
Q28			0.727	
Q29			0.631	
Q30			0.622	
Q31			0.644	
Q32			0.563	
Q33			0.583	
Q34			0.635	

提取方法：主成分分析法；旋转方法：凯撒正态化最大方差法；旋转在5次迭代后已收敛。

6.7 多元回归分析

通过因子分析，本书共提取了三个因子，认为其对审计协同溢出效应有影响。通过这些因子的识别，能够更好地解释审计元素层面的协同、审计结构层面的协同和审计环境感知之间的关系，明确审计协同溢出效应产生的主要影响因素，为后文构建动态演化模型的序参量方程提供了实证基础。接下来，本书以审计协同溢出效应为因变量，以审计元素层面协同、审计结构层面协同、审计环境感知为自变量建立回归模型，对上文提出的假设关系进行验证。

6.7.1 多元回归基本问题检验

(1)序列相关问题检验。本书采用的是截面数据进行研究，出现序列相关问题的可能性比较小，在此使用DW检验对序列相关问题进行检验，DW值越接近2，说明存在序列相关的可能性越小。DW检验结果如表6-13所示，DW值都在2附近，因此，本研究不存在样本值之间的序列相关问题。

表 6-13　序列相关检验结果

DW 检验	DW
模型 1	2.102797
模型 2	1.930653
模型 3	1.992473

(2)多重共线性检验。回归模型可以使用方差膨胀因子(VIF)来检验其多重共线性,当 0<VIF<10 时,不存在多重共线性问题。本书所涉及的参数 VIF 值如表 6-14 所示,回归模型的 VIF 值都在 0 到 10 之间,因此本书的回归模型不存在多重共线性的问题。

表 6-14　多重共线性检验结果

模型 1		模型 2		模型 3	
变量	VIF	变量	VIF	变量	VIF
审计元素协同	8.09	审计元素协同	4.82	审计结构协同	1.28
审计结构协同	1.64	审计环境感知	3.63	审计环境感知	1.17
审计元素协同×审计结构协同	6.57	审计元素协同×审计环境感知	4.05	审计环境感知×审计结构协同	1.22
Mean VIF	5.43	Mean VIF	4.16	Mean VIF	1.22

(3)异方差问题检验。怀特检验是检验异方差问题最常见的手段,对本书的数据进行怀特检验的结果如表 6-15 所示。在怀特检验中,P 值大于 0.05,则表明不存在异方差。本书所有模型的 P 值均大于 0.05,因此,不存在异方差的问题。

表 6-15　异方差检验结果

怀特检验	X^2	P
模型 1	8.769	0.36215
模型 2	7.464	0.4874
模型 3	5.047	0.7525

6.7.2　多元回归结果分析

本书以协同溢出效应为被解释变量,以审计元素层面协同、审计结构层面协同、审计环境感知三大因素为解释变量,构建回归模型,对它们之间的假设关系进行验证，回归分析的结果如表 6-16、表 6-17 所示。

表 6-16　内外部审计协同治理回归系数和显著性检验表

变量	B	标准错误	Beta	t	P	容差	VIF
（常量）	−0.571	0.168		−3.390	0.001		
审计元素协同	0.526	0.055	0.453	9.601	0.000	0.577	1.733
审计结构协同	0.333	0.035	0.409	9.555	0.000	0.701	1.426
审计环境感知	0.225	0.047	0.195	4.763	0.000	0.763	1.311

注：$F=192.680^{***}$；DW=2.081；$R^2=0.741$；Adj R-square=0.737；$P=0.3897$。

表 6-17　内外部审计协同治理交乘项回归系数和显著性检验表

变量	模型 1	模型 2	模型 3
审计元素协同	0.877***	0.598***	
	(7.095)	(5.485)	
审计结构协同	0.303***		0.387***
	(7.781)		(11.20)
审计环境感知		0.377***	0.522***
		(4.032)	(11.17)
审计元素协同×审计结构协同	−0.132**		
	(−2.144)		
审计元素协同×审计环境感知		0.199**	
		(2.008)	
审计环境感知×审计结构协同			0.302***
			(8.125)
常量	2.383***	2.181***	2.161***
	(36.56)	(31.11)	(46.75)
观测量	206	206	206
R^2	0.718	0.631	0.716

注：*** 表示 $P<0.01$，** 表示 $P<0.05$，* 表示 $P<0.1$。

通过回归系数表可以看到，含有审计元素层面协同的变量中，单独回归结果的 P 值小于 0.05，交乘项系数的回归结果均为正向显著，因此 H1 得证；含有审计结构层面协同的变量中，单独回归结果的 P 值小于 0.05，交乘项系数的回归结果均为正向显著，因此 H2 得证；含有审计环境感知的变量中，单独回归结果的 P 值小于 0.05，交乘项系数的回归结果均为正向显著，因此 H3 得证；审计元素协同和审计结构协同的交乘项系数为负向显著，因此 H4 得证；审计元素协同和审计环境感知的交乘项系数为正向显著，因此 H5 得证；审计结构协同和审计环境感知的交乘项系数为正向显著，因此 H6 得证。

6.8 本章小结

本章对企业内外部审计协同治理过程机理模型进行了构建，在知识论的基本观点上，根据前人的研究，总结了 34 个题项，针对 206 位审计师展开了问卷调查。同时，对问卷调查的结果进行了因子分析，提取了 4 个因子，其中包括因变量审计协同溢出效应，自变量审计元素协同、审计结构协同和审计环境感知。另外，本章用多元回归的方法证明了审计元素协同、审计结构协同、审计环境感知、审计元素协同和审计环境感知的交乘项、审计结构协同和审计环境感知的交乘项等对审计协同溢出效应的产生有正向作用，审计元素协同和审计结构协同的交乘项对审计协同溢出效应的产生有负向作用。

第 7 章 基于“B-Z”模型的内外部审计协同治理三维演化过程研究

复杂系统理论的出现促使很多学者开始从整体来思考科学问题，形成了以研究非线性作用、自组织现象为主的复杂系统理论。在近些年的研究中，复杂系统理论的相关研究成果越来越多地应用在管理科学当中。这个新兴的交叉学科打开了社会学、管理学等学科的新研究思路（郝丽风 等，2011）。本书充分借鉴复杂系统论中的“B-Z”反应模型，从系统论的角度来分析内外部审计协同治理系统如何从无序的初始状态演化成有序的自组织系统，从而进一步揭示整个系统对公司治理的提升作用。

7.1 模型的理论基础和变量选取

7.1.1 模型的理论基础

根据系统论，从自然界到人类社会，任何的组织都可以被理解为系统。系统中的各个要素是互相协作的，它们是按照一定的结构被组织起来的，彼此联系、彼此制约，在一定的组织环境下最终形成稳定的系统。系统的基本组成包括系统元素、系统结构，系统元素和系统结构影响了系统功能的产生，系统功能反过来又作用于系统元素和系统结构，整个系统是一个动态的开放系统，因此，系统在适应环境和相互作用的过程中不断演化，直到形成稳定的自组织系统。自组织指的是一个开放的系统按照某种运行规则，使系统内部的子系统各尽其责又相互协作地形成有序的结构（Haken，1971）。自组织理论研究的是一个系统如何从低级走向高级，从无序走向有序，最终形成自我平衡的运转系统的过程，是系统论研究的分支。

根据耗散结构论的基本观点，系统能走向有序并最终形成平衡系统，它必须是一个非平衡状态的开放系统，不停地与外界环境进行交换，当状态达到一个临界值（阈值）的时候，才有可能从先前的无序状态转变为有序状态。耗散结构论致力于寻找这个阈值，研究系统演化的规律和阈值的到达条件。

协同论在系统的演化过程中引入了变量的概念，以控制变量和状态变量来描述整个系统的特征。控制变量是整个系统实现协同而达到阈值的外部可控条件。状态变量由系统内的所有子系统相互作用形成。整个系统通过改变状态变量达到阈值，测试其他状态变量成为役使系统演化主要变量的序参量可能性，使其他变量作为役使变量（Wolfgang et al.，2007）。在系统演化过程中，通过变量的演化过程，利用线性稳定性分析法和绝热消去原理对系统进行降维，使系统只受序参量的影响，可建立模型预测整个系统的推演过程。

内外部审计的协同系统从知识论的角度上来讲，是一个内外部审计知识交换和升华的过程，从协同论上来说，是内外部审计开放式的协同系统。它是一个开放的复杂系统，这个系统不是一个一次构建的系统，是在多次的内外部审计协同治理之后得到的一个稳定态的系统。系统的运行既遵循协同论的理论，又遵循知识行为理论，整个协同系统的运行可以简化为如下的过程：首先，审计人（包括三种审计主体）作为协同系统的主体，要进行审计元素层面的协同，协同治理的过程就是一个审计知识交流的过程，审计人从其他相关主体（被审计人以及其他咨询机构等）那里吸收各类审计知识、信息；其次，通过审计人内部（三个审计主体之间）的知识传递、共享，在对审计环境有一定的认知情况下对各类知识进行整合，然后在审计中产生协同的溢出效应，产生新的审计功能或者审计结构，增强对企业的审计监督；最后，进一步将新的功能和结构扩散到审计环境中，影响审计的立法、新技术的产生等，从而形成一个循环的审计协同体系。

7.1.2　模型的变量选取

根据协同论的基本原理，任何系统都由系统要素和子系统构成的，主要系统变量分为控制变量和状态变量，控制变量是系统外部的可控要素，状态变量由系统内部各个子变量共同协作而成，描述了系统的变化状态。

在控制变量的选择上，系统外部的主要影响因素是审计协同工作制度和审计协同技术。制度环境和技术环境与开放的审计协同工作系统形成了物质与能量的交换。新制度和新技术的发展无疑会影响系统的协同工作，而在协同工作中得到的新经验、新技术要求也会与环境产生交换，从而影响到环境的改变。历次的审计技术变革很大的动力都来自实践审计活动的需求（张立敏，2017），制度的变迁也来自审计实践活动的经验积累（贾茜，2016）。审计协同工作人员能否感知到外部环境的变化，并调整自己的行为以适应这种变化是非常重要的控制变量。因此，外部环境变化的感知能力成为研究的控制变量。

在状态变量的选择上，如前所述，内外部审计协同治理系统在审计元素、审计结构层面的协同是整个系统产生新系统功能的主要动力，它们在环境的影响下相互协同作用，推动了审计协同溢出效应的产生，共同构成了内外部审计协同治理系统的系统论中的子系统。因此，将内外部审计协同治理系统的状态变量确定为反映内外部审计协同的审计元素层面协同、审计结构层面协同和审计协同溢出效应三个变量。

动态演化系统中的变量选取如表 7-1 所示。

表 7-1 动态演化系统中的变量选取表

变量性质	变量名称
状态变量	审计元素协同
	审计结构协同
	审计协同溢出效应
控制变量	审计环境感知能力

7.2 内外部审计协同治理系统协同演化模型构建

7.2.1 模型基础

Belousov—Zhabotinskii(B-Z)反应是一个化学名词,用来描述有机酸在金属铈离子作为催化剂时被溴酸氧化的一系列复杂化学反应(秦占奎,1989)。具体来说,当有机酸被溴酸氧化,加入金属铈离子作为催化剂时,可呈现"振荡反应",并呈现时间上的节律性,即当反应发生时,溶液会在无色和淡黄色两种颜色之间进行周期性的振荡。该反应模型是复杂科学研究的重点模型之一,在协同论的研究中被广泛使用(叶伟巍 等,2014)。"B-Z"反应模型是具有自组织特征的系统,这种系统结构由大量微观粒子的无序自组织运动产生。组织结构由无序变为有序的过程,我们称之为"振荡反应",耗散结构理论对这样的振荡反应解释为:当系统远离平衡态时,无序的均衡态并不稳定,但是在特定的动力学条件下,无序的均衡态会向时空有序的状态转变。这样的系统具有如下特征:首先,系统是一个开放的系统,其中的各主体都是各自独立发挥功能的,初始系统是一个无序的状态;其次,各个主体要相互协作,在协作中能使无序的系统走向有序;最后,当有序的系统持续产生新的结构和功能时,又会转向无序的状态。开放的系统就这样周而复始地发生着系统的"振荡反应"。内外部审计协同治理系统的演化符合"B-Z"反应的特征,与"B-Z"反应过程极为相似。首先,内外部审计协同治理系统是一个多主体参与的开放系统,包括审计主体(政府审计、民间审计和内部审计)、审计客体,还有审计委托人,甚至还有政策制定者、技术开发者等,不存在协同工作时,其各自有各自的运转模式,是独立的个体,并不存在有意识的交叉互动关系。而适当审计环境下在协同工作的过程中产生的协同溢出效应,使得整个系统的运行变得有序,协同溢出效应又能够影响审计协同环境,形成周而复始的系统"振荡反应。其次,最开始展开协同工作时,没有规章制度的指引,整个协同体系会处在一个无序的状态中,但当协同工作做得越来越好时，整个协同体系就会向有序的状态转化。最后，由于协同过程中出现的新结构、新方法、新问题向环境中释放，审计环境又会发生变化，使整个环境又向不稳定的无序状态转变。如此"振荡"反复，最终走向有序的稳定态。因此，我们可以借助"B-Z"反应构建内外部审计协同治理系统的协同演化的三维模型。

借鉴"B-Z"反应原理，可以利用系统演化方程来模拟内外部审计协同治理的系统演化规律，但要从微观世界推向宏观世界，整个内外部审计协同治理系统还应该满足下列的条件：

首先，耗散结构理论认为，只有开放的系统才能同外界进行物质和能量的交换，从而形成有序的结构。只有开放的系统才能利用外界向系统输入的催化剂使得整个系统有效的能量不断增加，这时系统的有序程度才能增加；同时，系统才能生成新的物质和结构并向环境中输出，和外界进行交换，使得无序度增加，熵值增加，而当熵值达到最大时，系统达到无序的平衡态。孤立的结构是不能称为耗散结构的。因此，内外部审计的协同治理系统必须要是一个开放的结构才能应用耗散结构理论。

其次，内外部审计的协同治理系统在系统的演化过程中，演化的阈值条件并不是唯一条件，阈值条件与整个系统失稳的临界值一一对应，当状态变量和控制变量发生变化时，系统内部的变量演化具有动态性和实效性，其失衡的临界条件也会发生改变。

最后，在内外部审计协同治理系统的运行过程中，整个系统内部的所有状态变量表现为更加明显的序参量特征。

在此使用 Logistic 方程模拟内外部审计协同治理系统的系统演化过程，定义 a_1、a_2、a_3表示审计协同系统运行过程中的审计元素协同状态（主要是审计知识获取）、审计结构协同状态（主要是审计知识流动）、协同溢出效应状态（主要是审计新功能的产生）三个状态变量，$\frac{da_i}{dt}(i=1,2,3)$是状态变量随时间变化的变化率；λ、θ、η分别是审计协同系统中审计元素协同状态 a_1、审计结构协同状态 a_2、协同溢出效应状态 a_3的调整参数；ε 是控制变量，即审计环境感知对内外部审计协同效应促进的综合水平。因而，ε 是 a_1、a_2、a_3这三个状态变量的共同控制变量，借鉴张铁男等(2011)对系统演化的研究，可得到内外部审计协同治理系统协同演化过程的变量和参数如表 7－2 所示。

表 7-2　变量定义表

变量	变量名称	变量解释	变量代码
状态变量 1	审计元素协同状态	反映审计协同系统运行过程中,审计元素层面的协同状态	a_1
状态变量 2	审计结构协同状态	反映审计协同系统运行过程中,审计结构层面的协同状态	a_2
状态变量 3	协同溢出效应状态	反映审计协同系统运行过程中,协同溢出效应的状态	a_3
控制变量	审计环境感知	描述对审计环境的感知对于审计协同系统的促进作用	ε
调整参数 1	审计元素协同指数	反映审计协同系统运行过程中,审计元素层面的协同水平	λ
调整参数 2	审计结构协同指数	反映审计协同系统运行过程中,审计结构层面的协同水平	θ
调整参数 3	协同溢出效应指数	反映审计协同系统运行过程中,协同溢出效应的水平	η

7.2.2　状态变量间的关系说明

1. 内外部审计协同治理系统中审计元素层面的协同与审计结构层面的协同之间的关系

如前所述,审计元素层面的协同主要是审计人之间知识的获取和共享,关于审计为什么被需求、谁来审计、怎样审计三个主要问题的回答,不同的审计主体都有不同的见解,在这个层面上的协同主要还是由不同的审计主体获取这三个方面问题的答案。这是后面协同系统顺利运行的基础和保障(刘佳佳 等,2013)。这三个基本协同问题的相关知识不但要从审计主体的内部去获取,还要从审计主体的外部去获取,包括审计委托人的审计需求是什么,被审计人的风险程度的高低等。审计人内部知识的积累对于审计人内部的知识共享和进一步的知识整合行为有积极的推动作用;外部知识的获取有利于审计人积累更多的知识资源,丰富审计人的知识库;审计人内部的审计结构搭建和知识的流动行为都是以审计元素的协同为基础的,基于此,本书认为审计元素层面的协同与审计结构层面的协同之间存在正向的作用。

2. 内外部审计协同治理系统中审计结构层面的协同与审计协同溢出效应之间的关系

在协同论中,协同结构指的是各类协同元素以什么方式被组合在一起,是这个协同系统之所以被称作一个系统,保持其整体性的重要依据,其中最重要的内容是各个元素之间是如何进行联系的。因此,在内外部审计协同治理系统中,审计的协同结构是保证审计人之间联系的重要手段,审计人联系的目的是为了让审计知识在审计人之间流动。不同的审计主体展开协同工作时,如何配合对方的工作,信息应该通过什么样的方式去传递,知识应该通过什么渠道流动,都是通过审计协同结构去保证的。知识在审计人之间获得了有效的流动,能完善审计人的知识库,使得原有的知识得到有效的积累和整合,使审计人更高效地解决审计中遇到的问题,进一步提升协同的效率,因此,审计协同结构保证了知识在审计人之间的流动,对审计协同的溢出效应有正向的作用。

7.2.3　模型的建立

1. 内外部审计协同治理系统审计元素层面协同的动态演化方程

在整个系统运行的初始阶段,审计人获取的知识主要是显性知识,显性知识的流入会使得审计结构发生变化,使得知识流动更强,但是,显性知识的流入速度会随着时间推移而变小,这时,隐性知识的流入会变多,比例也随之增大,而隐性知识的获取较难,知识流的速度也会变缓,使得整个审计协同结构的促进作用变缓,导致审计元素层面的协同效果和审计结构层面的协同效果不能同步提升。如前所述,审计环境对整个系统有显著的影响,所以,企业内部在审计环境的影响下,对于内外部审计协同治理系统的审计元素层面的协同状态 a_1,建立以下 Logistic 演化方程:

$$\frac{1}{\lambda}\frac{\mathrm{d}a_1}{\mathrm{d}t}=\varepsilon a_1+\varepsilon\frac{\theta}{\lambda}a_2+\eta a_1 a_3 \tag{7-1}$$

其中,εa_1 表示在审计环境影响下内外部审计协同治理系统在审计元素层面的知识获取活动中自身影响系数,审计环境 ε 随时间的推移会对审计元素层面的协同中的审计知识获取起到促进作用。$\varepsilon\frac{\theta}{\lambda}$ 表示在审计环境 ε 的作用下,审计协同结构中知识流动能力提高,促进了整个系统中对审计知识的有效共享和整合,从而使得整个系统的协同更加有效。$\eta a_1 a_3$ 表示整个系统中审计协同溢出效应对审计元素层面协同知识获取的影响,由于整个系统是开放的系统,因此,当产生了新的功能或者新的结构之后,它们又会影响原来的系统,是一个不断迭代的过程。

2. 内外部审计协同治理系统审计结构层面协同的动态演化方程

内外部审计协同治理系统中，审计结构层面的协同能够保证审计知识在审计人之间的流动，使得审计人更充分地利用相互获取到的知识，更好地维护这个系统的运转。审计结构层面的协同会同时受到审计元素协同和协同溢出效应的影响，原因在于，审计元素的协同是获取知识的过程，能补充审计人的知识基础，使得更多的显性和隐性的知识在系统内部流动，从而促进审计结构层面的协同，且协同溢出效应产生了新的知识和新的结构，反过来又会在审计人的协同体系中促进知识流动。审计环境的感知同样能够影响到内外部审计协同治理系统中知识的流动。因而，在审计环境感知 ε 的影响下，对于内外部审计协同治理系统的审计结构层面的协同状态 a_2，建立以下 Logistic 演化方程：

$$\frac{1}{\theta}\frac{\mathrm{d}a_2}{\mathrm{d}t}=-\varepsilon a_2-\lambda a_1 a_2+\frac{\eta}{\theta}a_3 \tag{7-2}$$

其中，$-\varepsilon a_2$表示在审计环境 ε 的作用下，内外部审计协同治理系统审计结构协同的自身影响系数，系数为负数，表示随着审计结构协同的知识流动水平不断升高，边际收益递减。$-\lambda a_1 a_2$表示内外部审计协同治理系统中审计元素层面的协同对审计结构协同的影响因子，在审计环境一定的情况下，系统元素层面的协同和系统结构层面的协同会存在竞争关系（秦占奎，1989）。内外部审计协同治理系统的资源（包括人力、物力和时间资源）是有限的，如果审计人获取了更多的审计知识，系统会把更多的资源用在获取知识方面，也就是更多的协同会发生在审计元素协同的这个层面，系统结构却未必能够传递那么多的知识，而如果把更多的资源用在建设系统结构中，则获取知识的资源就会变少，因此，审计元素层面的协同和审计结构层面的协同是存在竞争关系的，系统要在更好的审计元素层面协同和审计结构层面协同中做出选择，其系数为负，则表达了这样的竞争关系。$\frac{\eta}{\theta}a_3$ 是审计协同溢出效应对审计结构协同的影响因素，审计协同的溢出效应越大，要传递的新知识就越多，对审计结构的协同要求就越高。

3. 内外部审计协同治理系统审计协同溢出效应的动态演化方程

内外部审计协同治理系统的溢出效应产生，主要是在审计知识的获取和交换基础上产生新的知识，最终达到加强审计监督的目的。这个系统是一个循环的过程，从内在的运行机理来看，协同溢出效应的产生与系统自身的状态和知识获取的情况相关，而与知识流动的关系较小。外在环境的感知首先作用于知识的获取，然后影响到协同溢出效应的产生，而外在环境的影响对于知识流动的影响较小，因为知识流动更多依赖于系统内部的结构，受外界影响需要一个过程，不会立即受到较大的影响，因此，外部审计环境不能通过知识流动来作用于协同溢出效应。在审计

环境 ε 的影响下，对于内外部审计协同治理系统的审计协同溢出效应状态 a_3，建立以下 Logistic 演化方程：

$$\frac{1}{\eta}\frac{\mathrm{d}a_3}{\mathrm{d}t}=\varphi_1 a_3+\varphi_2\varepsilon\frac{\lambda}{\eta}a_1 \tag{7-3}$$

其中，φ_1、φ_2 是常数，$\varphi_1 a_3$ 表示协同系统中溢出效应的自身影响因素，内外部审计治理协同系统的内在动力会促使协同溢出效应的产生。$\varphi_2\varepsilon\frac{\lambda}{\eta}$ 表示审计元素协同中的知识获取状态对于协同溢出效应的影响。有效的审计元素协同能够促进审计知识的获取，从而促进协同溢出效应的产生。综上所述，得到企业内外部审计协同治理系统的三维 Logistic 演化方程：

$$\begin{cases}\dfrac{1}{\lambda}\dfrac{\mathrm{d}a_1}{\mathrm{d}t}=\varepsilon a_1+\varepsilon\dfrac{\theta}{\lambda}a_2+\eta a_1 a_3\\ \dfrac{1}{\theta}\dfrac{\mathrm{d}a_2}{\mathrm{d}t}=-\varepsilon a_2-\lambda a_1 a_2+\dfrac{\eta}{\theta}a_3\\ \dfrac{1}{\eta}\dfrac{\mathrm{d}a_3}{\mathrm{d}t}=\varphi_1 a_3+\varphi_2\varepsilon\dfrac{\lambda}{\eta}a_1\end{cases} \tag{7-4}$$

其中，φ_1、φ_2 是常数。在本研究中，假设 $\varphi_1=2$，表示没有环境影响的情况下，内外部审计协同治理系统可以促进审计协同溢出效应的产生；$\varphi_2=1$，表示内外部审计协同的审计元素层面协同对最终协同溢出效应的产生存在促进作用。所以，得到整个内外部审计协同治理系统的协同演化模型，即

$$\begin{cases}\dfrac{\mathrm{d}a_1}{\mathrm{d}t}=\varepsilon\lambda a_1+\varepsilon\theta a_2+\eta\lambda a_1 a_3\\ \dfrac{\mathrm{d}a_2}{\mathrm{d}t}=-\theta\varepsilon a_2-\lambda\theta a_1 a_2+\eta a_3\\ \dfrac{\mathrm{d}a_3}{\mathrm{d}t}=2\eta a_3+\varepsilon\lambda a_1\end{cases} \tag{7-5}$$

4. 稳定性分析

在内外部审计协同治理系统中，变量 ε 突破阈值的条件是通过控制其大小来实现的，从而实现序参量作用下整个系统的自组织状态。为了确定阈值的条件，采用协同学中的线性稳定性分析进行求解。

设置扰动项方程组的表达式为

$$\begin{cases}a_1=a_1^0+x_1\\ a_2=a_2^0+x_2\\ a_3=a_3^0+x_3\end{cases} \tag{7-6}$$

其中，$x_i(i=1,2,3)$ 为定态解的微小扰动，则当 $a_1^0=a_2^0=a_3^0$ 时，是方程(7-6)的定态解。用线性稳定性分析得到方程(7-7)：

$$\begin{cases}\dfrac{\mathrm{d}a_1}{\mathrm{d}t}=\varepsilon\lambda a_1+\varepsilon\theta a_2\\ \dfrac{\mathrm{d}a_2}{\mathrm{d}t}=-\theta\varepsilon a_2+\eta a_3\\ \dfrac{\mathrm{d}a_3}{\mathrm{d}t}=2\eta a_3+\varepsilon\lambda a_1\end{cases}\tag{7-7}$$

将方程(7－7)改为矢量的形式：

$$\frac{\mathrm{d}a}{\mathrm{d}t}=\boldsymbol{L}a\tag{7-8}$$

其中 $\boldsymbol{L}=\begin{bmatrix}\lambda\varepsilon & \varepsilon\theta & 0\\ 0 & -\varepsilon\theta & \eta\\ \lambda\varepsilon & 0 & 2\eta\end{bmatrix}$。

其特征方程为

$$(\boldsymbol{L}-\lambda \boldsymbol{I})=0$$

列为行列式，即

$$\begin{vmatrix}\lambda\varepsilon-\lambda & \varepsilon\theta & 0\\ 0 & -\varepsilon\theta-\lambda & \eta\\ \lambda\varepsilon & 0 & 2\eta-\lambda\end{vmatrix}=0\tag{7-9}$$

整理得到：

$$\lambda^3+(\varepsilon\theta-\lambda\varepsilon-2\eta)\lambda^2+(2\lambda\eta\varepsilon-2\eta\varepsilon\theta-\lambda\theta\varepsilon^2)\lambda+\lambda\theta\eta\varepsilon^2=0$$

当系统达到稳定态时，所有的特征根均为负实部，则下列不等式应同时成立：

$$\begin{cases}\varepsilon\theta-\lambda\varepsilon-2\eta>0\\ \lambda\theta\eta\varepsilon^2>0\\ (\varepsilon\theta-\lambda\varepsilon-2\eta)(2\lambda\eta\varepsilon-2\eta\varepsilon\theta-\lambda\theta\varepsilon^2)-\lambda\theta\eta\varepsilon^2>0\end{cases}\tag{7-10}$$

当 $\lambda-\theta\leqslant 0$ 时，有

$$\frac{-b+\sqrt{b^2-4ac}}{2a}<\varepsilon<\frac{2\eta}{\theta-\lambda}$$

当 $\lambda-\theta>0$ 时，有

$$\frac{-b+\sqrt{b^2-4ac}}{2a}>\varepsilon>\frac{2\eta}{\theta-\lambda}$$

其中，$a=\lambda\theta(\lambda-\theta)$，$b=2\eta(\lambda-\theta)^2+\lambda\theta\eta$，$c=4\eta^2(\theta-\lambda)$。

故企业内外部审计协同治理系统的演化阈值条件为

$$\varepsilon=\frac{2\eta}{\theta-\lambda}\tag{7-11}$$

其他参数见表 7－3。

表 7－3　企业内外部审计协同治理系统变量参数表

变量名称	变量表达	变量解释
控制变量	$\varepsilon=\sqrt{\prod_{i=1}^{n}\frac{\varepsilon_i}{\bar{\varepsilon}}k_{\varepsilon_i}}$	反映审计环境感知的综合指数，通过调查问卷的审计环境感知相关题项的得分计算，$\bar{\varepsilon}$ 表示审计环境感知的各题项得分平均值
调整参数 1	$\lambda=\sqrt{\prod_{i=1}^{n}\frac{\lambda_i}{\bar{\lambda}}k_{\lambda_i}}$	反映审计元素协同层面的综合指数，通过调查问卷的审计元素协同相关题项的得分计算，$\bar{\lambda}$ 表示审计元素协同的各题项得分平均值
调整参数 2	$\theta=\sqrt{\prod_{i=1}^{n}\frac{\theta_i}{\bar{\theta}}k_{\theta_i}}$	反映审计结构协同层面的综合指数，通过调查问卷的审计结构协同相关题项的得分计算，$\bar{\theta}$ 表示审计结构协同的各题项得分平均值
调整参数 3	$\eta=\sqrt{\prod_{i=1}^{n}\frac{\eta_i}{\bar{\eta}}k_{\eta_i}}$	反映内外部审计协同治理系统溢出效应的综合指数，通过调查问卷的内外部审计协同治理系统溢出效应相关题项的得分计算，$\bar{\eta}$ 表示审计协同治理系统溢出效应内外部的各题项得分平均值

5. 序参量方程的建立

系统演化序参量的有效识别可以明确系统演化的规律。协同学的绝热消去法可以对方程进行降维，消去方程中的快变量，使得系统中的主导因素变成序参量，进而预测系统在序参量影响下的演变规律。内外部审计协同治理系统的运行需要从系统的其他主体那里获取大量的知识，因此，在审计元素层面的协同是整个系统运行的前提。因此，选择整个系统的元素协同状态作为系统演化的序参量，所以得到：

$$\begin{cases}\dfrac{\mathrm{d}a_1}{\mathrm{d}t}=\varepsilon\lambda a_1+\varepsilon\theta a_2+\eta\lambda a_1a_3\\ \dfrac{\mathrm{d}a_2}{\mathrm{d}t}=-\theta\varepsilon a_2-\lambda\theta a_1a_2+\eta a_3=0\\ \dfrac{\mathrm{d}a_3}{\mathrm{d}t}=2\eta a_3+\varepsilon\lambda a_1=0\end{cases}\tag{7-12}$$

对该方程求解得到：

$$\begin{cases}a_2=-\dfrac{\lambda\varepsilon a_1}{2(\varepsilon+\lambda a_1)\theta}\\ a_3=-\dfrac{\lambda\varepsilon a_1}{2\eta}\end{cases}$$

得到序参量方程：

$$\frac{\mathrm{d}a_1}{\mathrm{d}t}=\lambda\varepsilon a_1-\frac{\lambda\varepsilon^2 a_1}{2(\varepsilon+\lambda a_1)}-\frac{\lambda^2\varepsilon a_1^2}{2} \tag{7-13}$$

引入时间变量 t，得

$$\begin{aligned}\int\frac{\mathrm{d}t}{\mathrm{d}a}\mathrm{d}a&=\frac{2(1+\lambda a)}{-\lambda^3\varepsilon a^3+(2\lambda^2\varepsilon-\lambda^2\varepsilon^2)a^2+(2\lambda\varepsilon^2-\lambda\varepsilon)a}\mathrm{d}a\\&=\int\mathrm{d}t\end{aligned}$$

7.3 仿真分析

为了明确内外部审计元素层面协同对整个系统演化规律的影响，本书对问卷调查的结果进行了仿真模拟，根据相关参数和计算公式，得到样本的 λ、θ、η 和 ε 值。根据上述以 λ 和 ε 为变量的序参量方程，结合阈值条件，控制外部环境感知参数 ε 可以得到以审计元素协同为基础的序参量方程演化规律。当阈值较高时，表明需要在较高的环境感知能力情况下，内外部审计协同治理系统的演化才会发生，当阈值较低时则相反，需要较低的环境感知能力，内外部审计协同治理系统的演化才会发生。经模拟仿真，阈值为 0.746。当 $\varepsilon=0.746$ 时，得到的仿真结果如图7-1所示。也就是说，在不同的环境感知能力的影响下，内外部审计人员在审计元素协同作为序参量时，其协同能力会随着时间的推移逐渐递增，即在同一个系统内，审

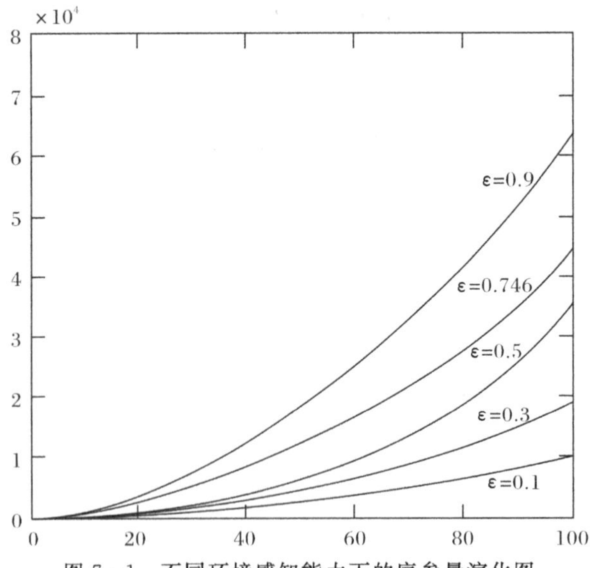

图 7-1　不同环境感知能力下的序参量演化图

计人员互相之间的协同能力会越来越强，因此，知识获取的能力也会越来越强。当 $\varepsilon<0.746$ 时，随着 ε 的提高，λ 的提升速度会比 $\varepsilon=0.746$ 时更快，也就是说，在这个范围内，在环境感知能力加强的情况下，审计人员在审计元素层面获取知识能力的增加速度是更快的。当 $\varepsilon>0.746$ 时，审计人员对环境的感知能力已经达到阈值，ε 进一步升高，序参量的变化并不是很明显，比起未达到阈值的时候变化要平缓很多，但是也能看出有上升的趋势。因此可以得出结论：审计环境感知能力对序参量的影响是比较明显的，即在较强的环境感知能力下，内外部审计的协同治理系统可以较快地实现协同演化，而在环境感知能力较弱的情况下，内外部审计协同治理系统也能实现协同演化，但需要的时间较长。

研究整个系统的演化关系，首先要确定的是状态变量的初始情况。根据行列式，首先考虑初始状态为[1　1　0]时的情况，即在初始状态下，系统一开始就注重审计元素层面的协同和审计结构层面的协同；其次考虑初始状态为[0　1　0]时的情况，即在初始状态下，系统一开始只注重审计元素层面协同的情况。

将参数代入方程组(7-5)，利用 Matlab 进行仿真，得到初始状态[1　1　0]的仿真结果，如图 7-2 所示，结果表明，在审计环境的影响下，审计元素层面的协同和内外部审计协同的溢出效应能在较短的时间内呈现同时上升的状态，协同的关系十分明显。虽然两者在一开始的时候呈现了无序的发散状态，但是随着时间的推移，审计结构的协同状态基本处于平稳的状态。由于审计结构的协同也能够带来协同双方一定层面的资源转移，作用于系统会使协同的溢出效应下降，但不会特别明显，随着审计元素层面的协同水平和整个系统的协同溢出效应的提升，审计结

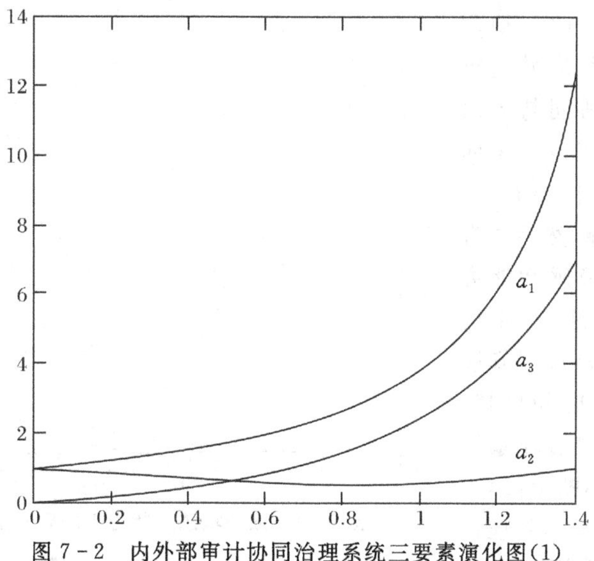

图 7-2　内外部审计协同治理系统三要素演化图(1)

构层面的协同会保持一个稳定的状态。另外，审计元素层面的协同作为整个系统演化的序参量，其增长的趋势也十分明显。

根据审计环境感知的能力高低，令审计环境感知能力弱时的参数 $\varepsilon=0.5$，审计环境感知能力强时的参数 $\varepsilon=1$，将两者对比展开仿真模拟。弱感知能力的仿真结果如图 7－3 所示，在审计人员环境感知能力较弱时，随着时间推移，内外部审计

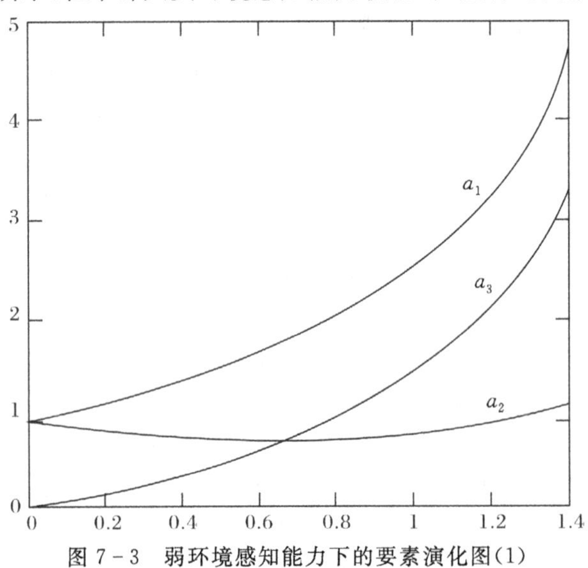

图 7－3 弱环境感知能力下的要素演化图(1)

协同系统的溢出效应在不断提高，当 $t=1.4$ 时，协同溢出效应达到了 3，并且审计元素层面的协同与溢出效应的产生有较强的正向协同关系，而审计结构的协同水平则先下降，然后才有所回升。强环境感知能力的仿真结果如图 7－4 所示，在审计人员环境感知能力较强时，随着时间推移，内外部审计协同治理系统的溢出效应在不断提高，当 $t=1.4$ 时，协同溢出效应甚至达到了 12，作用强度明

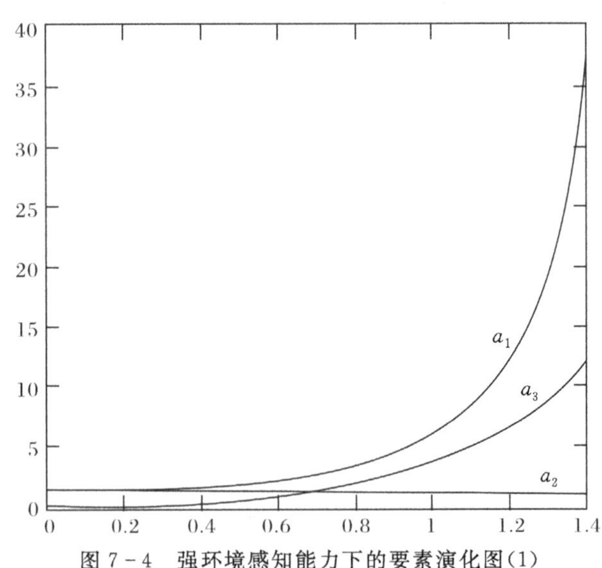

图 7－4 强环境感知能力下的要素演化图(1)

显高于弱环境感知能力的情况。审计元素层面的协同与溢出效应的产生同样有较强的正向协同关系，审计元素层面的协同作为序参量，上升速度很快，审计结构的协同水平则先下降，然后才有所回升，但能保持一个稳定的状态。基于此，审计环境的感知能力对协同溢出效应产生的影响过程基本明确，整个系统应当在提升环境感知能力的基础上提高审计协同溢出效应。

针对初始状态[0　1　0]，得到的仿真结果如图 7－5 所示，结果表明，在整个

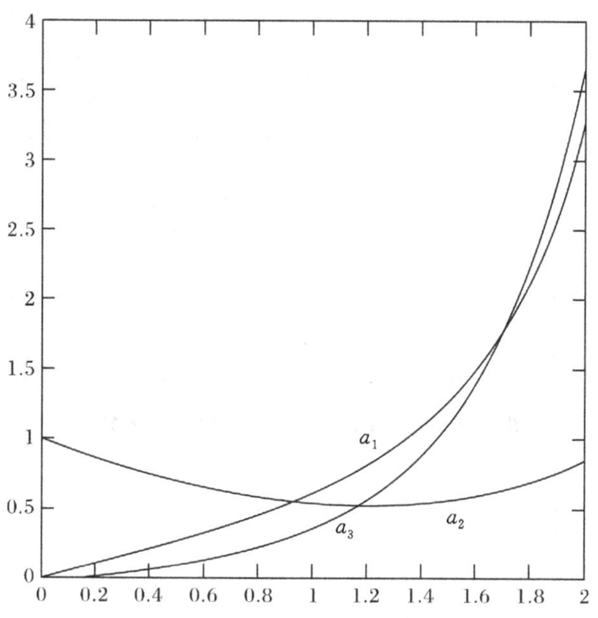

图 7－5　内外部审计协同治理系统三要素演化图(2)

系统演化的初期，如果只考虑变化较为平缓的审计结构协同的状态，审计元素层面的协同水平和协同溢出效应会随着时间的推移不断上升，审计结构方面的协同则呈现了先下降后上升的形态，三者的关系与前述情形基本一致。同样地，针对审计人员的环境感知能力，从初始形态展开仿真模拟，令审计环境感知能力弱时的参数 $\varepsilon=0.5$，审计环境感知能力强时的参数 $\varepsilon=1$。如图 7－6 所示，在弱环境感知能力时，随着系统的演化，系统审计元素层面的协同水平和系统的协同溢出效应在不断提高，但是其提升的速度较慢，当 $t=2$ 时，协同溢出效应才超过 1。但是，两者存在较强的正向协同关系。审计结构协同水平依然是先下降再上升的趋势，三者之间的协同效应较为明显。在环境感知能力较强时，其仿真结果如图 7－7 所示，在强环境感知能力的作用下，随着系统演化的推进，系统审计元素层面的协同水平和协同溢出效应也在不断提高，其提高的速度明显快于弱环境感知能力的情况，当 $t=2$ 时，协同溢出效应已经达到 14。系统元素层面的协同水平和协同溢出效应的

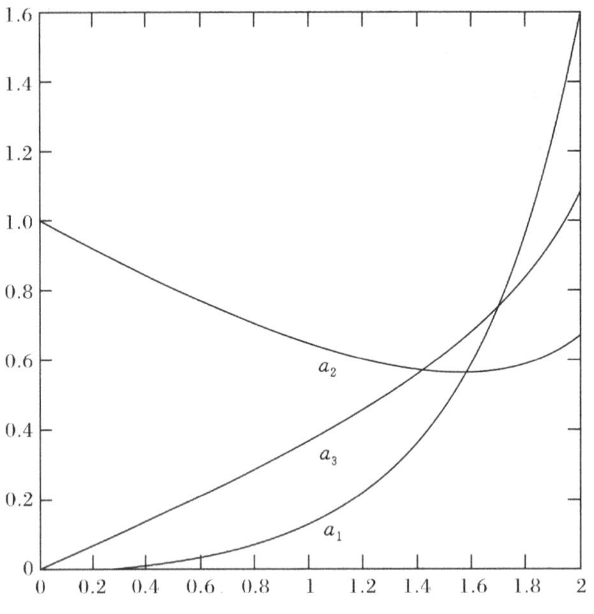

图 7-6 弱环境感知能力下的要素演化图(2)

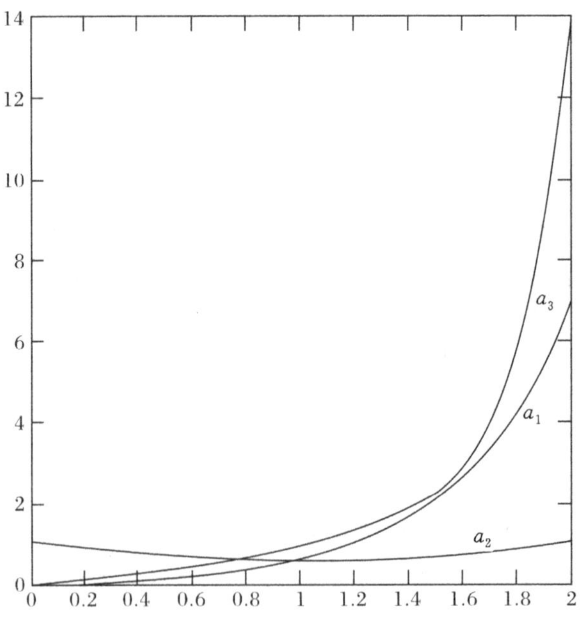

图 7-7 强环境感知能力下的要素演化图(2)

产生之间也存在较强的正向协同关系。审计结构层面的协同呈现了先缓慢下降再缓慢上升的状态，速度明显慢于弱环境感知能力的情况，协同的效应是较为明显的。基于此，我们认为，环境的感知能力有利于审计协同溢出效应的产生。

本章通过复杂系统理论中具有自组织现象的“B-Z”反应模型和内外部审计协同治理系统的相似性，以协同学和审计学理论为基础，建立了在审计环境感知基础上的审计元素层面协同、审计结构层面协同对于最终审计协同溢出效应的产生影响的协同演化三维模型。通过稳定性分析找到该系统的平衡点，然后运用数学仿真手段模拟外界不同环境感知影响下，系统内部形成有序结构的条件和演变趋势。最后根据绝热消去原理得出系统演化的序参量，并构建了模型。对 206 个样本的问卷调查进行了仿真模拟实验，得出如下结论：

(1)在内外部审计协同治理系统中，审计元素层面的协同作为序参量，是影响内外部审计协同治理结果——协同溢出效应的关键。随着系统演化的推进，在外部环境感知的基础上，审计元素层面的协同展现出序参量的特征，内外部审计的协同溢出效应也随之上升，表现出了较强的协同效应，而审计结构层面的协同呈现了先缓慢下降再缓慢上升的趋势。

(2)在外部审计环境感知能力强和外部审计环境感知能力弱的情况下，当系统演化时间相同时，强外部环境感知能力影响下的协同溢出效应水平明显要高于弱外部环境感知能力下的协同溢出效应水平，审计环境的感知能力是影响整个系统演化的重要条件。

(3)当系统处于不同的初始状态，环境感知能力一定时，在系统的初始时期，只关注审计元素层面协同的系统比既关注审计元素层面协同又关注审计结构层面协同的系统后期的协同效果要差一些。

7.4　政策建议

通过前期研究发现，目前我国内外部审计协同治理系统还处在系统演化的初级无序阶段，协同的现状很不尽如人意，离“发挥内外部审计合力，合理优化配置审计资源，提升审计质量”的要求还有很大的距离。我国关于内外部审计协同的制度建设也才刚刚起步，现阶段法律法规建设很不完善，审计力量分散、重复审计和审计资源浪费的问题比比皆是。提升审计协同系统的治理效果要从审计元素层面的协同、审计结构层面的协同和审计环境感知层面三个方面来开展。本书构建了内外部审计协同治理系统的过程模型，为分析内外部审计协同的主要要素之间的协同关系对最终协同溢出效应产生的作用机理奠定了基础，且在上述理论分析、实证分析的基础上，针对内外部审计协同的主要影响因素提出相关政策建议。

7.4.1 审计元素层面协同的政策启示

审计元素层面的协同是审计人通过整合审计需求，使用合适的审计协同方法向共同审计目标前进的过程。在这个资源整合过程中，研究发现，审计需求、审计人、审计方法都是重要的影响因素，加强资源在审计元素层面的共享程度，就要考虑到这三个主要方面，相关的政策建议有：

1. 完善协同治理的资源共享机制

国家要完善内外部审计协同治理的资源共享机制，加强内外部审计主体之间的资源整合，提升内外部审计在审计元素层面协同中的知识获取能力。这样的资源共享机制要建立在相应的资源平台上，资源平台要面向技术前沿、政策法规、行业产业的新资源。首先，要搭建统一的公共审计资源信息平台，充分利用网络实现审计资源的有效集成，提升整个审计行业的信息资源共享程度，包括制度文献共享平台、审计报告共享平台、审计数据共享平台、审计清单披露平台等。其次，针对某一个任务协同工作时，应建立统一的资源共享工作平台，积极建立沟通机制，在平台上缩短沟通物理距离、提高沟通频次、降低沟通技术距离、减少沟通制度差距。

2. 建立有利于协同治理的长效机制

资源共享机制的后续长效机制建立，才能保证整个系统在达到稳定状态后能一直运行下去。在达到稳定状态之后，长效的保证机制主要靠的是地方审计机构对整个系统的维持和维护。从前文的分析来看，政府审计在三种审计主体中占据了主导地位，无论与哪种主体协同工作，政府审计人员都有较高的话语权；从前文的分析来看，整个系统要达到稳定状态，政策环境是最重要的影响因素，强政策环境下系统的协同效应更强，整个系统能更快地趋于稳定状态。因此，政府审计对于整个系统的主导作用是必须肯定的，长效机制的建立，也需要政府审计机构后续资金的支持，且维持平台的运转、提升系统协同治理效果等方面都需要政府审计机构的不懈努力，这样才能达到提升公司治理水平的目的。

3. 建立人才共享机制

目前审计的“去财务化”趋势较为明显，在协同过程中，隐性知识的传递占据了大部分内容，但是通过前文对协同现状的分析表明，目前信息获取和流动的过程都不是很顺畅，大部分的审计协同还停留于如何去获取资源和数据这个层面，而信息平台有了数据共享机制之后，对信息的分析和判断就是审计协同主要的工作。因此，应该建立专家库展开咨询工作，对于有经验的审计人员建立专家库，这样难以判断的审计工作可以在平台进行咨询，能提高审计协同的效率和效果，进一步整合人力资源；亦可以鼓励跨单位聘任制度等，进一步加强人才的共享机制。这样的人才共享机制特别是对于内部审计人员的业务能力提升有较大的帮助，而内部审计人员能够参与到日常的公司治理中去，是公司治理“四大基石”中唯一参与日常治理的部分，因此，建立这样的机制对公司治理水平的提升有较为重要的作用。

7.4.2 审计结构层面协同的政策启示

审计结构层面的协同主要考虑的是审计协同中的协同关系设置，在前文的分析中已经指出，审计结构层面的协同需要在知识编码、社会资本支持、激励制度三个方面展开。针对这三个方面，主要的政策建议有：

1. 建立隐性知识的编码机制

如前文所述，内外部审计的协同中“去财务化”的趋势已较为明显，因此，在信息传递中，信息主题的审计信息变得越来越少，基于审计知识的主观判断、分析和处理的行为主题审计内容变得越来越多。在协同工作中，如何对这些内容进行显性化，并把它们编码，使得隐性的经验、判断能够显性化并予以传递，这是隐性知识编码机制的重要内容。目前很多会计师事务所的审计人员跟内部审计展开协同工作时，使用制式的表格来与内部审计沟通，但是经验判断的过程还是难以传递，因此，隐性知识的编码机制应当建立起来。对于什么样的信息应当如何判断，内外部审计机构应当有相对固定的判断标准，或者有较为固定的工作小组关系，在组间进行隐性知识编码的经验传递，这样信息传递的基础才能建立起来。有了这样固定的关系来传递隐性知识，才能使审计人之间的沟通更加顺畅和持久，从而在审计协同结构层面优化公司治理水平。

2. 建立合理的信息披露机制

在系统内进行信息传递时，不但要发挥平台的作用，还要有固定的信息披露机制，这个信息披露机制存在的依据是系统的激励和惩罚作用。由于审计工作的保密性，具体的协同过程本身就是隐性知识传递的过程，也是保密数据和经验的传递过程，对于这个过程都是如人饮水，很难用统一标准去评价，也很难制定激励政策，但是最终审计结果的披露越详细，说明审计过程中信息的传递越充分，因此应当制定相应的审计结果披露机制。对于非上市公司，审计报告往往是不披露的，较少接受公众的监督，即使披露了审计报告的也多是语焉不详，制式的套话较多，而且披露的平台也不一致，信息很不集中。因此，统一的信息披露平台是信息披露机制建立的关键。

3. 在党委领导下树立正确统一的价值观

如前所述，在社会资本支持的认知维，所有审计人员有共同的价值观是整个协同工作开展的前提。社会主义核心价值观的建立是我党一直在做的重点攻坚课题，有学者的研究表明，有党委且党委发挥了重要作用的审计机构，其审计监督的质量较没有党委或党委并未发挥重要作用的审计机构的审计质量要高很多，因此，党委能够领导审计人树立正确的人生观价值观，使认知维的水平升高，有了统一的价值观，审计知识的流动才能够更加顺畅，从思想的层面上提升公司治理水平。

4. 建立首审负责制

如前所述，第一次对审计客体展开审计的主体，其审计质量对协同的溢出效应产生有较大的影响，对一个审计客体首次展开审计的主体对整个审计系统的协同效果负有直接责任，因此，建立首审负责制显得尤为重要。首审负责制的建立和保障应该由政府审计展开。在协同工作中，政府审计对民间审计和内部审计的审计质量负有监督职责，政府审计应充分发挥其行政处罚权，对审计质量低下的内部审计和民间审计主体展开监督和责令整改，以提升内部审计和民间审计的审计质量，提高审计协同治理的效果。同时，内部审计是一直参与公司治理的部门，内部审计切实地负起责来，才能提升整个协同治理系统的协同治理效果，达到优化公司治理的目的。

7.4.3 环境感知层面的政策启示

在前面我们已经论证了在整个协同治理系统中，对于演化起决定性作用的是外部环境感知能力，在强环境感知能力状态下，系统能更快地趋于稳定态，而建立完善的法律法规环境以及保障先进的技术环境是提升审计人员的外部环境感知能力的关键手段。

1. 完善法律法规建设

目前我国内外部审计的协同系统还处于初级的无序状态，表现出协同范围较小，协同效果较差，但依然能看到内外部审计之间的协同能够使信息有效性增加。虽然国家现有的法律法规都提出了内外部审计协同工作的要求和原则，但是还缺乏具体的协同工作指引，在内外部审计的工作中如何进行各个时期的工作协同，内部审计协同时和外部审计协同时的工作要点是什么，这些都很难找到依据。那么，如何使这样的协同变得高频且高效，是政策制度建设时应重点研究的问题。

2. 完善技术环境建设

通过“金审工程”等项目的建设，我国的审计大数据网络已基本建成。随着区块链技术的成熟，区块链技术下的审计数据网络也初具规模，但要达到能互相印证数据、真正为审计所用，还有很长的路要走。目前能应用于审计的技术方法较多，如 Pathon、Neo4j、模糊匹配技术等，但是审计专业人员多数没有计算机背景，导致新技术新方法的推广举步维艰。目前，针对内外部审计协同数据的共享和传递基本可以做到，但是基本的专业判断以及数据边界的确定等都还有待于专家库的建立和网上咨询平台的搭建，否则技术环境的适应是无从谈起的。

7.4.4　协同系统动态演化的政策启示

本书从内外部审计协同治理系统的审计元素协同、审计结构协同和审计环境感知三个因素的协同演化规律来分析协同治理的系统演化过程，并以审计元素协同作为主导能力因素建立序参量方程，进一步挖掘三个因素对审计协同溢出效应产生的影响。从前文的协同演化趋势分析来看，系统形成自组织后的系统动力还是来自这三个层面的因素，它们在整个系统演化过程中的能力平衡也是非常重要的，这些都是政策制定的重要依据。

1. 完善内外部审计协同治理的内部动力机制

由于内外部审计协同治理能力受到较强的外部环境因素影响，在较强的内部知识获取能力下，整个系统才能向有序的状态演化。因此，在系统协同演化的过程中，应该不断加大有利于整个系统走向有序的财政资金投入，特别是根据整个系统的演化过程要求，增加建立审计数据共享平台的建设经费。国家大数据网络建设经费中，政府拨款的占比一向较高，因为这属于公共物品的建设，而国家掌握着公共资源的建设和分配权，因此，对于数据共享平台的建设，应该由政府来主导，相应地也可以开辟多元的经费建设渠道，满足平台建设的需求。

2. 加强对内外部审计协同关系的监管

根据前面的实证研究，在协同治理过程中，系统内部的审计元素协同能力、审计结构协同能力和审计环境感知能力直接影响协同溢出效应的产生。根据系统演化分析又可以得知，这几种能力之间的协同关系会以不同的速率达到协同治理系统的有序状态，特别是对环境感知程度较高的系统，其收敛于有序平衡态的速度会更快。相反，协同关系较差的系统会制约三种元素之间的整合。因此，在整个协同演化过程中，对系统内部能力实施监控，使整个系统平衡发展是较为重要的。

首先，对于审计元素和审计结构的协同，要平衡好两者之间的关系。如前所述，两者之间是此消彼长的关系，在协同过程中要保证两个层面的效用都发挥到最大，则要提升这两个层面的协同效率。在审计元素协同层面，主要的任务是知识获取，政府对政策平台的建设应该跟更多的信息和数据库建立合作关系，以保证审计知识和新的审计制度的获取。同时，在知识传递过程中，审计信息共享平台的构建也要考虑到不同层级的需求，建立不同的审计信息传递结构，以利于审计信息传递的渠道通畅。

其次，对于审计元素和审计环境感知的协同，主要是关于审计人专业程度的提升。教育背景更好的审计人能有更好的审计环境感知能力，因此，政策方针应该鼓励审计人加强对制度的认知、新技术的学习。会计准则经常发生变化，会计人员一直都处在一个终身学习的环境中，新的技术、新的方法也在不断地推陈出新，而会计人员不是计算机专业出身，对于技术的新变化不甚明了，因此，组织制度学习、技术培训的频率也是很重要的保障手段。

最后，对于审计结构和审计环境感知的协同，政策制定者应该关注的是隐性知识编码的过程，在协同前、协同中和协同后对这个编码过程进行进一步规范。如何将审计隐性知识转化成显性知识并在系统中更快的传播是审计结构要解决的问题，如对审计的隐性知识进行转化的过程应该有具体的政策指引，至少在一个系统中应该有制式的表格来加强知识的传递，这样大家才能把对新制度、新方法的感想感悟、经验教训等进行传递和分享。

3. 加强顶层制度建设

从前文的实证结果中可以得知，在协同治理系统中，审计元素层面的协同是影响协同溢出效应产生的主要因素。在自组织演进的过程中，审计元素层面的协同是演进时的序参量，通过绝热消去原理，令内外部审计协同系统中的慢变量（审计结构层面的协同和审计环境感知能力）对时间求导为零，构建序参量方程，能对序参量作用下的系统演变规律进行探寻。自组织演进过程中，审计元素层面的协同是基本内容，要保证审计元素层面的协同就要保证审计知识的获取渠道和获取方法，这对顶层制度建设有较高的要求。首先，顶层制度设计中要构建跨领域的知识获取体系，促进不同部门之间的信息融合。审计信息中最重要的是外部证据的寻找，比如税金的缴纳要与税务部门联系，应收账款的数量要与销货方展开函证，如果这些数据都纳入信息共享平台中，将大大提升审计的效率。其次，加强资源的顶层配置，特别是经费的配置。构建知识共享体系是需要大量资金支持的，国家要发展协同系统，那就必须要提供足够的资金支持构建这样的信息共享平台。

综上所述，对整个内外部审计协同治理系统治理能力的提升，其关键在于对内部审计治理能力的提升。内部审计在协同过程中由于其较差的“独立性”，其协同水平和专业能力比起外部审计来有很多不足。而内部审计又是公司治理的日常参与者，提升内部审计的专业水平和协同能力是提升公司治理水平的关键，也是提升内外部审计协同治理系统治理能力的关键。以上的所有政策建议，在国家治理层面提升的是企业内外部审计的协同治理能力，在企业层面的重要意义就是帮助内部审计提升治理能力，进一步优化被审计对象的公司治理结构，提升被审计对象的公司治理能力。

第8章 结论

8.1 主要结论

本书在充分调研我国企业内外部审计协同治理现状的基础上，首先采用博弈论的方法证明了整个系统协同效应的存在条件，然后从审计学、系统论、协同论、自组织理论等理论出发，研究了“内外部审计协同治理过程中是哪些因素影响了协同治理”和“内外部审计协同治理过程中系统是如何演化至稳定态”等问题。本书在梳理相关文献和对我国内外部审计协同治理现状调研的基础上，基于审计元素层面协同、审计结构层面协同和审计环境感知三个维度建立了协同治理过程模型，接着运用自组织理论构建了内外部审计协同治理过程机理模型，进一步剖析了在整个系统的协同演化过程中，审计元素、审计结构和审计环境感知之间的协同演化规律。本书的研究内容被分为五个子研究，得出了如下主要结论：

1. 虽然内外部审计之间的协同治理现状较差，但其协同是有效的

内部审计和民间审计的协同中，只有不到45%的企业披露了内部审计和民间审计协同的内容，民间审计对企业审计委员会和审计结构的指导内容披露最多，而针对审计制度和审计工作的具体层面的协同指导则十分少。政府审计和民间审计的协同现状中，政府审计客体的国内八大会计师事务所审计比例略高于一般上市公司，国际四大会计师事务所审计比例却略低于一般上市公司，其审计质量还有待进一步提高。在关键审计事项的披露中，在未经政府审计时只有12家公司披露了关键审计事项，而经政府审计过后，有32家公司披露了关键审计事项，对于关键审计事项的披露范围和披露详细程度也有较大的提升。政府审计和内部审计的协同状况中，绝大多数的上市公司没有披露内部审计和政府审计的协同工作，但是经政府审计的上市公司审计职责的覆盖面比未经政府审计的上市公司审计职责的覆盖面要宽，说明政府审计对内部审计的职责有提升的作用。经政府审计的上市公司内部审计专业人员的数量比未经政府审计的上市公司内部审计专业人员的数量要多，说明了经由政府审计和内部审计协同治理后的公司更注重内部审计人员的配备，其审计质量较高。经由政府审计和内部审计协同治理后的上市公司内审人员的胜任能力也比未经协同治理的上市公司要高，他们取得了更多的职业资格证书，内审工作的有效性更高。

2. 内外部审计协同治理溢出效应的产生取决于首次审计的审计主体质量

本书通过多阶段博弈证明了首次审计的审计主体的审计质量高，则协同的溢出效应大，协同的效果就好；首次审计的审计主体的审计质量低，则协同的溢出效应就小，协同的效果就较差。首先，本书证明了民间审计质量越高，政府审计的工作量越小，进而发现了在协作中，民间审计的审计质量对于政府审计的审计质量和审计效果都起了决定性的作用；其次，本书证明了内部审计质量越高，民间审计的工作量越小，进而发现了在协作中，内部审计质量高低是协同成功与否的关键；最后，本书对政府审计和内部审计的协同进行了博弈分析，证明了内部审计质量越高，政府审计的工作量越小，进而发现了在协作中，内部审计的质量高，两者之间的协同才是有效果的，且审计主体进行协同工作时，对外部其他监管主体的感知能力高，外部监管环境严格，内部审计对政府审计的协同效用才能得以发挥。因此，在审计的协同工作中，只有首次审计的审计主体审计质量高，才能使得整个协同的效果更好。

3. 审计元素层面的协同、审计结构层面的协同和审计协同环境感知是影响内外部审计协同治理系统协同溢出效应产生的主要因素

本书应用系统论的研究方法，认为在审计协同系统中，系统元素和系统结构在一定的系统环境中对系统功能的产生有影响。本书参照审计学、知识论相关原理，使用主成分因子分析确定了内外部审计协同过程中的主要影响因素。其中，审计元素层面的协同主要由审计人员的协同、审计需求的协同、审计方法的协同三个方面决定，审计结构层面的协同主要由知识编码能力、社会资本支持水平、激励制度三个方面决定，审计协同环境感知主要由制度环境感知和法律环境感知两个方面决定，这些因素影响了审计协同溢出效应的产生。审计人员能力的提升、审计结果质量的提升和审计客体内部控制质量的提升，是审计协同溢出效应的表现形式。

4. 审计元素协同是影响内外部审计协同治理系统的主导因素

本书在数据搜集时进行了大样本调研和统计分析，对内外部审计协同治理系统模型进行了验证，通过多元回归分析证明了在协同治理过程中，审计元素协同、审计结构协同和审计环境感知能力均正向影响了审计协同溢出效应的产生，其中审计元素协同的影响系数最大，因此，在自组织理论中，审计元素协同是影响协同治理系统的主导因素，在系统演化发展中是最为重要的序参量。本书通过进一步的分析和证明，论证了审计元素协同、审计结构协同和审计环境感知能力之间的交互作用对内外部审计协同溢出效应的作用机制。其中，审计元素层面的协同和审计结构层面的协同存在着一定的相反作用，两个层面的协同交互作用在一定程度上对审计协同溢出效应的产生起到了负向影响作用；审计元素协同和审计环境感知能力的交互作用以及审计结构协同和审计环境感知能力的交互作用对审计协同溢出效应的产生都起到了正向作用。

5. 在较强的外部环境感知能力条件下，内外部审计协同治理系统能更快演变为稳定态

本书利用“B-Z”反应模型中产生自组织的过程与内外部审计协同治理系统演化之间的相似性，以协同学为理论依据，建立了以审计元素协同、审计结构协同和审计环境感知能力三种要素为协同演化动力的模型，通过稳定性分析找到了系统的稳定态以及能力协同的平衡点，即自组织从无序走向有序的条件；然后运用仿真模拟的方法模拟外界不同的环境状态下三种元素的演变趋势；最后在以审计元素协同为序参量的前提下，根据绝热消去原理得出整个系统的序参量方程，得出“在较强的环境感知能力下，系统内部的演化能更快地趋于稳定态”的结论。因此，加强外部制度建设和技术创新对于整个系统更快地走向有序是尤为重要的。

8.2 研究不足与展望

本书主要采用文献分析法、问卷调查法、统计分析法等研究方法，将复杂系统论中的“B-Z”反应模型引入研究，构建了内外部审计协同治理系统的三维仿真模型，对如何提高内外部审计协同治理能力这一议题做了较为深入的研究。具体地，本书的研究主要围绕三大议题展开：①我国内外部审计的协同治理现状如何？②内外部审计的协同治理系统在协同治理的过程中，关键的维度和影响因素以及这些因素对于协同治理溢出效应的产生有什么作用？③内外部审计协同治理系统的演化过程机理如何？本研究开创性地使用复杂系统理论中的自组织理论、系统论、协同论、知识传递理论等，在前人研究的基础上研究了内外部审计协同治理系统审计元素层面协同、审计结构层面协同和审计环境感知对审计协同溢出效应的影响，运用回归分析和仿真模拟的方法对整个系统的演化过程和演化规律进行了模拟。这是协同论的创造性研究范式，是前人的研究中所没有的范式，特别是内外部审计协同治理框架在我国的审计体系中还未形成之际，本研究只是从理论角度揭示了内外部审计协同治理的部分问题，只是希望打开内外部审计协同治理研究的新思路，只是这方面研究的起点。本研究还存在一些不足和有待改进之处，这些不足之处和有待改进的内容包括：

(1)由于上市公司中接受政府审计的企业过少，披露的情况不多，同时披露了内部审计情况的企业就更少，因此，本书在论证时并没有采用大数据分析的方法，只对现有数据进行了分析和一一说明，要做进一步的大数据检验还有待企业披露更多的协同细节信息。

(2)由于政府并未披露更多的关于政府审计的数据，因此本书只搜集了2015—2019年的数据进行分析。2015年之前，政府的审计网站建设较为不完善，数据披露的极少。近几年随着网站建设步伐的加快，数据的披露才变得更加完善，因此研究中对 2015 年之前的情况没有进行数据收集和情况讨论。随着政府网站建设的步伐加快，后续研究应该采集更多、更详细的数据来进一步展开研究。

(3)由于本研究问卷调查针对的对象是参与过内外部审计协同治理的审计人员，而目前我国内外部审计协同状况较差，这样的审计人员本身数量就较少，因此本书只收集了 206 位审计人员的问卷调查结果。虽然审计人员在三种审计主体中的分布基本均匀，但是审计人员的覆盖面并不是很广，只能代表一部分参与过审计协同治理工作审计人员的看法，随着我国内外部审计协同治理工作的推进和进一步深化，后续的研究中参与过审计协同治理的审计人员数量就会增多，能扩大样本进一步展开深入研究。

附　录

附录 1　访谈提纲

一、请简要谈谈您参与内外部审计协同工作的经历。

二、请谈谈您是如何理解内外部审计协同治理的。

三、您认为影响内外部审计协同治理的因素有哪些?

四、您认为目前我国内外部审计协同治理面临什么困难和障碍?

五、您认为应当如何提升内外部审计协同治理能力?

附录 2 问卷调查表

内外部审计协同治理调查问卷

尊敬的女士/先生：

您好！感谢您参与本次问卷调查！

本问卷旨在了解我国企业内外部审计师在工作时互相之间的协同合作基本情况，通过发现需要解决的问题，来探寻政府审计、民间审计、内部审计在协同工作中的主要影响因素，寻找三种审计主体在协同工作中协同系统的运行机制，从而提升审计监督质量，提升企业信息披露质量和内部控制水平，为政府部门提供相关的政策建议。

本问卷中的审计协同（工作）指的是政府审计（审计署、审计局、审计厅等部门）与民间审计（会计师事务所）以及企业内部审计部门在审计时的协同工作情况。比如，在会计师事务所展开审计时与企业内部审计部门的协作，或者在政府审计部门展开审计时与企业内部审计部门的协作，或者在政府审计部门展开审计时与会计师事务所的协作（包括政府审计将部分审计工作外包给会计师事务所）。

本问卷旨在获取相关研究数据，所得数据纯属科学研究之用。因此，本问卷完全采用匿名的方式进行，您个人的回答将会受到严格的保密，请您不要有任何顾虑。如果您对分析结果有兴趣，欢迎您提供邮箱，我们会在研究结束后及时将研究结果发送给您！感谢您的合作和支持！

填写说明：

本问卷共分为三个部分：第一部分是关于您以及所在单位的基本资料；第二部分是对您所在单位的“内外部审计协同系统影响因素”的了解；第三部分是了解您所在单位的“内外部审计协同溢出效应”的情况。请注意每部分的填写提示。

恭 祝

工作顺利，万事如意！

通信地址：

邮政编码：

联系电话：

E-mail：

一、基本资料(请根据实际情况,在○中打“√”;第7题为选填)

(1)您属于:

○民间审计人员　○政府审计人员　○内部审计人员

(2)您获得的最高学位:

○大专　○本科　○硕士　○博士

(3)您所属的年龄段:

○ 25～30岁　○ 31～40岁　○ 41～45岁　○ 46～50岁　○ 50岁以上

(4)您的职称:

○初级职称　○中级职称　○高级职称　○ CPA

(5)您所在部门的人数:

○ 0～5人　○ 6～10人　○ 11～20人　○ 20人以上

(6)您所在的团队平均年龄:

○ 25～30岁　○ 31～40岁　○ 41～45岁　○ 46～50岁　○ 50岁以上

(7)您的邮箱是__________(如果对分析结果感兴趣,欢迎留下邮箱)。

二、内外部审计协同系统影响因素

请您根据您的实际情况,在相应的数字上打“√”(1=完全同意,2=较为同意,3=基本同意,4=较不同意,5=完全不同意)。

题项	完全同意←→完全不同意				
(1)你所在的部门很重视审计需求方面的认识	1	2	3	4	5
(2)通过审计工作的协同,你对审计需求的认知更加明确了	1	2	3	4	5
(3)在审计协同时,审计团队中每个人对于本次审计协同的参与人和具体工作的对接人都较为明确	1	2	3	4	5
(4)在审计协同时,审计团队中每个人对于本次审计对象的基本情况都较为了解	1	2	3	4	5
(5)在审计协同时,审计团队的规模合理	1	2	3	4	5
(6)在审计协同时,审计团队的年龄结构合理	1	2	3	4	5
(7)在审计协同时,审计团队的任职资格结构合理	1	2	3	4	5
(8)你认为在展开审计工作时,审计人员之间的协同工作(指不同的审计主体)很有必要	1	2	3	4	5
(9)在审计协同时,审计团队中每个人对于本次审计协同的审计目标都较为明确	1	2	3	4	5

续表

题项	完全同意←→完全不同意				
(10)在审计协同时，审计团队中每个人对于本次审计协同的审计方法掌握状况良好	1	2	3	4	5
(11)在审计协同工作时，显性知识（主要指文本、法规等形式）的流动占较大比例	1	2	3	4	5
(12)在审计协同工作时，隐性知识（主要指经验、技能等形式）的流动占较大比例	1	2	3	4	5
(13)在审计协同工作时，协作的双方都能自由地分享隐性知识	1	2	3	4	5
(14)在审计协同工作时，协作的双方都非常了解彼此的需求	1	2	3	4	5
(15)在审计协同工作时，协作的双方具有相似的价值观，能满足彼此的合作要求	1	2	3	4	5
(16)在协同工作时，协作的双方交流的频次是较高的	1	2	3	4	5
(17)在审计协同工作时，协作的双方经常召开会议进行沟通	1	2	3	4	5
(18)在审计协同工作时，协作的双方经常能够面对面的交流	1	2	3	4	5
(19)在协同工作时，协作的双方有相似的组织内部审计制度	1	2	3	4	5
(20)在协同工作时，协作的双方在技术和软件操作上的差距较小	1	2	3	4	5
(21)你所在的部门有较为完善的激励制度鼓励双方的协作	1	2	3	4	5
(22)你的协同工作做得好，能为你赚取更多的报酬	1	2	3	4	5
(23)你的协同工作做得好，能使你获得自我满足感	1	2	3	4	5
(24)你的协同工作做得好，能在业界为你赢得较好的声誉	1	2	3	4	5
(25)你所在的单位经常组织法律法规的学习和培训	1	2	3	4	5
(26)你所在的单位经常组织新审计技术软件的学习和培训	1	2	3	4	5
(27)你所在的部门有较为完善的保障机制来确保协同工作的有效性	1	2	3	4	5

三、内外部审计协同溢出效应

请您根据您的实际情况，在相应的数字上打“√”(1＝完全同意，2＝较为同意，3＝基本同意，4＝较不同意，5＝完全不同意)。

题项	完全同意←→完全不同意				
(1)通过协同工作，你能更好地整合自己的审计知识	1	2	3	4	5
(2)通过协同工作，你能较大地提升自己的业务水平	1	2	3	4	5
(3)通过协同工作，能大大降低审计风险	1	2	3	4	5
(4)通过协同工作，能大大降低审计成本	1	2	3	4	5
(5)通过协同工作，能较大地提升审计效率	1	2	3	4	5
(6)通过协同工作，能提升审计客体的信息披露规范程度	1	2	3	4	5
(7)通过协同工作，能提升审计客体的公司治理水平	1	2	3	4	5

附录3 相关数据表格

附录3.1 上市公司民间审计关键审计事项统计明细表

上市公司民间审计关键审计事项统计明细表

行次	被审计企业名称	被审计年份	审计年份	公告年份	被审计年份审计报告关键审计事项
1	中国中信集团有限公司	2016年	2017年7—9月	2018年6月	无(未披露关键事项)
2	中国农业银行股份有限公司	2016年	2017年7—9月	2018年6月	①发放贷款和垫款损失准备; ②不良贷款转让终止确认; ③以公允价值计量的金融工具的估值; ④结构化主体的合并
3	中国工商银行股份有限公司	2016年	2017年7—9月	2018年6月	①客户贷款及垫款减值准备的确定(涉及管理层主观判断); ②结构化主体的合并和对其享有权益的确认
4	中国西电集团有限公司	2016年	2017年5—6月	2018年6月	无(未披露关键事项)
5	中国广核集团有限公司	2016年	2017年5—6月	2018年6月	无(未披露关键事项)
6	中国能源建设集团有限公司	2016年	2017年5—6月	2018年6月	无(未披露关键事项)
7	中国民航信息集团有限公司	2016年	2017年5—6月	2018年6月	①业务合并; ②商誉估值; ③收益确认

续表

行次	被审计企业名称	被审计年份	审计年份	公告年份	被审计年份审计报告关键审计事项
8	中国医药集团有限公司	2016 年	2017 年 5—6 月	2018 年 6 月	无(未披露关键事项)
9	中国交通建设集团有限公司	2016 年	2017 年 5—6 月	2018 年 6 月	①建设合同收入确认; ②流动及非流动贸易应收账款减值; ③特许经营资产的减值评估
10	中国中车集团有限公司	2016 年	2017 年 5—6 月	2018 年 6 月	商誉的减值(截至 2016 年 12 月 31 日,中国中车合并资产负债表中商誉账面原值扣除累计减值准备后的净值为人民币 1286760 千元)
11	原武汉钢铁(集团)公司(宝钢股份)	2016 年	2017 年 5—6 月	2018 年 6 月	无(未披露关键事项)
12	中国东方电气集团有限公司	2016 年	2017 年 5—6 月	2018 年 6 月	①营业收入的确认; ②预提辞退福利
13	中国移动通信集团有限公司	2016 年	2017 年 5—6 月	2018 年 6 月	①收入确认; ②联营公司权益减值评估; ③租赁安排
14	中国电信集团有限公司	2016 年	2017 年 5—6 月	2018 年 6 月	①收入确认; ②商誉及长期资产的减值; ③与中国铁塔股份有限公司租赁安排的分类

续表

行次	被审计企业名称	被审计年份	审计年份	公告年份	被审计年份审计报告关键审计事项
15	中国电力建设集团有限公司	2015 年	2016 年	2017 年 6 月	无(未披露关键事项)
16	中国铁道建筑总公司	2015 年	2016 年	2017 年 6 月	无(未披露关键事项)
17	中国铁路工程总公司	2015 年	2016 年	2017 年 6 月	无(未披露关键事项)
18	中国有色矿业集团有限公司	2015 年	2016 年	2017 年 6 月	无(未披露关键事项)
19	中国建筑材料集团有限公司	2015 年	2016 年	2017 年 6 月	无(未披露关键事项)
20	中国建筑工程总公司	2015 年	2016 年	2017 年 6 月	无(未披露关键事项)
21	东风汽车公司	2015 年	2016 年	2017 年 6 月	无(未披露关键事项)
22	中国石油天然气集团公司	2015 年	2016 年	2017 年 6 月	无(未披露关键事项)
23	香港中旅(集团)有限公司	2014 年	2014 年	2016 年 6 月	无(未披露关键事项)
24	中国南方航空集团公司	2014 年	2015 年 9—12 月	2016 年 6 月	内部控制
25	中国东方航空集团公司	2014 年	2015 年 8—10 月	2016 年 6 月	无(未披露关键事项)
26	中国铝业公司	2014 年	2015 年 10—12 月	2016 年 6 月	无(未披露关键事项)
27	中国石油化工集团公司	2014 年	2015 年 9—11 月	2016 年 6 月	无(未披露关键事项)
28	国家开发投资集团有限公司	2016 年	2017 年 5—6 月	2018 年 6 月	①存货估值及拨备; ②有关业务合并的购买价分配
29	中国化学工程集团有限公司	2016 年	2017 年 5—6 月	2018 年 6 月	无(未披露关键事项)

续表

行次	被审计企业名称	被审计年份	审计年份	公告年份	被审计年份审计报告关键审计事项
30	中国太平保险集团有限责任公司	2014 年	2015 年	2016 年 6 月	无(未披露关键事项)
31	中国人寿保险(集团)公司	2014 年	2015 年	2016 年 6 月	无(未披露关键事项)
32	中国人民保险集团股份有限公司	2014 年	2015 年	2016 年 6 月	无(未披露关键事项)
33	靖远煤业集团有限责任公司	2014—2015 年	2016 年 8—11 月	2018 年 11 月	无(未披露关键事项)
34	华侨城集团有限公司	2016 年	2017 年 5—6 月	2018 年 6 月	无(未披露关键事项)
35	深圳市盐田港集团有限公司	2015 年	2016 年 3—6 月	2016 年 6 月	无(未披露关键事项)
36	陕西旅游集团有限公司	2014 年	2015 年 9 月—2016 年 3 月	2018 年 8 月	无(未披露关键事项)
37	广西柳工集团有限公司	2017 年	2018 年 8～1 月	2019 年 7 月	①收入的确认； ②应收账款坏账准备
38	广西北部湾国际港务集团有限公司	2017 年	2018 年 4—7 月	2018 年 12 月	①收入的确认； ②非同一控制下企业合并
39	万方集团有限责任公司	2014、2015 年	2016 年 5—6 月	2016 年 10 月	无(未披露关键事项)
40	西部证券股份有限公司	2015 年	2016 年 3—6 月	2018 年 5 月	无(未披露关键事项)
41	鞍钢集团公司	2015 年	2016 年	2017 年 6 月	无(未披露关键事项)
42	中原环保股份有限公司	2016 年	2017 年 9 月 11 日—11 月 10 日	2017 年 12 月	无(未披露关键事项)
43	哈尔滨电气集团公司	2015 年	2016 年	2017 年 6 月	无(未披露关键事项)

附录 3.2 上市公司民间审计结果统计表

上市公司民间审计结果统计表

被审计企业名称	被审计年份审计报告关键审计事项	公告年份报告情况（针对关键审计事项）
中国中信集团有限公司	无（未披露关键事项）	无（未披露关键事项）
中国农业银行股份有限公司	①发放贷款和垫款损失准备；②不良贷款转让终止确认；③以公允价值计量的金融工具的估值；④结构化主体的合并	①发放贷款和垫款损失准备；②结构化主体的合并
中国工商银行股份有限公司	①客户贷款及垫款减值准备的确定（涉及管理层主观判断）；②结构化主体的合并和对其享有权益的确认	①客户贷款及垫款减值准备的确定；②结构化主体的合并和对其享有权益的确认；③金融工具公允价值的评估；④与财务报告相关的信息技术系统和控制；⑤新金融工具准则转换的过度调整及披露
中国西电集团有限公司	无（未披露关键事项）	①产品销售的确认；②应收账款的减值
中国广核集团有限公司	无（未披露关键事项）	无（未披露关键事项）
中国能源建设集团有限公司	无（未披露关键事项）	无（未披露关键事项）
中国民航信息集团有限公司	①业务合并；②商誉估值；③收益确认	①商誉减值之评估；②应收账款减值之评估
中国医药集团有限公司	无（未披露关键事项）	①应收账款的坏账准备计提；②存货可变现净值的确定③商誉减值测试

续表

被审计企业名称	被审计年份审计报告 关键审计事项	公告年份报告情况 (针对关键审计事项)
中国交通建设集团有限公司	①建设合同收入确认； ②流动及非流动贸易应收账款减值； ③特许经营资产的减值评估	①建设合同收入确认； ②合同资产、贸易及长期应收款项预期信用损失； ③特许经营资产的减值评估
中国中车集团有限公司	商誉的减值	①商誉的减值； ②海外机车供应
原武汉钢铁(集团)公司(宝钢股份)	无(未披露关键事项)	无(未披露关键事项)
中国东方电气集团有限公司	①营业收入的确认； ②预提辞退福利	①营业收入的确认； ②存货跌价确认
中国移动通信集团有限公司	①收入确认； ②联营公司权益减值评估； ③租赁安排	①收入确认； ②联营公司权益减值评估； ③租赁安排
中国电信集团有限公司	①收入确认； ②商誉及长期资产的减值； ③与中国铁塔股份有限公司租赁安排的分类	①收入确认； ②商誉及长期资产的减值
中国电力集团有限公司	无(未披露关键事项)	①建造合同收入的确认； ②应收账款及长期应收账款的可回收性
中国铁道建筑总公司	无(未披露关键事项)	①建造合同收入确认及预计损失准备； ②应收账款的可回收性； ③存货可变现净值的评估
中国铁路工程总公司	无(未披露关键事项)	无(未披露关键事项)
中国有色矿业集团有限公司	无(未披露关键事项)	增值税评估产生的或然负债

续表

被审计企业名称	被审计年份审计报告关键审计事项	公告年份报告情况（针对关键审计事项）
中国建筑材料集团有限公司	无（未披露关键事项）	①物业、厂房和设备的估值和减值； ②商誉的估值及减值； ③可供出售金融资产的估值及减值——中国山水水泥集团有限公司的股权
中国建筑工程总公司	无（未披露关键事项）	①工程承包合同收入确认； ②应收账款及长期应收账款的可收回性
东风汽车公司	无（未披露关键事项）	①应收账款的可收回性； ②处置郑州日产股权
中国石油天然气集团公司	无（未披露关键事项）	①评价油气储量的估计对于评估油气资产潜在减值及折旧、折耗和摊销的影响； ②评估收购中石油管道联合有限公司形成的商誉的减值； ③评估炼油与化工板块固定资产的减值
香港中旅（集团）有限公司	无（未披露关键事项）	①处置附属公司之或然代价之公允值； ②物业、厂房及设备减值评估； ③高尔夫球会所业务之减值评估
中国南方航空集团公司	内部控制	①客运服务收入确认； ②飞机及相关设备减值； ③大修理准备

续表

被审计企业名称	被审计年份审计报告关键审计事项	公告年份报告情况（针对关键审计事项）
中国东方航空集团公司	无（未披露关键事项）	①商誉减值测试； ②常旅客奖励积分的递延收益； ③经营性租赁飞机及发动机的退租检修准备
中国铝业公司	无（未披露关键事项）	①固定资产及在建工程减值； ②商誉减值； ③递延所得税资产的确认
中国石油化工集团公司	无（未披露关键事项）	①油气资产账面价值的可收回性； ②因外部投资者对中石化川气东送天然气管道有限公司（“管道有限公司”）注资而产生收益的会计处理
国家开发投资集团有限公司	①存货估值及拨备； ②有关业务合并的购买价分配	无（未披露关键事项）
中国化学工程集团有限公司	无（未披露关键事项）	①收入确认事项； ②应收账款的可收回性
中国太平保险集团有限责任公司	无（未披露关键事项）	①寿险合约负债的计量； ②财产保险未决赔款准备的计量； ③非上市股本证券投资的估值
中国人寿保险集团股份有限公司	无（未披露关键事项）	①评估保险合同准备金； ②对联营企业投资的减值测试； ③金融资产的公允价值； ④评估收购产生的可辨认无形资产

续表

被审计企业名称	被审计年份审计报告关键审计事项	公告年份报告情况（针对关键审计事项）
中国人民保险集团股份有限公司	无（未披露关键事项）	无（未披露关键事项）
靖远煤业集团有限责任公司	无（未披露关键事项）	①收入确认； ②应收账款坏账准备
华侨城集团有限公司	无（未披露关键事项）	①房地产开发项目销售收入的确认； ②房地产开发项目的可变现净值的评估
深圳市盐田港集团有限公司	无（未披露关键事项）	无（未披露关键事项）
陕西旅游集团有限公司	无（未披露关键事项）	无（未披露关键事项）
广西柳工集团有限公司	①收入的确认； ②应收账款坏账准备	①收入的确认； ②应收账款坏账准备
广西北部湾国际港务集团有限公司	①收入的确认； ②非同一控制下企业合并	①收入的确认； ②非同一控制下企业合并及股票发行和股权置换
万方集团有限责任公司	无（未披露关键事项）	无（未披露关键事项）
西部证券股份有限公司	无（未披露关键事项）	无（未披露关键事项）
鞍钢集团公司	无（未披露关键事项）	①可供出售金融资产减值准备的计提； ②与可抵扣亏损相关的递延所得税资产
中原环保股份有限公司	无（未披露关键事项）	①无形资产特许经营权摊销； ②污水处理收入确认
哈尔滨电气集团公司	无（未披露关键事项）	①建造合同收入； ②应收账款的坏账准备

附录 3.3　调查问卷频数表

问卷调查频数表

指标	类别	指标值				
		1	2	3	4	5
Q1	频率	107	51	13	19	16
	百分比/%	51.9	24.8	6.3	9.2	7.8
	有效百分比/%	51.9	24.8	6.3	9.2	7.8
	累计百分比/%	51.9	76.7	83.0	92.2	100.0
Q2	频率	94	71	11	19	11
	百分比/%	45.6	34.5	5.3	9.2	5.3
	有效百分比/%	45.6	34.5	5.3	9.2	5.3
	累计百分比/%	45.6	80.1	85.4	94.7	100.0
Q3	频率	93	69	10	18	16
	百分比/%	45.1	33.5	4.9	8.7	7.8
	有效百分比/%	45.1	33.5	4.9	8.7	7.8
	累计百分比/%	45.1	78.6	83.5	92.2	100.0
Q4	频率	79	84	12	14	17
	百分比/%	38.3	40.8	5.8	6.8	8.3
	有效百分比/%	38.3	40.8	5.8	6.8	8.3
	累计百分比/%	38.3	79.1	85.0	91.7	100.0
Q5	频率	79	76	16	18	17
	百分比/%	38.3	36.9	7.8	8.7	8.3
	有效百分比/%	38.3	36.9	7.8	8.7	8.3
	累计百分比/%	38.3	75.2	83.0	91.7	100.0
Q6	频率	64	85	19	17	21
	百分比/%	31.1	41.3	9.2	8.3	10.2
	有效百分比/%	31.1	41.3	9.2	8.3	10.2
	累计百分比/%	31.1	72.3	81.6	89.8	100.0

续表

指标	类别	指标值				
		1	2	3	4	5
Q7	频率	64	87	20	21	14
	百分比/%	31.1	42.2	9.7	10.2	6.8
	有效百分比/%	31.1	42.2	9.7	10.2	6.8
	累计百分比/%	31.1	73.3	83.0	93.2	100.0
Q8	频率	88	73	12	14	19
	百分比/%	42.7	35.4	5.8	6.8	9.2
	有效百分比/%	42.7	35.4	5.8	6.8	9.2
	累计百分比/%	42.7	78.2	84.0	90.8	100.0
Q9	频率	76	89	11	14	16
	百分比/%	36.9	43.2	5.3	6.8	7.8
	有效百分比/%	36.9	43.2	5.3	6.8	7.8
	累计百分比/%	36.9	80.1	85.4	92.2	100.0
Q10	频率	55	78	39	17	17
	百分比/%	26.7	37.9	18.9	8.3	8.3
	有效百分比/%	26.7	37.9	18.9	8.3	8.3
	累计百分比/%	26.7	64.6	83.5	91.7	100.0
Q11	频率	70	61	5	27	43
	百分比/%	34.0	29.6	2.4	13.1	20.9
	有效百分比/%	34.0	29.6	2.4	13.1	20.9
	累计百分比/%	34.0	63.6	66.0	79.1	100.0
Q12	频率	79	56	1	26	44
	百分比/%	38.3	27.2	0.5	12.6	21.4
	有效百分比/%	38.3	27.2	0.5	12.6	21.4
	累计百分比/%	38.3	65.5	66.0	78.6	100.0
Q13	频率	67	68	1	31	39
	百分比/%	32.5	33.0	0.5	15.0	18.9
	有效百分比/%	32.5	33.0	0.5	15.0	18.9
	累计百分比/%	32.5	65.5	66.0	81.1	100.0

续表

指标	类别	指标值				
		1	2	3	4	5
Q14	频率	66	65	6	26	43
	百分比/%	32.0	31.6	2.9	12.6	20.9
	有效百分比/%	32.0	31.6	2.9	12.6	20.9
	累计百分比/%	32.0	63.6	66.5	79.1	100.0
Q15	频率	69	62	5	30	40
	百分比/%	33.5	30.1	2.4	14.6	19.4
	有效百分比/%	33.5	30.1	2.4	14.6	19.4
	累计百分比/%	33.5	63.6	66.0	80.6	100.0
Q16	频率	69	61	4	28	44
	百分比/%	33.5	29.6	1.9	13.6	21.4
	有效百分比/%	33.5	29.6	1.9	13.6	21.4
	累计百分比/%	33.5	63.1	65.0	78.6	100.0
Q17	频率	67	66	1	30	42
	百分比/%	32.5	32.0	0.5	14.6	20.4
	有效百分比/%	32.5	32.0	0.5	14.6	20.4
	累计百分比/%	32.5	64.6	65.0	79.6	100.0
Q18	频率	69	62	5	30	40
	百分比/%	33.5	30.1	2.4	14.6	19.4
	有效百分比/%	33.5	30.1	2.4	14.6	19.4
	累计百分比/%	33.5	63.6	66.0	80.6	100.0
Q19	频率	69	61	4	28	44
	百分比/%	33.5	29.6	1.9	13.6	21.4
	有效百分比/%	33.5	29.6	1.9	13.6	21.4
	累计百分比/%	33.5	63.1	65.0	78.6	100.0
Q20	频率	67	66	1	30	42
	百分比/%	32.5	32.0	0.5	14.6	20.4
	有效百分比/%	32.5	32.0	0.5	14.6	20.4
	累计百分比/%	32.5	64.6	65.0	79.6	100.0

续表

指标	类别	指标值				
		1	2	3	4	5
Q21	频率	80	53	3	26	44
	百分比/%	38.8	25.7	1.5	12.6	21.4
	有效百分比/%	38.8	25.7	1.5	12.6	21.4
	累计百分比/%	38.8	64.6	66.0	78.6	100.0
Q22	频率	75	53	7	24	47
	百分比/%	36.4	25.7	3.4	11.7	22.8
	有效百分比/%	36.4	25.7	3.4	11.7	22.8
	累计百分比/%	36.4	62.1	65.5	77.2	100.0
Q23	频率	66	51	14	30	45
	百分比/%	32.0	24.8	6.8	14.6	21.8
	有效百分比/%	32.0	24.8	6.8	14.6	21.8
	累计百分比/%	32.0	56.8	63.6	78.2	100.0
Q24	频率	53	40	20	43	50
	百分比/%	25.7	19.4	9.7	20.9	24.3
	有效百分比/%	25.7	19.4	9.7	20.9	24.3
	累计百分比/%	25.7	45.1	54.9	75.7	100.0
Q25	频率	45	39	20	56	46
	百分比/%	21.8	18.9	9.7	27.2	22.3
	有效百分比/%	21.8	18.9	9.7	27.2	22.3
	累计百分比/%	21.8	40.8	50.5	77.7	100.0
Q26	频率	72	52	13	32	37
	百分比/%	35.0	25.2	6.3	15.5	18.0
	有效百分比/%	35.0	25.2	6.3	15.5	18.0
	累计百分比/%	35.0	60.2	66.5	82.0	100.0
Q27	频率	72	56	6	30	42
	百分比/%	35.0	27.2	2.9	14.6	20.4
	有效百分比/%	35.0	27.2	2.9	14.6	20.4
	累计百分比/%	35.0	62.1	65.0	79.6	100.0

续表

指标	类别	指标值				
		1	2	3	4	5
Q28	频率	13	8	34	88	63
	百分比/%	6.3	3.9	16.5	42.7	30.6
	有效百分比/%	6.3	3.9	16.5	42.7	30.6
	累计百分比/%	6.3	10.2	26.7	69.4	100.0
Q29	频率	13	18	30	85	60
	百分比/%	6.3	8.7	14.6	41.3	29.1
	有效百分比/%	6.3	8.7	14.6	41.3	29.1
	累计百分比/%	6.3	15.0	29.6	70.9	100.0
Q30	频率	73	78	10	21	24
	百分比/%	35.4	37.9	4.9	10.2	11.7
	有效百分比/%	35.4	37.9	4.9	10.2	11.7
	累计百分比/%	35.4	73.3	78.2	88.3	100.0
Q31	频率	67	78	13	14	34
	百分比/%	32.5	37.9	6.3	6.8	16.5
	有效百分比/%	32.5	37.9	6.3	6.8	16.5
	累计百分比/%	32.5	70.4	76.7	83.5	100.0
Q32	频率	58	87	13	17	31
	百分比/%	28.2	42.2	6.3	8.3	15.0
	有效百分比/%	28.2	42.2	6.3	8.3	15.0
	累计百分比/%	28.2	70.4	76.7	85.0	100.0
Q33	频率	62	85	10	22	27
	百分比/%	30.1	41.3	4.9	10.7	13.1
	有效百分比/%	30.1	41.3	4.9	10.7	13.1
	累计百分比/%	30.1	71.4	76.2	86.9	100.0
Q34	频率	84	59	15	31	17
	百分比/%	40.8	28.6	7.3	15.0	8.3
	有效百分比/%	40.8	28.6	7.3	15.0	8.3
	累计百分比/%	40.8	69.4	76.7	91.7	100.0

附录 3.4 问卷调查描述性统计分析表

问卷调查描述性统计分析表

指标	数量	平均值	标准偏差	中位数	最小值	最大值
Q1	206	1.96	1.287	1	1	5
Q2	206	1.94	1.167	2	1	5
Q3	206	2.00	1.247	2	1	5
Q4	206	2.06	1.208	2	1	5
Q5	206	2.12	1.244	2	1	5
Q6	206	2.25	1.263	2	1	5
Q7	206	2.19	1.182	2	1	5
Q8	206	2.04	1.262	2	1	5
Q9	206	2.05	1.182	2	1	5
Q10	206	2.33	1.193	2	1	5
Q11	206	2.57	1.565	2	1	5
Q12	206	2.51	1.601	2	1	5
Q13	206	2.55	1.532	2	1	5
Q14	206	2.59	1.549	2	1	5
Q15	206	2.56	1.544	2	1	5
Q16	206	2.60	1.573	2	1	5
Q17	206	2.58	1.556	2	1	5
Q18	206	2.52	1.604	2	1	5
Q19	206	2.59	1.608	2	1	5
Q20	206	2.69	1.571	2	1	5
Q21	206	2.99	1.554	3	1	5
Q22	206	3.09	1.493	3	1	5
Q23	206	2.56	1.531	2	1	5
Q24	206	2.58	1.571	2	1	5
Q25	206	3.87	1.088	4	1	5
Q26	206	3.92	1.128	4	1	5
Q27	206	3.78	1.146	4	1	5

续表

指标	数量	平均值	标准偏差	中位数	最小值	最大值
Q28	206	2.18	1.254	2	1	5
Q29	206	2.25	1.344	2	1	5
Q30	206	2.37	1.421	2	1	5
Q31	206	2.19	1.258	2	1	5
Q32	206	2.40	1.371	2	1	5
Q33	206	2.35	1.356	2	1	5
Q34	206	2.21	1.337	2	1	5
审计元素协同	206	2.096	1.007	1.700	1.000	5.000
审计结构协同	206	2.642	1.438	1.929	1.000	5.000
审计环境感知	206	3.859	1.018	4.333	1.000	5.000
审计协同溢出效应	206	2.279	1.171	1.857	1.143	4.857

参考文献

鲍圣婴,2016.国家审计、注册会计师审计与内部审计的定位与协作[J].审计与经济研究,31(06):12－19.

边恭甫,1988.论我国内部审计的地位、职能和作用[J].审计研究(06):31－34.

蔡春,蔡利,2012.国家审计理论研究的新发展:基于国家治理视角的初步思考[J].审计与经济研究,27(02):3－10,19.

蔡春,李江涛,刘更新,2009.政府审计维护国家经济安全的基本依据、作用机理及路径选择[J].审计研究(4):7－11.

蔡春,刘静,黄昊,2018.新时代审计理论研究创新发展的思考[J].审计研究(05):12－16.

蔡春,鲜文铎,2007.会计师事务所行业专长与审计质量相关性的检验:来自中国上市公司审计市场的经验证据[J].会计研究(06):41－47,95.

蔡立新,崔也光,2011.在线会计服务中的产权问题[J].会计研究(12):9－14.

蔡利,马可哪呐,2014.政府审计与国企治理效率:基于央企控股上市公司的经营证据[J].审计研究(6):48－56.

曹林仲,1999.会计监督中的博弈分析[J].经济与管理(04):3－5.

陈宏辉,2006.企业剩余权的分布:基于利益相关者理论的重新思考[J].当代经济管理(04):18－22.

陈华友,2004.审计中博弈模型的扩展分析[J].大学数学(02):1－5.

陈劲,王焕祥,2008.演化经济学[M].北京:清华大学出版社.

陈凌云,姚顺瑜,2012.协作共赢:内部审计和外部审计的合作[J].商业会计(04):38－40.

陈宋生,董旌瑞,潘爽,2013.审计监管抑制盈余管理了吗?[J].审计与经济研究,28(03):10－20.

陈武朝,2010.内部审计有效性与持续改进[J].审计研究(03):47,48－53,.

陈希晖,陈良华,李鹏,2014.国家审计提升政治信任的机理和路径[J].审计研究(01):18－23.

陈志斌,2003.公共受托责任:政治效应、经济效率与有效的政府会计[J].会计研究(06):36－39.

程新生,2003.论公司治理与会计控制[J].会计研究(02):42－46.

程瑶,2000.中国审计组织协同发展研究:研究审计组织关系以及审计组织的发展方向[M].长春:吉林大学出版社.

崔安琪,2020.政府审计与内部审计协同研究[J].江苏商论(03):93-95.

崔振龙,2004.政府审计职责及其发展展望[J].审计研究(01):36-39.

戴耀华,杨淑娥,张强,2007.内部审计对外部审计的影响:研究综述与启示[J].审计研究(03):35-40.

董大胜,2007.中国政府审计[M].北京:中国时代经济出版社.

董大胜,2018.国家、国家治理与国家审计:基于马克思主义国家观和中国国情的分析[J].审计研究(05):3-11.

樊子君,刘明辉,2008.公司审计委员会动因的政治视角解析[J].审计研究(04):82-86.

方红星,张勇,2016.供应商/客户关系型交易、盈余管理与审计师决策[J].会计研究(01):79-86,96.

冯均科,2004.审计契约制度的研究:基于审计委托人与审计人的一种分析[J].审计研究(01):30-35.

冯均科,2013.内部审计发展:边缘化还是回归?[J].审计研究(02):52-57.

冯均科,2020.审计的异化与整合:基于国家治理的视角[J].西北大学学报(哲学社会科学版),50(03):5-13.

傅黎瑛,2008.我国企业内部审计与外部审计相互协作问题研究[J].审计与经济研究(02):42-46.

高强,2019.基于SFIC模型的政府审计与社会审计协同研究[J].财会月刊(03):125-133.

龚丽,2011.利益相关者参与企业价值增值分享的研究[D].青岛:中国海洋大学.

郭涛,2015. 股权激励与审计师选择[D].天津:天津财经大学.

韩志光,范银,2014.企业内部控制与审计综合目标实现的博弈分析[J].中国内部审计(08):41-44.

郝丽风,李晓庆,2011.复杂性隐喻及其在组织研究中的应用[J].复杂系统与复杂性科学,8(04):9-16.

郝文杰,晓峰,2008.研发团队内部知识转移绩效影响因素的实证研究[J].工业技术经济(10):62-64.

郝玉贵,路云峰,2006.我国政府审计的博弈分析[J].审计研究(02):52-55.

郝振平,2000.审计关系的代理理论分析[J].审计研究(01):20-25.

何卫红,2006.会计信息利益相关者博弈[J].会计之友(07):74-75.

和秀星,潘虹,赵青,2015.政府审计对内部审计资源的利用和风险防范:基于国际视野的经验数据[J].审计与经济研究,30(05):24-31.

赫改红,2018.企业环境政策感知对资源化行为意向的影响关系研究:以深圳市为例[D].深圳:深圳大学.

贾茜,2016.全球管理会计原则体系的新进展及评价[J].西安财经学院学报,29(05):66-70.

贾茜,冯均科,王璐,2020.加强内部审计和外部审计的监督合力:媒体监督的调节效应[J].西安财经大学学报,33(04):71-80.

姜青舫,2005.审计博弈的精细化纳什均衡解集与国家政策分析建议[J].审计与经济研究(02):12-16

解学梅,刘丝雨,2015.协同创新模式对协同效应与创新绩效的影响机理[J].管理科学,28(02):27-39.

金静,孙明,2019.客户/供应商关系对企业行为影响:一个文献综述[J].湖北经济学院学报(人文社会科学版),16(02):64-68.

亢晓斌,2013.管理层股权激励对盈余管理的影响研究[D].成都:西南财经大学.

黎仁华,付国民,2009.从系统论角度论法务会计理论结构框架的构建[J].审计与经济研究,24(05):70-76.

李翀,2005.论社会分工、企业分工和企业网络分工:对分工的再认识[J].当代经济研究(02):17-22,73.

李汉卿,2014.协同治理理论探析[J].理论月刊(01):138-142.

李江涛,曾昌礼,徐慧,2015.政府审计与国有企业绩效:基于中国工业企业数据的经验证据[J].审计研究(04):47-54.

李杰,2013.我国民间审计独立性博弈分析与研究[J].财会通讯(09):16-18,129.

李金华,2008.中国审计25年回顾与展望[M].北京:人民出版社.

李凯,2009.从公共受托责任演进看国家审计本质变迁:兼论审计"免疫系统"论[J].审计与经济研究,24(01):12-15.

李曼,2014.高管态度、政府监管与内部审计:基于计划行为理论的研究[J].审计研究(02):100-107.

李明,聂召,2014.政府审计促进地方经济发展的作用研究:来自省级地方政府的经验证据[J].审计研究(06):36-41,112.

李正龙,2001.审计博弈分析[J].审计研究(03):26-28.

廖洪,2007.论我国政府审计实践中的几个关系问题[J].审计研究(05):7-9,23.

刘国常,郭慧,2008.内部审计特征的影响因素及其效果研究:来自中国中小企业板块的证据[J].审计研究(02):86-91.

刘国常,郭慧,2010.内部审计与外部审计:趋同抑或各司其职[J].中国内部审计(08):24-26.

刘佳佳,陈涛,朱智洺,2013.企业社会资本与知识共享关系研究:以知识获取为中介变量[J]. 科技进步与对策,30(04):86 - 90.

刘家义,2008. 以科学发展观为指导推动审计工作全面发展[J]. 审计研究(03):3 - 9.

刘明辉,刘雅芳,2014. 会计越发展,政治越文明:论会计审计的政治环境及其在政治文明建设中的作用[J]. 会计研究(07):3 - 11,96.

刘英来,2003. 关于审计质量控制的思考[J]. 审计研究(04):12 - 13.

刘颖斐,余玉苗,2006. 应对审计失败问题的独立审计博弈策略改进[J]. 审计研究(01):65 - 70.

刘永泽,张亮,2012. 我国政府部门内部控制框架体系的构建研究[J]. 会计研究(01):10 - 19.

卢兵,岳亮,廖貅武,2006. 组织通过外部学习进行隐性知识转移的模型研究[J]. 系统工程理论与实践,26(10):35 - 43.

卢宁文,2012. 审计质量形成机理的博弈均衡分析[J]. 审计与经济研究,27(05):41 - 48.

卢小丽,2012. 居民旅游影响感知、态度与参与行为研究[J]. 科研管理(10):138 - 144.

罗建河,熊小梁,2013. 基于学生感知的大学生就业政策实效分析[J]. 现代教育管理(06):51 - 55.

马庆国,徐青,廖振鹏,等,2006. 基于复杂适应系统的个体知识转移影响因素分析[J]. 科研管理,27(3):35,50 - 54.

马庆国,徐青,廖振鹏,等,2006. 知识转移的影响因素分析[J]. 北京理工大学学报(社会科学版),8(1):40 - 43.

马曙光,2005. 博弈均衡与中国政府审计制度变迁[J]. 审计研究(05):11 - 18,71.

马曙光,2007. 政府审计人员素质影响审计成果的实证研究[J]. 审计研究(03):24 - 29.

马玉申,姚清云,高厚礼,2007. 内部审计外部协同的可行性研究[J]. 山东社会科学(07):116 - 117.

马玉珍,2007. 政府审计资源整合与利用问题研究[J]. 审计与经济研究(04):22 - 26.

潘开灵,白列湖,2006. 管理协同机制研究[J]. 系统科学学报(01):45 - 48.

彭桃英,2007. 审计质量与审计行为主体关系研究[M]. 北京:经济管理出版社.

皮克特,2007. 经理人审计[M]. 北京:中国时代经济出版社.

乔智华,2019. 基于内部审计与外部审计协同提升企业内部控制有效性的思考[J]. 现代商业(13):170 - 171.

秦荣生,1994. 构建我国审计监督体系新格局[J]. 审计研究(01):30 - 35.

秦荣生,1995.论审计与受托经济责任的关系[J].审计研究(02):6-13.
秦荣生,2005.审计风险探源:信息不对称[J].审计研究(05):5,6-10.
秦荣生,2013.公司治理与内外部审计[M].北京:化学工业出版社.
秦晓燕,2010.论高校默会知识管理[D].西安:西安电子科技大学.
秦占奎,1989.Belousov-Zhabotinsky 反应的随机描述[J].贵州大学学报(自然科学版)(04):242-249.
任德新,丁德明,2005.审计实证中"道德风险"的防范[J].审计研究(02):59-62.
申富平,张志清,2009.基于博弈论的审计风险研究[J].财会月刊(36):63-65.
审计署上海特派办理论研究会课题组,居江宁,高杰,等,2020.大数据技术在国家重大政策措施落实情况跟踪审计中的应用研究[J].审计研究(02):14-21,56.
审计署审计科研所,2006.中国审计研究报告[M].北京:中国时代经济出版社.
宋常,刘正均,2003.完善与发展我国企业内部审计的思索[J].审计研究(06):25-30.
宋永红,2008.浅谈审计资源的整合[J].会计之友(下旬刊)(10):16-17.
孙宝厚,2018.关于新时代中国特色社会主义国家审计若干问题的思考[J].审计研究(04):3-6.
孙晓,2009.利益相关者理论综述[J].经济研究导刊(02):10-11.
孙昕,2009.基于公司治理视角的内部审计与外部审计关系研究[D].天津:天津财经大学.
孙新婷,孙青霞,2011.试论内部审计与外部审计的协作:基于公司治理的视角[J].会计之友(31):74-75.
谭劲松,宋顺林,2012.国家审计与国家治理:理论基础和实现路径[J].审计研究(02):3-8.
唐跃军,李维安,谢仍明,2006.大股东制衡、信息不对称与外部审计约束:来自2001—2004年中国上市公司的证据[J].审计研究(05):33-39.
陶航平,2006.审计资源整合探索及思考[J].现代审计与经济(03):15-16.
田媛,2017.“双审制”下A企业内部审计质量控制研究[D].重庆:重庆理工大学.
万亮,2004.内部控制及其影响下的审计博弈分析[D].北京:首都经济贸易大学.
汪静,2019.政府审计、注册会计师审计的资源协同利用研究[J].市场研究(04):69-71.
王彪华,谢莹莹,2020.审计管理体制改革的生态分析:基于国家治理现代化视角[J].会计研究(01):169-178.
王兵,鲍圣婴,阚京华,2017.政府审计能抑制国有企业过度投资吗?[J].会计研究(09):83-89,97.
王兵,刘力云,张立民,2013.中国内部审计近30年发展:历程回顾与启示[J].会计研究(10):83-88,97.

王兵,吕梦,苏文兵,2018.监事会治理有效吗:基于内部审计师兼任监事会成员的视角[J].南开管理评论,21(03):76-89.

王帆,谢志华,2019.政策跟踪审计理论框架研究[J].审计研究(03):3-10.

王光远,2002.受托管理责任与管理审计[J].财会月刊(01):3-4.

王光远,严晖,2010.内部审计准则的国际比较[J].审计与经济研究,25(02):3-16.

王会金,2013.协同视角下的政府审计管理研究[J].审计与经济研究,28(06):12-19.

王会金,2013.治理视角下的政府审计协同:内容框架与模式构建研究[J].审计研究(04):57-62.

王会金,2015.反腐败视角下政府审计与纪检监察协同治理研究[J].审计与经济研究,30(06):3-10.

王会金,2016.政府审计协同治理的研究态势、理论基础与模式构建:基于国家治理框架视角[J].审计与经济研究,31(06):3-11.

王会金,戚振东,2014.政府审计协同治理研究[M].上海:上海三联书店出版社.

王家新,晏维龙,2016.《关于完善审计制度若干重大问题的框架意见》学习笔谈纪要[J].审计与经济研究,31(01):3-17.

王珊珊,2012.博弈论视角下审计人员和被审计对象关系[J].会计之友(01):93-95.

王守海,杨亚军,2009.内部审计质量与审计费用研究:基于中国上市公司的证据[J].审计研究(05):65-73.

王香焕,2010.基于公司治理的内部审计研究[D].济南:山东经济学院.

王祥君,周荣青,2014.政府财务报表审计与政府会计改革:协同与路径设计:基于国家治理视角[J].审计研究(06):57-62.

王裕,任杰,2016.独立董事的海外背景、审计师选择与审计意见[J].审计与经济研究,31(04):40-49.

王中信,吴开钱,2007.特派办联系中管企业制度的博弈分析:对审计质量影响的案例分析[J].审计研究(03):21-23,29.

魏明,邱钰茹,2015.国家审计参与国家治理的信号传递机制研究[J].审计与经济研究,30(03):79-87.

吴秋生,2007.政府审计职责研究[M].北京:中国财政经济出版社.

吴秋生,杨瑞平,2011.内部控制评价整合研究[J].会计研究(09):55-60,97.

项杨雪,2013.基于知识三角的高校协同创新过程机理研究.[D].杭州:浙江大学.

肖钢,2012.企业内、外部审计协作探讨[J].财经界(学术版)(02):245.

谢华,朱丽萍,2014.股权结构、内部控制与公司绩效:基于沪市江苏省上市公司的实证研究[J].西华大学学报(哲学社会科学版),33(01):66-77.

谢枳予,1997.经济博弈论[M].上海:复旦大学出版社.

谢志华,2003.关于审计的若干理论思考[J].审计研究(04):19-23.

谢志华,2008.审计变迁的趋势:目标、主体和方法[J].审计研究(05):21-24.

谢志华,2014.审计与价值创造[J].审计研究(04):8-13.

谢志华,陶玉侠,杜海霞,2016.关于审计机关环境审计定位的思考[J].审计研究(01):11-16.

许瑜,冯均科,2017.社会共治环境下民间审计参与国家治理的理论分析与实现路径[J].财会月刊(11):96-99.

薛祖云,陈靖,陈汉文,2004.审计需求:传统解释与保险假说[J].审计研究(05):19,20-25.

闫北方,2005.以审计资源整合促公共财政审计[J].审计与经济研究(01):34-35.

颜广胜,2011.试论政府审计、CPA 审计、内部审计及其关系[J].现代商业(09):248-249.

杨汉明,唐淼宁,2019.外部审计与公司治理路径:基于文献综述的研究[J].财政监督(06):110-114.

杨宏霞,2009.企业内部审计与外部审计相互协作研究[D].兰州:兰州商学院.

杨华领,宋常,2019.政府审计与央企控股上市公司虚增收入[J].审计与经济研究,34(06):1-9.

杨肃昌,2018.改革审计管理体制健全党和国家监督体系:基于十九大报告的思考[J].财会月刊(01):3-7.

杨新会,2019.企业内部审计质量控制问题探讨:基于“双审制”的运用[J].财会通讯(13):90-94.

姚海鑫,冷军,2016.内部控制、外部监管与上市公司会计信息披露质量:基于博弈论的分析[J].东北大学学报(社会科学版),18(03):247-254.

姚海鑫,尹波,李正,2003.关于上市公司会计监管的不完全信息博弈分析[J].会计研究(05):43-45.

叶陈云,叶陈刚,2018.基于政府审计视角的国家监察委制度创新的动因、障碍与路径研究[J].审计与经济研究(03):8-18.

叶凡,方卉,于东,等,2017.审计师规模与审计质量:声誉视角[J].会计研究(03):75-81,95.

叶锦华,2003.评独立董事领导下的内部审计机构[J].审计理论与实践(07):10-11.

叶伟巍,梅亮,李文,等,2014.张国平协同创新的动态机制与激励政策:基于复杂系统理论视角[J]. 管理世界(06):79-91.
尹平,戚振东,2010. 国家治理视角下的中国政府审计特征研究[J]. 审计与经济研究(3):9-14.
应里孟,阳杰,2020. 会计师事务所的大数据审计转型:动因、障碍与实现路径[J]. 财会月刊(05):100-108.
于欢,2015. 博弈论与会计学之关系[J]. 财会月刊(05):71-72.
余玉苗,2000. 我国上市公司注册会计师审计关系研究[J]. 审计研究(05):1-6.
臧秀清,李慧颖,2015. 利益相关者的博弈行为对会计信息质量的影响[J]. 会计之友(04):62-66.
曾寿喜,2007. 政府审计的改革与发展[M]. 北京:中国时代经济出版社.
翟熙贵,2010. 加强和改进审计学会工作为促进我国审计事业科学发展服务[J]. 审计研究(01):9-17.
张建平,2014. 媒体监督与审计师行为:理论分析与实证研究[M]. 北京:经济科学出版社.
张静,庞文群,2019. 内部审计在审计监督体系中的基础性作用[J]. 财会月刊(03):114-118.
张俊,耿慧敏,2014. 浅谈内部审计与外部审计[J]. 合作经济与科技(08):89-90.
张立民,2002. 审计制度建设的理论依据:从"受托经济责任论"到契约经济学[J]. 审计研究(03):6-10.
张立敏,2017. 我国政府审计对央企控股上市公司绩效影响的研究[D]. 济南:山东建筑大学.
张龙平,2008. 我国政府审计的困惑与出路:新任审计长的首份审计工作报告解读[J]. 会计之友(上旬刊)(12):106-107.
张铭,2019. 政府审计、注册会计师审计资源的协同利用[J]. 产业创新研究(02):116-117.
张庆龙,2010. 政府审计[M]. 上海:格致出版社.
张生太,李涛,段兴民,2004. 组织内部隐性知识传播模型研究[J]. 科研管理(4):28-31.
张铁男,韩兵,张亚娟,2011. 基于反应的企业系统协同演化模型[J]. 管理科学学报,14(2):42-51.
张文慧,2010. 浅谈内部审计注册会计师审计及政府审计的关系与协作[J]. 财会研究(21):62-64.
张志远,宋洋,王嘉炜,2019. 三方利益相关者博弈下公司内部控制质量研究[J]. 审计研究(06):50-60.
招燕,2017. 企业内部审计与外部审计协作问题探讨[J]. 市场论坛(01):56-59.

赵保卿,谭先华,王巧荣,2008.政府绩效审计供需均衡分析:基于公共产品供需均衡视角[J].审计研究(01):26-30,44.

郑石桥,2015.政府审计促进国家治理现代化:基于系统论的理论框架和案例分析[J].中国审计评论(01):25-37.

郑石桥,2016.内部审计制度创设模式:理论框架和例证分析[J].会计之友(12):125-129.

郑石桥,2016.企业组织的民间审计需求:一个整合理论框架[J].商业会计(09):11-17.

郑石桥,2020.电子数据环境对审计流程的影响:一个理论框架[J].财会通讯(09):1-5.

郑石桥,王纪颖,2016.组织目标、委托代理和内部审计需求:一个理论框架[J].会计之友(12):126-131.

郑伟,徐萌萌,戚广武,2014.内部审计质量与控制活动有效性研究:基于内部审计与内部控制的耦合关系及沪市上市公司经验证据[J].审计研究(06):100-107.

郑小荣,尹平,2013.中国政府审计结果公告机制研究:基于利益相关者视角的数理分析[J].审计研究(03):16-21.

周兰,耀友福,2015.媒体负面报道、审计师变更与审计质量[J].审计研究(03):73-81.

朱佳俊,李金兵,唐红珍,2014.基于混合博弈的扩展审计抽样研究[J].统计与决策(13):11-13.

朱佳俊,郑建国,覃朝勇,2013.不完全信息的审计博弈及风险分析模型[J].东华大学学报(自然科学版),39(03):385-390.

朱佳俊,郑建国,覃朝勇,2013.基于不完全信息的扩展审计博弈比较及应用[J].数学的实践与认识,43(06):92-101.

朱锦余,胡春晖,易挺,2009.审计委员会的本质属性及制度创新:基于新制度经济学视角[J].审计与经济研究,24(04):3-11.

朱荣,2014.政府审计提升政府透明度的实证研究:来自省级面板数据的经验证据[J].审计与经济研究,29(03):23-30.

朱永永,2013.公司治理下内外审计相融性研究[J].重庆第二师范学院学报,26(03):73-75,176.

庄飞鹏,2019.非审计服务、制度环境与审计质量:基于企业联合购买审计服务与非审计服务的视角[J].管理评论,31(10):212-221.

庄莹,2009.我国上市公司内部审计有效性研究[D].厦门:厦门大学.

AGRAWAL A, REBECCA H, 2002. Putting patents in context: Exploring knowledge transfer from MIT[J]. Management Science,48(1):44-60.

ALENT J,1977. Managing the flow of technology: Technology transfer and the dissemination of technological information within the R and D organization [M]. Cambridge: MIT Press.

ANNALEE S, 1994. Regional advantage: Culture and competition in Silicon Valley and Route 128[M]. Cambridge: Harvard University Press.

ANSELIN L, VARGA A, AES Z J, 1997. Geographic spillovers and university research: A spatial econometric perspective[J]. Growth and Change(31): 501 - 516.

ANTONELLI C, PATRUCCO P, ROSSI F, 2008. The economics of knowledge interactions and the changing role of universities, in Gallouj[M]. Cheltenham: Edward Elgar.

ANTONELLI C, 2008. The new economics of the university: A knowledge governance Approach[J]. Journal of Technology Transfer, 33(1): 1 - 22.

ARGOTE L, MCEVILY B, REAGANS R, 2003. Introduction to the special issue on managing knowledge in organizations: Creating retaining, and transferring knowledge[J]. Management Science, 44(49): 4 - 7.

ARROW K J, 1962. Economic welfare and the allocation of resources for invention[M]//NELSON R R. The rate and direction of inventive activity. Princeton: Princeton University Press.

ARROW K J, 1962. The economic implications of learning by doing[J]. Review of Economic Studies(29): 155 - 173.

ARUNDEL A, GEUNA A, 2004. Proximity and the use of public science by innovative European firms[J]. Economics of Innovation and New Technology, 13(6): 559 - 580.

ARZA V, 2010. Channels, benefits and risks of public-private interactions for knowledge transfer: A conceptual framework inspired by Latin America[J]. Science and Public Policy, 37(7): 473 - 484.

ASIEDU K F, DEFFOR E W, 2017. Fighting corruption by means of effective internal audit function: Evidence from the Ghanaian public sector [J]. International Journal of Auditing(27): 82 - 99.

AVERCH H A, 1991. The political economy of R&D taxonomies[J]. Research Policy(20): 179 - 194.

BECKER C M, DEFOND J, SUBRAMANYAM K R, 1998. The effect of audit quality on earnings management[J]. Contemporary Accounting Research, 15 (1): 1 - 24.

BECKER S,ICHINO A,2002. Estimation of average treatment effects based on propensity scores[J]. The Stata Journal,2(4):358-377.

BENAU M,1993. Auditing expectations and performance in France and Britain: A comparative analysis[J]. International Journal of Accounting(5):33-36.

BENJAMIN N,LEKER J,2011. Different dimensions of knowledge in cooperative R&D projects of university scientists[J]. Technovation(31):142-150.

BERRY L E, HARWOOD G B, KATZ J L, 1987. Performance of auditing procedures by governmental auditors: Some preliminary evidence [J]. The Accounting Review,16(1):14-28.

BLANKLEY A L,HURTT D N,MACGREGOR J E,2012. Abnormal audit fees and restatements[J]. Auditing:A Journal Practice & Theory,31(1):79-96.

BLUME L, VOIGT S, 2011. Does organizational design of supreme audit institutions matter? A cross-country assessment [J]. European Journal of Political Economy,27(2):215-229.

CAPELLO R,1999. Spatial transfers of knowledge in high technology milieux:Learning versus collective learning processes[J]. Regional Studies,33(4):353-366.

CAREY P,SIMNETT R,2006. Audit partner tenure and audit quality[J]. The Accounting Review,81(3):653-676.

CAUSHOLLI M,CHAMBERS D,PAYNE J,2014. Is audit quality influenced by prospective non-audit service fees? [D]. Lexington:University of Kentucky.

CECILY R,JANET B B,KASEY M,et al,2017. The internal audit function:A prerequisite for good governance [J]. Journal of Corporate Accounting & Finance(2):58-71.

CHAN H K, WU D, 2011. Aggregate quasi rents and auditor independence: Evidence from audit firm mergers in China [J]. Contemporary Accounting Research,28(1):175-213.

CHAN K H,WU D H,2005. Aggregate quasi rents and auditor independence: Evidence from audit firm mergers in China [J]. Contemporary Accounting Research,28(1):175-213.

CHENG Y M,2003. Propensity score matching and the new issues puzzle,SSRN [D]. Lexington:University of Kentucky.

CHONG H G,GERALD V,1996. Materiality and audit risk modelling:Financial management perspective[J]. Managerial Finance,22(9):35-55.

CLARKSON P, SIMUNIC D, 1994. The association between audit quality, retained ownership and firm-specific risk in US vs Canadian IPO markets[J].

Journal of Accounting and Economics(1):207 - 228.

CLIVE L, LI B, 2002. The consequences of protecting audit partners' personal assets from the threat of liability[J]. Journal of Accounting and Economics (2 - 3):89 - 96.

COHEN D, ZAROWIN P, 2010. Accrual-based and real earnings manangement activities around seasoned equity offerings [J]. Journal of Accounting and Economics, 50(1):2 - 19.

COPLEY P A, DOUCET M S, 1993. The impact of competition on the quality of governmental audits[J]. Auditing: A Journal Practice & Theory, 18(1):88 - 98.

CRASWELL A T, FRANCIS J R, TAYLOR S T, 1995. Auditor brand name reputations and industry specializations [J]. Journal of Accounting and Economics, 20(2):297 - 322.

DAVID F, 1988. Philosophy and principles of auditing: An introduction[M]. New York: McGraw Hill.

DEANGELO L E, 1981. Auditor independence, 'low balling', and disclosure regulation[J]. Journal of Accounting & Economics(2):113 - 127.

DEANGELO L, 1981. Auditor independence, low balling and disclosure regulation[J]. Journal of Accounting &Economics(8):113 - 127.

DEIS D R, GIROUX G A, 1992. Determinants of audit quality in the public sector [J]. The Accounting Review, 56(3):462 - 479.

DEUMES R, SCHELLEMAN C, BAUWHEDE H V, et al, 2012. Audit firm governance: Do transparency reports reveal audit quality? [J]. Auditing: A Journal of Practice & Theory, 31(4):193 - 214.

DOUGLAS F P, NATHAN Y S, DAVID A W, 2012. Internal audit outsourcing and the risk of misleading or fraudulent financial reporting: Did sarbanes - oxley get it wrong? [J]. Contemporary Accounting Research, 29(4):58 - 67.

DOWLEY K M, 2006. Local government transparency in East Central Europe [J]. Local Government Studies(32):563 - 583.

EGE M, KNECHEL W R, LAMOREAUX P T, et al, 2020. Supplemental datasets for examination of the PCAOB's relationship with the audit profession in the United States[J]. Data in Brief(6):189 - 196.

EIDUSON B T, 1962. Scientists: Their psychological world[M]. New York: Basic Books.

EPETEIN P D, 1992. Measuring the performance of pubic service [M]. New York: Marcel Dekker.

ESPEJO R, BULA G, ZARAMA R, 2011. Auditing as the dissolution of corruption[J]. Systemic Practice & Action Research,14(2):139 - 156.

EUGENE F F, MICHAEL C, 1983. Agency problems and residual claims[J]. Journal of Law and Economics(2):156 - 168.

FERDINAND A G, AUDY Y N, MARIAN Y J, et al, 2003. Chinese auditors' ethical behavior in an audit conflict situation[J]. Journal of Business Ethics (42):379 - 392.

FRANCIS J R, MICHAS P N, 2013. The contagion effect of low-quality audits [J]. The Accounting Review,88(2):521 - 552.

GARY G, ROWAN J, 2011. Measuring audit quality of local governments in England and Wales[J]. Research in Accounting Regulation,23(1):60 - 66.

GEORGES M S, SUDI S, MIKE L, 2003. The role of internal auditors in mergers,acquisitions and divestitures:An international study[J]. International Journal of Auditing(3):256 - 264.

GERTLER M S, 1995. Being there-proximity, organization, and culture in the development and adoption of advanced manufacturing technologies [J]. Economic Geography,71(1):1 - 26.

GOODWIN-STEWART J, KENT P, 2006. The use of internal audit by Australian companies[J]. Managerial Auditing Journal(1):236 - 245.

GRAY R E, 2005. How to survive a federal audit[J]. Journal of Government Financial Management(24):33 - 42.

GREGORY S M, 2006. The press as a watchdog for accounting fraud[J]. Journal of Accounting Research(5):89 - 97.

HAKEN H, 1971. Analogy between higher instabilities in fluids and lasers[J]. Physics Letters A,53(1):77 - 78.

HAKEN H, 2006. Synergetics of brain function international[J]. Journal of Psychophysiology,60(5):110 - 124.

INKPEN A C, TSANG E W, 2005. Social capital, networks, and knowledge transfer[J]. Academy of Management Review,30(1):146 - 165.

JAMES N M, LINDA A M, THOMAS C O, 2003. Exploring the term of the auditor-client relationship and the quality of earnings: A case for mandatory auditor rotation? [J]. The Accounting Review(3):779 - 799.

JAYANTHI K, 2005. Audit committee quality and internal control:An empirical analysis[J]. The Accounting Review(2):649 - 675.

JEAN H, 2005. The discourse of governmental accounting and auditing[J].

Public Budgeting & Finance,25(4):154 - 179.

JENNIFER B,BARBARA M G,BRIAN R R,2007. An analysis of forced auditor change: The case of former arthur andersen clients [J]. The Accounting Review,82(3):621 - 650.

JERE R F,DANIEL T S,1987. A test of audit pricing in the small-client segment of the U. S. audit market[J]. The Accounting Review(1):566 - 571.

JOSEPH V C, TERRY L N, 2000. Audit committee composition and auditor reporting[J]. The Accounting Review,75(4):453 - 467.

JOSIE K, 2003. The audit commission: Guiding, steering and regulating local government[J]. Public Administration,81(3):79 - 86.

KARLA M J, 2000. Client-acceptance decisions: Simultaneous effects of client business risk, audit risk, auditor business risk, and risk adaptation [J]. Auditing:A Journal of Practice&Theory,19(1):1 - 26.

KHAN M,WATTS R,2009. Estimation and empirical properties of a firm-year measure of accounting conservatism[J]. Journal of Accounting and Economics, 48(2 - 3):132 - 150.

KNUT K, 2002. Networking and knowledge transfer between research and industry in transition countries: Empirical evidence from the slovenian innovation system[J]. The Journal of Technology Transfer(27):27 - 38.

KOTHARI S P, LEONE A J, WASLEY C E, 2005. Performance matched discretionary accrual measures[J]. Journal of Accounting and Economics, 39 (1):163 - 197.

LAURA D Z,JENNY S,NAVA S,2011. Internal audit involvement in enterprise risk management[J]. Managerial Auditing Journal(7):311 - 317.

LENNOX C, FRANCIS J, WANG Z, 2012. Selection models in accounting research[J]. The Accounting Review,37(2):589 - 616.

LENNOX C,LI B,2012. The consequences of protecting audit partners personal assets from the threat of liability[J]. Journal of Accounting and Economics,54 (2 - 3):154 - 173.

LEONARD E B,GORDON B H,JOSEPH L K,1987. Performance of auditing procedures by governmental auditors: Some preliminary evidence [J]. The Accounting Review(1):69 - 87.

LINDA A, MCEVILY B, REAGANS R, 2003. Managing knowledge in organizations:An integrative framework and renew of emerging themes[J]. Management Science,49(4):571 - 582.

LIU J,LIN B,2012. Government auditing and corruption control:Evidence from China's provincial panel data[J]. China Journal of Accounting Research,5(2):163-186.

LUCIAN A B,JESSE M F,2003. Executive compensation as an agency problem [J]. The Journal of Economic Perspectives,17(3):71-92.

MA J H,MA C Y,2011. Factor analysis based on the COSO framework and the government audit performance of control theory [J]. Procedia Engineering (15):5584-5589.

MARCO A,GIUSEPPE D,2003. Internal auditing and risk assessment in large Italian companies:An empirical survey[J]. International Journal of Auditing (3):79-87.

MARIA A C,ELENA C S,2014. Contemporary approaches in internal audit[J]. Procedia Economics and Finance(19):56-67.

MARSHALL N A, 2007. Can policy perception influence social resilience to policy change? [J]. Fisheries Research,86(2-3):216-227.

MAZLINA M,NAVA S,JENNY S,2006. Internal auditors' assessment of their contribution to financial statement audits:The relation with audit committee and internal audit function characteristics[J]. International Journal of Auditing (1):756-772.

MICHAEL P C, 2016. Views on internal audit, internal controls, and internal audit's use of technology[J]. EDPACS(1):1-9.

NEWMAN D P,PATTERSON E R,SMITH J R,2005. The role of auditing in investor protection[J]. The Accounting Review,80(1):289-313.

NEWMAN D P, EVELYN R P, SMITH J R, 2005. The role of auditing in investor proptection[J]. The Accounting Review,80(1):289-31

PEARSON D,2014. Significant reforms in public sector audit-staying relevant in times of change and challenge[J]. Journal of Accounting & Organizational Change,10(1):150-161.

PETER C, ROGER S, 2006. Audit partner tenure and audit quality[J]. The Accounting Review,81(3):653-676.

PETER C, ROSS G, 2000. Determining the optimal external audit interval for private (and family-controlled) companies [J]. Contemporary Accounting Research,15(4):439-458.

PETER C, ROSS G, 2000. Determining the optimal external audit interval for private(and family-controlled) companies[J]. Journal of Accounting, Auditing &

Finance(10):899 - 912.

POLANYI M, 1997. The tacit dimension reprinted 1983 [J]. Knowledge Management:A Strategic Agenda,Long Rang Planning,30(3):385 - 391.

RACHEL S,LEGAL R,1997. Audit quality and investment[J]. The Accounting Review(7):185 - 406.

RAFAEL D T, ERNESTO S, 2003. The role of wages and auditing during a crackdown on corruption in the city of Buenos Aires[J]. Journal of Law and Economics,46(1):269 - 292.

ROB M,2003. The contribution internal auditors make to strategic management [J]. International Journal of Auditing(3):213 - 220.

ROSS L W,JEROLD L Z,1983. Agency problems,auditing,and the theory of the firm:Some evidence[J]. Journal of Law and Economics,26(3):613 - 641.

SAITO Y, MCINTOSH C S, 2010. The economic value of auditing and its effectiveness in public school operations [J]. Contemporary Accounting Research(2):639 - 667.

SCHARTINGER D, SCHIBANY A, GASSLER H, 2001. Interactive relations between university and firms: Empirical evidence for Austria[J]. Journal of Technology Transfer(26):255 - 268.

SIMONIN B L,HELLELOID D,1993. Do organizations learn? An empirical test of organizational learning in international strategic alliances[C]. Proceedings of Academy of Management.

STEMBERG R,1999. Innovative linkages and proximity:Empirical results from recent surveys of small and medium sized firms in German regions[J]. Regional Studies,33(6):529 - 540.

STEPHEN K A,2013. Government internal audits:The determinants of quality supervisory review of audit documentation[J]. International Journal of Public Administration,36(10):673 - 685.

SUZANNE L, LAURENCE E J, RANDAL J E, et al, 2007. Auditor specialization,perceived audit quality,and audit fees in the local government audit market[J]. Journal of Accounting and Public Policy,26(6):705 - 732.

SVETOZAR P, 1990. The economics of property rights, towards a theory of comparative systems[J]. Boston:Kluwer Academic Publishers.

SZUHNSKI G,2000. The process of knowledge transfer:A diachronia analysis of stickiness[J]. Organizational Behavior and Decision Process,82(1):9 - 27.

THOMAS D, LEE E P, 1995. The stakeholder theory of the corporation:

Concepts, evidence, and implications [J]. The Academy of Management Review,20(1):65 - 91.

WOLFGANG T, HERMANN H, 2007. The functional aspects of self organized pattern formation[J]. New Ideas in Psychology,25(1):1 - 15.

WOODHEAD A D, 1995. Audit risk modelling [J]. Managerial Auditing Journal,5(7):3 - 7.

WORTHINGTON A C, HURLEY E V, 2002. Cost efficiency in Australian general insurers: A non-parametric approach[J]. British Accounting Review (34):89 - 108.

YANG S C, XÍAO Z Z, MAURICE P, 2008. Government auditing in China: Problems and reform[J]. Advances in Accounting, incorporating Advances in International Accounting,24(1):119 - 127.

ZHANG Y, ZHOU J, ZHOU N, 2007. Audit committee quality, auditor independence, and internal control weaknesses[J]. Journal of Accounting and Public Policy,26(3):300 - 327.